中世後期のニュルンベルク。「お上」として自己を意識しはじめた都市参事会は，
公的刑法と治安維持機構を武器として，新しい秩序を創出しようとした。
他方で，都市住民は自力救済的暴力とその調停からなる伝統的秩序を形成していた。
本書は，この２つの秩序の対立と協働に焦点を当て，都市平和の維持と回復の仕組みを解き明かす。

Verbrechen und Strafe im spätmittelalterlichen Deutschland

北海道大学大学院文学研究科
研究叢書

中世後期ドイツの犯罪と刑罰

ニュルンベルクの暴力紛争を中心に

池田利昭

北海道大学出版会

研究叢書刊行にあたって

北海道大学大学院文学研究科は、その組織の中でおこなわれている、極めて多岐にわたる研究の成果を、より広範囲に公表することを義務と判断し、ここに研究叢書を刊行することとした。

平成十四年三月

目次

序　章

第一節　問題関心

窃盗は絞首刑にすべし。秘密の謀殺は市中引き回しのうえ車裂きにすべし。故殺は打ち首にすべし。聖物窃盗と放火殺人は火刑にすべし。偽造は釜ゆでにすべし。強姦は市中引き回しのうえ串刺しにすべし。強奪は打ち首にすべし。夫殺しは生き埋めにすべし。妻殺しは市中引き回しのうえ灼熱のやっとこでもって三度頭を引っ掻き、そのあと車裂きにすべし。

この文は、カール・クレッシェルによるドイツ法制史の教科書の中で引用されている中世後期アルトドルフの都市法の一部である(1)が、クレッシェルは、この引用に続いて以下のように言う。「これによって、広く行われた死刑〔の種類〕が……列挙され尽くされたとはとても言えない。また、舌の引き抜きや耳の切り落としからはじまって、焼印押しや殴打刑にいたる身体刑の数は見通すことができない。たしかに、それらの刑罰は威嚇的な効果を持ったと言われている。にもかかわらず、それらは犯罪を抑圧することができなかった。逆に、それらは全般的な残酷さを十分に増幅させた。見物人たちは公開死刑に殺到し、見世物を見逃さなかった、たとえ不愉快を覚えたとしても」(2)(〔 〕内は引用者補足、以下同様)。

法制史家の一般的な見解によれば、いわゆる「ラントにとって有害な人間」をコントロールするためには、これらの残酷な刑罰が必要であった。中世後期・近世初期は、増加する暴力行為によって特徴づけられると言われる。組織化された多数の職業的・常習的犯罪が不安と恐怖をひろめ、それが、結果として刑法の残虐化に行き着いた。このような説明によれば、刑罰の目的は、もはや以前のように損害賠償と和解ではなく、何よりも、類似の行為に関して第三者を威嚇する一般予防という意味における威嚇と抑止であった。そうしなければ、もはや犯罪を制圧することができなかった(3)。蔓延していた犯罪の結果として、刑罰による「恐怖の劇場(Theater des Schreckens)(4)」が出現したのであった。

たしかに、年代記や証書史料の中には、残虐な暴力行為とともに、そのような犯罪に対する、それに匹敵して残虐な刑罰の記述が多数存在することは否定されえない。しかし、このような記述に中世後期・近世初期の刑罰一般をどれほど代表させることが可能なのか。このような問いを投げかけ、残虐さをもって語られてきた前近代における刑法システムの従来像を修正しようと先駆的に試みたのがゲルト・シュヴェアホフである。彼は、ドイツにおける中世後期・近世の犯罪に関する社会史研究(「歴史犯罪研究」と呼ばれる(5))の開拓者の一人であり、また、彼によってはじめられた新潮流は、前近代の刑法に関する従来の理解を大きく変えた。近年のドイツにおける中世後期・近世の歴史犯罪研究の成果については、「研究動向」で後述するとして、ここでその一部をごく簡潔にまとめれば、死刑や身体刑は実際には法に規定されているほど執行されなかったということである。法はしばしば実践されなかった。その背景には、以下の二点の理由があったとされる。第一の理由は、法の実践を不可能にする統治権力の非効率・弱さであり、第二の理由は、当時の司法の目的が、犯罪者の規律化や排除・抑圧ではなく、紛争解決にあったという主張である。

ところで、このような統治・司法権力に対する理解は、一五・一六世紀の都市を起源とし、絶対主義を通じて強化された近世ヨーロッパの根本的過程を「規律」という鍵概念で解こうとした、ゲルハルト・エストライヒの「社会的規律化(Sozialdisziplinierung)」論[6]に対する懐疑につながった。シュヴェアホフは、法の現実に着目して規範と現実との差異を明らかにすることによって、規範が現実的に通用していないこと(上記第一の理由)と当事者の主体性を重視する紛争解決(上記第二の理由)の両面から「社会的規律化」論に疑問を投げかけたのである。

しかし、規範の現実的通用の面から「社会的規律化」論に疑問を投げかける主張は、理念的に考えられた近代国家における規範の現実的通用に関する基準を、前近代国家の刑法のそれに無批判に適用したものではないか。また、司法の目的を「社会的規律化」ではなく、紛争解決とする主張は、とりわけ一五世紀以降の都市で強まる、「都市社会のますます大きな部分とその活動の発現を、お上的(obrigkeitlich)監視と禁止と許可のシステムの下に組み入れようとする」[7]統治権力の意思を過小に評価しているのではないか。以上の二点の疑問が、本書における問題関心である。

以下では、本書の問題関心をより明確にするために、「研究動向」において、まずドイツにおける歴史犯罪研究の成果を明らかにし、続いて歴史犯罪研究と密接な関係において進められた研究プロジェクト「公的刑法の成立」の成果を整理したい。そして両者の成果を踏まえたうえで、規範の現実的通用と統治権力の規律化への意思という観点から、「社会的規律化」論をめぐる議論を検討し、そこから本書の課題を導き出したい。

第二節　研究動向

1　歴史犯罪研究

近年ドイツにおいて、中世後期・近世の歴史犯罪研究が活況を呈している。それは英仏などの犯罪史研究の影響(8)とドイツにおける魔女研究(9)の流れを受けて、一九九〇年代以降本格的にはじまった。その研究の傾向は大きく分けて二つある。一つは、逸脱行為の社会的・生活世界的文脈を再構成することによって、「下から」の日常史への接近を試みる、ミクロ史的傾向であり(10)、他の一つは、国家の領域において刑事司法・ポリツァイ(11)における規範の意図・機能・作用・現実的通用を検討の中心に置く、マクロ史的傾向である(12)。ただし、マクロ史的研究といえども、規範の受け手である臣民・社会集団や犯罪者を、規範の担い手である国家の単なる客体とみなしているわけではなく、むしろ両者の相互関係に着目している点は留意されねばならない。以下においては、先にあげた問題関心より、後者の研究成果が取り上げられる。

(1)　「処罰の選択的な放棄」

シュヴェアホフは、歴史犯罪研究の出発点として、法の現実を明らかにすることをあげる。なぜなら従来の刑法史が法規範を研究の中心に置き、法の現実に関しては、規範が機械的に実践されることを暗黙の前提条件として、なおざりにしてきたからである。そこでシュヴェアホフは、一六世紀後半〜一七世紀初頭の都市ケルンの刑法システムと個々の犯罪類型の特質を論究した学位論文(13)において、都市参事会が記録したTurmbücherと呼ばれる尋問調書集を分析し、以下のようなデータを示した。調査期間中に都市参事会によって捕らえられた一九九三人のうち、二五三人(一二・七%)が上級裁判権を保持するケルン大司教の裁判所に引き渡され、(14)さらにそのうちの六四人(二五・三%)が死刑の判決を受けた。(15)この数は一九九三人の三・二%に過ぎない。また、体の一部の切断をともなう重い身体刑は、一六世紀後半以降のケルンではもはや見られない。(16)それに対して、全体の四二・一%にあたる八四〇人が一時的に拘禁された後に釈放され、一三〇人(六・五%)が拘禁刑を言い渡されている。また、都市追放刑も数量的に重要な位置を占め、三二四人(一六・三%)が都市追放刑の判決を受けた。(17)追放刑は上級裁判所においても重要な位置を占め、一五七五～一五八八年に有罪の判決を受けた一八八人のうち七四人(三九・四%)が追放刑を言い渡された。(18)以上のように、釈放(一時拘禁)と拘禁刑が多数を占め、都市追放刑が重要な役割を担い、それらと比較して死刑と身体刑が少ないことを示すデータに基づいてシュヴェアホフは、死刑や身体刑は実際には法に規定されているほど執行されず、多くの場合、減刑されたのであり、その意味において残忍さをもって語られてきた前近代における刑法システムの従来像は大幅に修正されねばならないと結論づけた。(19)もちろん規範と現実との間の溝は普遍的に見られるが、「旧ヨーロッパ世界においてはその溝は、刑法に関する論理が問われなければならないほど深い」と彼は述べ、(20)この論理を「処罰の選択的な放棄(selektiver Sanktionsverzicht)」と名づけたのである。(21)

それでは、「処罰の選択的な放棄」はどのような状況から生じたのであろうか。二つの原因がシュヴェアホフによって指摘されている。第一に近代的な意味での「国家性」の構造的な欠如が規範を首尾一貫して実行することを不可能にした。一六世紀ケルンにおいて市内の治安維持に責任を持ち、さらに犯人を処罰する権限を与えられていた上級役人は Gewaltmeister と呼ばれていた。シュヴェアホフによれば、Gewaltmeister の腐敗が、処罰が放棄される要因であった。(22)しかし、たとえ Gewaltmeister が公正であったとしても、その活動には大きな制約が課されていた。それはGewaltmeisterの下吏の質と数の問題であった。[23] 彼らの収入は低くかつ安定せず、賤視された境遇にあり、職業上の専門性にも欠けていた。また、彼らの職務は多岐に及んだにもかかわらず、その数は一六世紀を通じておおむね四人だけであった。以上の条件より、都市ケルンの下級治安役人は有効に機能するために必要な質も規模も持っていなかったのである。

しかしシュヴェアホフは、以上のような「国家性」の欠如のみから「処罰の選択的な放棄」の原因を説明しようとする試みは、当局の意図を考慮に入れていないがゆえに不十分であると主張する。[24] そこで、彼は当局の意図の表現として恩赦による減刑に注目した。なぜなら、先に示したケルンにおける拘禁刑と追放刑の数的優位の原因は都市参事会の恩赦によって説明されうるからである。釈放はしばしば「名誉ある都市参事会の恩赦」によって行われた。[25]

もっとも、恩赦は総花的に行われたわけではなかった。恩赦の前提条件として、犯人の親族・友人、隣人、仕事仲間といった共属集団による、当局に対する恩赦の請願が重要であった。恩赦の請願は、犯人がその共属集団に必要とされ、共属集団が犯人を再び受け入れる用意があることを当局に対して明確にする信号の役割を果たした。当局は、このシグナルに犯人が都市社会に再統合される可能性を見出し、恩赦を行う際にこの可能性を重視した。当局は恩赦の請願を受け入れることによって、このような集団の利益に一定の配慮を示したのである。判決は法に従って機械的に言い渡されるのではなく、当局、犯人、犯人の共属集団の相互作用のプロセスから生じる結果であった。判決は下されるというより、むしろ交渉して決められたのである。[26] 以上が、「処罰の選択的な放棄」が生じる第二の理由である。

(2) 「開かれた刑法」

このように恩赦の重要性を指摘するシュヴェアホフだが、彼の研究は、当該期間のケルンにおいてどの程度の割合で恩赦が行われたかを示していない。また、裁判の交渉的性格を提起しながら、交渉の具体的内容、交渉がどの段階で行われたのかも明らかにしていない。さらに、彼は規範と現実との差異を具体的に証明したわけではなく、むしろ全体としての印象に基づいて主張しているきらいがある。それに対して、これらの点を明らかにしたのが、一五世紀コンスタンツの刑法実践を探究したペーター・シュースターの教授資格取得論文である。しかし、そこにはシュヴェアホフが主張する「処罰の選択的な放棄」の論理に齟齬する調査結果が示されている。[27]

まず恩赦に関して、シュースターは、一四三〇年から一四六〇年までに当市で有罪判決を受けた一五八七人の犯人のうち、わずか八〇人弱(約五%)のみが都市参事会の恩赦による減刑にあずかったことを明らかにした。[28]したがって、全体としてコンスタンツ参事会は恩赦を行うことに慎重な姿勢をとっていたと言える。

さらに、彼は一四四四年から一四五三年の間に都市参事会によって罰金刑、労役刑そして罰金刑あるいは労役刑に転換可能な拘禁刑や都市追放刑を言い渡された三六七人を刑罰台帳から選び、刑の執行状況を調査した。その結果、高い割合で刑が執行されたことが明らかとなった。すなわち都市参事会は全体の七七%にあたる二八二人に対して完全に刑を執行したのである。[29]

それでは、このような高い刑の執行率はどのようにして達成されたのであろうか。シュースターは、都市参事会の刑の執行過程における柔軟さが執行率を上げる結果になったと言う。[30]彼は規範と現実との関係を考察する際に、現実のレヴェルを判決の段階と執行の段階の二段階に分けて分析するよう指摘する。[31]シュヴェアホフの研究においては、法の現実とは判決を意味するのか、あるいは執行を意味するのかが明確ではなかった。シュースターの分析は、コンスタンツ参事会は判決の段階では規範に忠実でシェーマティッシュであるものの、判決の執行に際してはきわめて柔軟であったことを明らかにした[32]。まず、一四四四年から一四五三年の間に都市参事会によって判決を下された三〇八人[33]のうち、一〇九人(三五・四%)は都市追放刑ないしは拘禁刑、六三人(二〇・五%)は都市追放刑ないしは拘禁刑と罰金刑、一三六人(四四・一%)は罰金刑の判決を下された。しかし、次に執行の段階を見ると、都市追放刑ないしは拘禁刑の判決を下された一〇九人のうち、判決どおりに刑を果たしたのは三三人で、四七人は代替として罰金を支払い、二〇人はかわりに労役に就くことによって刑を果たした。都市追放刑ないしは拘禁刑と罰金刑の判決を下された六三人のうち、判決どおりに刑を果たしたのは八人で、一八人は罰金を支払うことによって代替し、二九人は代替刑として労役に就いた。罰金刑の判決を受けた一三六人に関しては、一三四人がそのまま罰金刑に服し、二人のみがかわりに労役に就いた。したがって、全体としては三〇八人のうちの一七五人(五六・八%)が判決どおりに刑に服したが、都市追放刑を言い渡された一七二人に限れば、そのまま追放刑に服したのはわずか四一人(二三・八%)に過ぎない。都市追放刑を避けることには当然の理由があった。都市を離れると、市内で培ったネットワークが機能せず、生活に窮するからである[34]。都市参事会は都市追放刑の判決を受けた犯人の要望に応えて、追放刑を罰金刑ないしは労役刑に転換したのである。

また都市参事会は刑の履行方法に関しても犯人の要望に柔軟に対応した[35]。コンスタンツの法令によれば、犯人は刑が確定した後、刑を八日以内に履行しなければならなかった。しかし、八日を超えることは普通のことであった。その場合でも都市参事会は追加刑を科したりせず、むしろ刑の履行方法に関して犯人と交渉した。都市参事会は罰金の支払い期限を延長し、あるいは追放刑を労役刑や罰金刑に変更することを認めた。罰金の支払いに関しては分割払いが認められ、都市参事会は支払いスケジュールを策定したが、都市参事会自身それにはあまりこだわらず、犯人がそれを守れない場合には、犯人の支払い能力に応じた新たなスケジュールを策定するために犯人と交渉した。その結果、刑を履行し終わるまで一〇年以上を要する場合もあった。このような刑の履行方法や罰金の支払い期限に関する都市参事会の柔軟な対応と、一方で精密な文書主義に基づいて、たびたび変更される刑の履行方法や罰金の支払い期限を正確に把握し、刑の履行状況を長期的に把握する都市参事会の執拗さが刑の高い執行率の要因となったのである。

以上で示されたシュースターの調査結果は、犯人と当局との交渉が、判決が下された後、刑の履行方法と履行期限をめぐって時には長期にわたって何回も行われたことを明らかにした。このように彼は、シュヴェアホフが曖昧にしていた点を明確にし、刑法の実践をより具体的に示した。シュースターの調査結果は、恩赦に基づく「処罰の選択的な放棄」に刑法の重要な特徴を見るシュヴェアホフの見解と齟齬する。しかしその一方で、シュースターが明らかにした刑の履行方法と履行期限をめぐって当局と犯人が交渉する姿は、判決は下されるというより、むしろ交渉して決められたとするシュヴェアホフの主張と重なる。シュヴェアホフとシュースターの研究はともに、犯人やその共属集団と当局との非制度的で直接的なコミュニケーションによって構成される「開かれた刑法」とも言うべき当時の刑法の特徴を明らかにしている。シュースターによれば、当時のコンスタンツ住民は親族・隣人・同職組合の強力な社会的ネットワークによって都市参事会の刑法から守られていた。刑法の通用には社会的限界があり、それゆえ都市参事会はコミュニケーションを通じた住民との合意形成に基づく刑法を指向したのである。(36)

(3)　社会的コントロールと「司法の利用」

シュヴェアホフとシュースターの研究は、一方で交渉を通じて当局の決定に影響を与えようとした住民の能動的な姿を、他方で住民の要求にある程度応じようとした当局の柔軟な姿勢を明らかにする点で、当局と住民との関係の在り方を命令・服従関係に集約する従来の「お上」的統治論とは一線を画している。両者が明らかにした当局と住民との関係は、近年マンフレート・グローテンが中世後期における都市ケルンの支配の特徴を表すために用いた「対話に基づく支配(Herrschaft im Dialog)」[37]という言葉で適切に表現されるだろう。

このような当局と住民との、コミュニケーションを通じた相互作用を重要な構成要素とする支配においては、一方で処罰する「お上」と他方でその処罰の客体としての「臣民」とを固定的に区分するような伝統的な分析視角は有効でないであろう。この点に関して、マルティン・ディンゲスは、おもに米英の社会学が発展させた社会的コントロールのコンセプトを犯罪史・刑法史に導入することによって、より柔軟な分析視角を提示した。一般に社会的コントロールとは、社会生活において何が逸脱とみなされるのかを定義し、そして逸脱に対処することを意味しているが[38]、その際コントロールはもっぱら上から下に行われるだけでなく、逆に下から上に向けても行われ、さらに垂直的コントロールだけでなく、水平的コントロールも存在し、自己コントロールも存在する。また、社会的コントロールは裁判を通じてだけでなく、言葉による批判、調停人の介入、自力救済などを通じても同様に行われるので、社会的コントロールのコンセプトを用いれば、これら様々な選択が機能的に等価値の観察対象とみなされる[39]。こうしてディンゲスは、犯罪史・刑法史の、伝統的な国家中心主義(Etatismus)的な視座の転換を主張し、さらに「司法の利用(Justiznutzung)」の概念を提起することによって、司法を利用する住民側からの分析視角を打ち出す。そこで以下では、「司法の利用」を社会的コントロールとの関係において論じたディンゲスの論考に基づいて[40]、まず「司法の利用」の概念について見てみよう。

ディンゲスは、近世の刑事裁判において結審に到達することなく途中で立ち消えになってしまう訴訟の数が、結審まで到達した訴訟の数を大きく上回っていることに注目する。彼は結審に到達することのない訴訟の多発の原因を以下に求める。原告は最初から司法システムの全ての可能性を利用しようとは考えておらず、訴追は紛争当事者の一方が他方に対して自らの立場をはっきり分からせようとする様々な手段の一つに過ぎなかった。ゆえに司法を介入させることは、私的紛争を「お上」へと持ち込むことによって、その解決を促進するという目的のための手段と解釈される。訴追することによって、裁判外で紛争を解決するための圧力が追求されたのであって、必ずしも判決が求められたわけではなかった。結審に到達することのない訴訟の多さは、住民が裁判制度を裁判外の非制度的で日常的な社会的コントロールの追加的な手段として利用していたことを意味している。ディンゲスは、このような近世住民の刑事裁判とのつきあい方を「司法の利用」と呼んでいる。訴追することは「司法の利用」の最も普及した形態であった。裁判は紛争解決のために住民が利用できる制度的提供物であり、その利用は司法外紛争解決とのコンビネーションあるいは交替というかたちで生じるのである[41]。

以上のように、ディンゲスは近世住民による刑事裁判の自律的な利用を強調する。なるほど国家による司法の制度的提供は司法の利用の可能性にとって重要であったが、利用の方法は、もっぱら住民が社会的コントロールの司法外の可能性をどのように評価するかにかかっていた。住民は、性、年齢、社会的地位、犯罪の種類と犯人の属性に応じて、また他の優先すべき社会的コントロールを使えるか否かに応じて、司法の利用という選択を念入りに評価した。公的秩序の生成は、司法制度の提供の結果だけでなく、司法制度の提供と、司法を利用するか、他の社会的コントロールを利用するかを最終的に決定する主体の判断との複合的な協働の結果なのであった[42]。

こうして、ディンゲスは「司法の利用」の概念を提起することによって、従来の法制度中心の視座から当事者中心のそれへと視座の転換を図り、当事者の主体的紛争解決能力に着目する。シュヴェアホフやシュースターもまた、当事者と当局との対話関係を明らかにすることによって、当事者の主体性を視野に入れているが、ディンゲスの「司法の利用」は、それを明確に考察の対象として位置づけた概念であると言えよう。

(4) 当事者の属性と裁判の機能

以上のように、近年の歴史犯罪研究は、紛争解決プロセスにおける当局と当事者との交渉・協働を重視しているが、それを重視すればするほど、いっそう当事者の属性をきめ細かく見る必要が出てくるであろう。ディンゲスが述べているように、そもそも余所者には最初から交渉の余地はなかった。交渉が行われるかどうかは当事者の社会的属性に依存していたと言え、この点を究明したのが法制史家のグンター・グディアンである。彼は中部ライン地方にある複数の裁判所における一四・一五世紀の裁判記録を分析し、「複線的」刑法の存在を明らかにした。(43) 例えばカッツェンエルンボーゲンのラント裁判所は流血刑を科す権限を持っていたにもかかわらず、土地の者に対しては、たとえ窃盗や再犯の場合でも罰金刑を科すことで満足した。それに対して「常習的犯人」は土地の者とは全く異なって扱われ、法の許す最大限厳しい処罰が科された。「常習的犯人」は二つの集団に分けられる。一つは放火犯や辻強盗など全体にとって危険な罪を犯し、犯罪的な心的態度の持ち主とみなされた人物で、その際彼(ら)が土地の者であるか、余所者であるかは関係なかった。他の一つは放浪者で、物乞いやとりわけ窃盗などの犯罪的行為によって生計を立てている者たちであった。

もちろん、余所者や周縁集団に対する裁判の抑圧機能のみが強調されてはならない。近年の研究は下層民や周縁集団よりもむしろ上層民が平均より多く裁判に現れていることを明らかにした。例えば一五世紀中葉のコンスタンツにおける上層民の犯罪行動を考察したシュースターの論文(44)によれば、一四三〇年から一四六〇年までに都市の裁判記録に現れた一六五三人の犯人のうち、納税台帳にも記録されている四五七人を、五階層の納税額クラス別に見てみると、資産一〇〇グルデン以下の最下位のクラスに属する者は犯罪の割合において平均を下回った。彼らは納税者全体の五五%を占めながら、罪を犯した納税者の四〇%しか占めていなかった。それに対して富裕な市民は平均以上に罪を犯している。資産五〇〇グルデン以上の上位三クラスに属する者は納税者数に占める以上の割合を犯罪者数において占めた。また上位二クラス(一〇〇〇～五〇〇〇、五〇〇〇以上)は暴力犯罪においても納税者数に占める割合を大幅に上回って現れた。(45) 次に上層民の犯罪傾向を社会クラス別に見てみると、一四四一年から一四五〇年の間に都市参事会員のポストに就いた三九名のうち、実に一三名が一四三〇年から一四六〇年の間に被告人として出廷している。(46)

以上のシュースターの調査結果が示すように、都市参事会員でさえ、犯罪的振舞い、とりわけ暴力への衝動から免れていたわけではないので、判決による排除の可能性がわずかであることは不思議なことではない。彼らの蓄積された「社会関係資本(Sozialkapital)」が彼らを排除や厳しい処罰から守ったであろう。しかし、シュースターによれば、たとえ下層民であっても都市共同体に属していれば、上層民と類似に扱われたという。貧民が富裕者によって厳しく処罰されるのではなく、余所者と異質な人々が都市共同体によって厳しく処罰されるのである。(47) このように裁判が抑圧や排除あるいは逆に紛争解決や統合のために機能するかどうかは、犯人の社会的属性に大きく依存していたのである。

2　公的刑法の成立

このように、近年の歴史犯罪研究は、中世後期・近世ドイツの刑法に関する従来の職権的イメージを修正し、当局と犯人の直接的交渉が刑法の重要な構成部分となっていたことを強調している。しかし、これらの研究の問題点として、中世後期から近世にかけての刑法における変化の側面がほとんど顧慮されていないことがあげられる。歴史犯罪研究の成果を反映しつつ、この欠点を補完したのが、ドイツ学術振興会の支援を受けて一九九三年から一九九九年まで実施された研究プロジェクト「公的刑法の成立」に基づいて続々発表されている諸研究であると言うことができよう(48)。この研究プロジェクトの目的、方法、中間的成果に関しては、プロジェクトリーダーの一人であるディートマール・ヴィロヴァイトが一九九八年に大阪市立大学で行った講演で述べており、我々はその内容を和田卓朗氏の翻訳を通じて知ることができる(49)。そこでここでは、この研究プロジェクトの概要を述べることは避け、まずこの研究プロジェクトの問題設定の背景を、講演内容を補完するかたちで簡単に述べたい。

ドイツ刑法史に対してはドイツ国内において以前から、その方法の後進性が指摘されていた。例えばミヒャエル・シュトルアイスは一九八五年の論文の中で「我々はモダンな刑法史を手にしているのか」と問い、刑法史の厳格な歴史化、法の現実の探究、刑法と逸脱した振舞いに関する文化史との結合の必要性を説いている(50)。また歴史犯罪研究が、中世後期においてすでに国家的刑法秩序の存在を主張する従来の刑法史の見解に対して否定的であることは既述のとおりである。この研究プロジェクトの課題がこのような批判を背景として設定されたことは間違いない。なぜなら、上記講演においてヴィロヴァイトは「刑法はもしかすると多くの紛争解決の中の一つの手段としてしか考えられていなかったのであって、それがさまざまな種類の結果を引き起こす紛争と不法に対する制裁の何世紀以上も長引いた発展に終止符を打ったのは、従来推定されていたよりずっと後になってからのことであったかもしれないのである(51)」とする研究計画の出発点となる仮説を述べているからである。

さて、研究プロジェクトでは以上の仮説を出発点として、プロジェクト参加者が様々な研究成果を発表している。以下では、ヴィロヴァイトが上記講演において中間的成果による暫定的仮説として、「刑罰は法共同体が自分たちの全部に関わり集団的不利益を結果としてもたらすもの、すなわち個々人に危害を加えるだけのものではないと確信していたような行為規範の違反について科される」がゆえに定義上すでに「公的」であるということを(52)、フランク時代から近世国家にいたる全ての刑罰に共通する分母としたことに着目して、プロジェクトの中から幾つかの論考を選択し整理したい。なぜなら、プロジェクトの成果の多くは、ヴィロヴァイトが以上のように定義した「公的」という概念と「公的」観点からの処罰という現象の展開、その内容と及ぶ範囲、他の制裁との関係を論点としているからである。

(1) 公的刑法の端緒——ラント平和と都市法

一一世紀末から一三世紀にかけてのラント平和や都市法の平和規定は公的刑法の端緒を作り出した。研究プロジェクトにおいて前者を担当したのはエルマール・ヴァドレであり、後者を担当したのはバルバラ・フレンツである。

ヴァドレの論考から見てみよう。彼は一一世紀末から一二三五年のマインツ帝国ラントフリーデまでのドイツにおける平和運動の検討を通じてフェーデの脱正当化について考察した(53)。彼によれば、ラント平和は単にフェーデを禁止あるいは制限しただけでなく、フェーデの原因となる不法行為も実刑によって威嚇した。すなわちフェーデの予防も意図していた。例えば窃盗が生じた場合、ラント平和は、フェーデを回避するために裁判による制裁という方法をとる選択肢を窃盗の被害者に提供した。もっとも、ラント平和における刑罰による威嚇は、被害者が自らの暴力をもって窃盗犯に断固たる措置をとりたいと望んだ場合には、被害者のその権利を奪うものではなかった(54)。したがって、ラント平和での刑罰による威嚇は公的刑法の意味では理解できないとされる。

しかし、ヴァドレによれば、ラント平和は個々の平和契約や紛争解決の総体としての平和を超えた新しい平和概念を生み出した。この平和概念は、すでに発生した個々の紛争を解決することによってもたらされる平和を超越した、より抽象的で未来を指向する平和を意味した。こうして公布され、制定され、命令される平和が重要になったのである(55)。以上のことは、ヴィロヴァイトによれば、平和を創出して、加害者と被害者との関係を超える

一つの客観的な原理を導入しようというものであった。それはやがて一般予防の意図と結びつくのである。(56)
一方、一二・一三世紀ドイツ語圏における都市法を考察対象としたフレンツもヴァドレと同様に新たな平和概念の出現に着目している。しかも新たな平和概念の出現と一般予防の意図との結びつきを、ヴァドレよりも明確に示している。(57)そこでまず、彼女の着目する平和概念の変容を概観してみよう。

一二世紀の都市法に見られる平和は都市君主から付与された特権としての「平和」であり、都市と農村、市民共同体と都市君主との間の法的・政治的境界を明確に示すための「平和」であった。それに対して一三世紀になると、このような「平和」概念の他に道徳的・規範的平和概念が都市法に頻繁に見られるようになる。それは公共の福祉や正義という社会の根本的価値を意味した。フレンツは、道徳的・規範的平和概念が都市法に登場するのと並行して、平和破壊の解釈に関して重要な変化が現れたと言う。すなわち、一二世紀の都市法は通常すでに発生した重大な暴力行為のみに実刑を科していたのに対して、一三世紀初頭以降の都市法は、それに加えて潜在的に重大な暴力行為にいたる可能性のある振舞いも刑罰の対象とした。それ以降、市内で長剣などの危険な武器を携帯することが禁じられ、また侮辱・罵りも犯罪化された。こうして平和破壊の解釈に新たに予防の概念が入り込むのである。(58)

それでは以上のような平和概念の変容と公的刑法の発生とは、いかなる関係にあるのか。エアフルトの例(59)で具体的に見てみよう。エアフルトの食品市場では、一二六四年の法令により食品検査官は肉とパンを検査し、違法商品があればそれを摘発し司法当局に報告することを義務づけられていた。そして犯人に対しては皮膚髪刑が科され、その際、犯人にはこの刑罰を身代金で代替することが禁止されていた(刑罰の身請け不可能性)。しかし、この法令が発布される以前の食品市場では、精肉ツンフトと製パンツンフトが、独自の裁判権に基づいて不正を黙認し独占的で利己的な商売を行い、それが原因で争いが起きていた。そこで、エアフルトの都市君主はこのような紛争を将来において回避し、公共の福祉のために食品検査官を任命し、両ツンフトを解散させ、食品市場での肉とパンの販売を自由にすることを決定した。以上の例が示すように、刑罰の身請け不可能性、したがって公的刑法の要求は全体として紛争と公共の福祉を侵す私利に対する予防的措置、さらに官吏によるコントロールという価値と規範に基づいて実行されたのである。

また、一三世紀になると、裁判外の和解を禁じた都市法も見られるようになる[60]。このような紛争解決の「お上」による独占の要求は、都市参事会ではなく、しばしば聖界都市君主によって立法化された。フレンツによれば、そこには君主や裁判官の官職的義務は、富者や有力者の圧迫から貧者を裁判によって保護することであるという教会的な統治倫理や正義の観念が色濃く反映していた。例えば一二五八年に発布されたケルンの「大仲裁裁定[61]」において都市君主は、都市参事会や有力者が犯罪を法的に追及する義務を怠り、その結果、有力者が無力な者、貧者、外国人に対して犯罪を働いた際、そのような者たちはあえて告訴することができず、損害を被っていることを指摘している。そこで「大仲裁裁定」で大司教は、たとえ被害者による告訴が行われずとも、裁判によって犯罪を追及する権利を主張している。

このようにフレンツは、一二・一三世紀の都市法を例に、平和、公共の福祉、正義の観点から公的刑法の発生要因を検討した。以上のヴァドレとフレンツの研究成果をまとめれば以下のようになるであろう。両者は、一二・一三世紀頃、平和の概念が従来の個別的平和から新たに一般的・客観的平和に変容したことに注目する。それは加害者と被害者との関係を超える原理の出現であり、ヴィロヴァイトが定義する「公的」原理のラント平和や都市法への導入を意味した。このことと公的刑法の発生との関係は、ヴァドレが担当した時代のラント平和においては未だ明確ではないが、フレンツは一三世紀の都市法に「公的」なものを守るための予防的措置として公的刑法が発生したことを読み取るのである。

(2) 一五世紀の都市における公的刑法の拡大と限界

一三世紀の都市法に当局による公的刑法の要求が確認されたとしても、その要求が浸透するプロセスは以前に想定されていたよりも長い時期を要したことを明らかにしたのもまた研究プロジェクトの成果であった。そのような成果は、法の現実を探究した研究からもたらされている。例えば、ウルリヒ・ヘンゼルマイヤーの一五世紀前半ニュルンベルクにおける下級裁判の実務を扱った論考[62]によれば、都市参事会は暴力犯罪に対して原則的に比較的短期間の拘禁刑を科すことで臨んでいたので、公的刑法の要求はすでにはやくから実現していたと言うことが可能である。しかし重要なことは、都市参事会は刑罰を科すことよりも、加害者と被害者を和解させることを重視していたことである。[63]すなわち裁判文書には、両紛争当事者が互いに「友好関係を誓った(juravit frewndschaft)」という一文が記録されており、なかには少数ながら、友好関係の成立を理由に都市参事会が刑罰の要求を取り下げているケースも見られるのである。さらに、都市参事会は、家族内の紛争を刑罰によって解決することに対してきわめて慎重であった。その理由として、都市参事会による家父長権への配慮とともに、処罰より、和解を通じて家族関係を再び安定させることに都市参事会の最優先の目的があったことがあげられる。[64]

また、プロジェクトの議論に積極的に参加してきたシュースターの前述の教授資格取得論文によれば、コンスタンツにおいて都市参事会が公的刑法の要求を強化するのは一五世紀に入ってからであった。コンスタンツ参事会は、一三八八年だけで三二件において罰金を原告に与えたのに対して、一四三〇年代を通じて七三件のみにおいて罰金を原告に与えた。[65]このように、一五世紀になると罰金の贖罪金的性格は大幅に後退する。もっとも、決して消滅したわけではなかった。

ところで、一五世紀における公的刑法要求の強化はいかなる原因から生じたのであろうか。シュースターは、一五世紀において公共の福祉の概念が都市参事会の立法・司法活動の中心になったことを要因としてあげる。[66] 公共の福祉が強調されるようになった背景には、一四世紀末以降、都市参事会の支配の性質が変化したことがあった。都市参事会はもはやゲノッセンシャフト的団体の一つとして住民間の平和と友好関係を仲立ちするだけの存在ではなく、先見性を持った、都市の繁栄、平和、公共の福祉の積極的な保護者にもなった。平和や公共の福祉は、もはや第一にフェーデ・復讐によって危険にさらされるのではなく、罪深い振舞いによって、ペスト、窮乏、戦争などの禍をともなう神の怒りを招来する犯罪そのものによって危険にさらされると観念された。こうして当局の施策は犯罪の一般予防措置へ移った。[67] 公的刑法要求は、個々の犯罪が全体を脅かし、全体の利益に関わるという観念を通じて刺激を受けたのである。

(3) 一六世紀末における公的刑法の優位の確立

しかし、ニュルンベルクなどの当時の有力都市は公的刑法要求の浸透という点で先んじていたようである。ザクセン選帝侯領における公的刑法の成立に取り組んだハイナー・リュックの論文[68]によれば、当地において公的刑法が支配的になったのは一五七〇年代に入ってからであり、公的刑法への最終的な転換はようやく一七世紀に行われた。ザクセン選帝侯領では、すでに一四六〇年代にマクデブルクの審判人が、殺人を金銭の支払いなどで贖罪する慣習は法令と相容れないとする見解を示していたにもかかわらず、一五世紀中は法実践において殺人犯や他の犯人に対して刑事的措置が貫徹されることはなかった。このような状況は一六世紀に入ってもさしあたり変化せず、暴力事件の約三分の二は贖罪契約で解決された。この背景には、紛争当事者が紛争を友好的に契約によって解決するために司法を利用することを好み、一方で当局は費用のかかる刑事手続きを貫徹することに関心がなく、むしろ平和と秩序の維持と罰金による収入に関心があったことが存在した。[69] 刑事的措置が一般的に貫徹を見たのは、ようやく一五七二年のザクセン選帝侯領刑事法典の制定とその二年後に行われたライプツィヒ審判人団の、領邦君主の判決人団への格上げによってであった。それによってザクセン選帝侯領の全裁判所は刑事判決をライプツィヒの判決人団に求めることを義務づけられた。こうして刑事裁判の統一化と集権化が大きく進展したのである(70)。

リュックがザクセン選帝侯領に関して明らかにしたことはドイツの一般状況にも妥当すること、すなわちドイツの多くの当局はようやく一六世紀末になって、国家の刑法要求権の貫徹を最も優先すべき法的・政治的目標と認識し、その目標を実現しようとしたということは、現在、研究プロジェクト参加者の共通見解となっているが(71)、ヴィロヴァイトによる一六世紀の教会条令に関する論考は、このような公的刑法の発展に対するプロテスタント教会条令の重要な貢献を示している。帝国内のプロテスタント当局においては「宗教的な罪(Sünde)」に対する規律と刑事犯罪に対する規律は結合し区別されなかったので、宗派形成に関する社会倫理上の秩序観念と刑法上の処罰政策は相互に関連しあっていた(72)。ヴィロヴァイトによれば、一六世紀の教会条令の特徴は、処罰に値する非行の種類の拡大とそのような非行が今や教会の贖罪だけでなく、世俗当局の刑罰の下にも置かれたことにある。すでに一五二〇年代において、世俗当局の刑罰による威嚇は風俗改善のための普及した手段であり、一五七〇年代以降は、世俗当局の刑法要求権が貫徹される機会は明らかに増加した(73)。教会条令がこのような特徴を得た背景には特定の世界観が存在した。それによれば、戦争、流行病、凶作、飢餓、物価高騰などの現世の災難は人間の誤った振舞い＝「宗教的な罪」の結果であり、それに対して神が個人のみならず、社会全体を処罰するというものである。それゆえ、良きポリツァイの第一の目的は処罰に値する非行を退けることによって、神の怒りと処罰を回避することであった。教会条令において対象となった犯罪は殺人や窃盗といった重罪よりもむしろ、浪費や暴飲暴食などのポリツァイ的犯罪であった。なぜなら、ポリツァイ的犯罪は大量発生によって、より災いを招きやすいからである。[74] 当局の介入を弁明するために十戒や聖書が繰り返し援用された。また、一六世紀後半以降の教会条令は神の法と皇帝の法にますます正当性を求めるようになった。その際、皇帝の法とは神の法が具体化したものであった。[75] このように一方で個々人の「宗教的な罪」と神の集団的処罰との因果関係、他方で神の法の拘束力は当局に刑事訴追を義務づけた。その結果、伝統的な当事者間の和解のための交渉は排除され、世俗当局の公的刑法が優先されるようになってゆくのである。

以上、一二・一三世紀から一六世紀末にいたる公的刑法の発展を、ヴィロヴァイトの定義する「公的」という概念とそれを守るための予防的措置の展開を中心に追ってきた。それを以下で要約すると、まず一三世紀に聖界都市君主によって、教会的な統治倫理に基づく道徳的・規範的平和概念が加害者と被害者との関係を超える「公的」原理として都市法に導入され、それを守るための予防的措置として公的刑法が発生した。次に一五世紀になるとドイツの有力都市では、自治を担う都市参事会が、公共の福祉を守るための予防的措置として公的刑法の拡大を積極的に推進し、刑罰権の独占をめざした。一五世紀に有力都市で見られた状況は一六世紀を通じてドイツの一般状況となる。その過程でプロテスタント教会の教会条令が重要な役割を果たした。個々人の「宗教的な罪」と神の集団的処罰との因果関係、神の法の拘束力が「公的」原理として教会条令に導入され、教会および世俗当局に刑事訴追を義務づけた。その結果、一六世紀末には国家の刑法要求権を貫徹する機会は明らかに増大したとされるのである。

以上において歴史犯罪研究と研究プロジェクト「公的刑法の成立」に関する近年の研究動向を見てきた。両者の成果を要約すると以下のようになるであろう。中世後期・近世ドイツの刑法に関する、従来の職権的イメージを修正し、当局と犯人の直接的交渉が刑法の重要な構成部分となっていたことを明らかにした歴史犯罪研究の成果を前提として、研究プロジェクト「公的刑法の成立」の諸研究は、このように当事者主義的な性格を色濃く帯びた刑法の中において、一二・一三世紀のラント平和や教会的な統治倫理に由来する一般的・道徳的平和概念が、中世後期の都市において公共の福祉の理念に基づく紛争予防的な立法と刑事訴追を促し、それが宗教改革を契機に都市から領邦へと徐々に広がる過程を究明した。この過程は、第一に統治権力によって公的刑法と競合する社会的コントロールが徐々に排除される過程であり、第二に風俗・風習の分野で典型的に見られるように犯罪目録が拡大し、また暴力に対する処罰が強化される過程とみなされる。しかし、歴史犯罪研究の成果によれば、公的刑法の通用には限界があったとされる。なぜなら、公的刑法の通用は大幅に住民とのコンセンサスと協働に依存しており、そこから規範と現実との間の差異が生じたからである(76)。

3　歴史犯罪研究と「社会的規律化」

歴史犯罪研究においては、公的刑法による住民の振舞いや風俗への対応を「社会的規律化」とみなすことに懐疑的な傾向が有力である。以下では「社会的規律化」論に対する批判と、その批判に対する反批判について述べたい。

エストライヒによって提起された「社会的規律化」論が犯罪史研究や刑法史に少なからぬ影響を与えてきたことは周知のとおりである。近世の根本的過程とされる「社会的規律化」とは、規律・秩序・服従を価値とする政治・倫理規範に基づいて、統治権力が制裁・教育・訓練を通じて住民に特定の行動様式と思考を身につけさせるための複合的なメカニズムと言える。司法的手段を用いて逸脱した振舞いを克服しようとすることもそのメカニズムに属した。このようなことから「社会的規律化」論が犯罪史研究や刑法史において幅広い共鳴を得たのは当然であった[77]。

しかし、「社会的規律化」論に対する懐疑的論調が示されていることもまた事実であり、とりわけ歴史犯罪研究においてはこの傾向が濃厚である。すでに述べたように、懐疑には大きく分けて二つの理由がある。第一の理由は、法がしばしば実践されなかったことであり、法の実践を不可能にする統治権力の非効率・弱さである。それゆえ、当局は法の実践に際して、犯罪の通報や「司法の利用」を通じた住民の協力に大幅に依存せねばならなかった。その結果として、刑罰が厳格に付科されることはなかった[78]。

第二の理由は、当時の司法機能が「社会的規律化」ではなく、紛争解決であるという主張である。この主張は、統治権力と住民の命令・服従関係を前提とする「社会的規律化」論と異なり、紛争当事者の主体性および交渉とコミュニケーションを通じた合意形成を重視している。すでに触れたシュヴェアホフやシュースターのほか、中世後期都市チューリヒの都市裁判所の機能を検討したスザンナ・ブルクハルツも同様に主張する[79]。ディンゲスもまた司法の紛争解決機能に着目し、その機能を紛争当事者の視点に立ってさらに追究することにより、既述した「司法の利用」のコンセプトを提示した。このコンセプトにおいては、裁判は、臣民が紛争解決のために自由に利用できる制度的提供物として位置づけられ、司法の機能は住民の紛争解決の要望に応えることに限定される。

以上のように、近年「社会的規律化」論に対して歴史犯罪研究から批判が投げかけられているのだが、それに対してはおもに法制史的研究から、「社会的規律化」論を全面的に支持するわけではないにせよ、法規範の機能や統治権力の行動や戦略について、より柔軟な見方を求める意見が出ている。まず規範の現実的通用の面から「社会的規律化」論に疑問を投げかける立場に対しては、シュトルアイスが、理念的に考えられた近代国家における規範の現実的通用に関する尺度を、近世国家のポリツァイ・刑事司法のそれに無批判に適用したものだと批判している[80]。

また、カール・ヘルターは規範の現実的通用の複雑なプロセスを重視する立場から、なるほどエストライヒが「社会的規律化」によって描写した、規範の直線的な作用・効果モデルを支持しないが[81]、他方で、近世国家はそもそも規範の現実的通用を企てず、逸脱を実際に終わらせるかわりに、ただディスクールや規範のレヴェルで問題に手を加えようとしたに過ぎない、というディンゲスの主張も批判する[82]。すなわち、国家による「処罰の選択的な放棄」を根拠として規律化の作用を疑問視し、また司法を、臣民が紛争解決のために自由に利用できる制度的提供物としてのみ位置づけることは、国家による柔軟で逆説的な社会的コントロールの戦略を看過し、刑事司法とポリツァイがインフォーマルなコントロールとの協働において行った規律化の可能性を無視することになる[83]。恩赦の請願は家族、親族、地域エリートによって支持され、そのことは犯人の、インフォーマルな社会的コントロールとの結びつきを当局に対して示した[84]。ヘルターによれば、恩赦の制度は、規律的・ポリツァイ的コミュニケーションとして、刑事手続きとポリツァイ規範の浸透のための重要な要素として発展した。また、領邦君主と臣民との間で制裁を交渉して決めることはフォーマルなコントロールとインフォーマルなそれとの交差を意味した。このような関係において、判決は良きポリツァイの目的に対応する。逸脱した土地の臣民に対する刑罰を交渉して決めることは、インフォーマルなコントロールを取り込むことによって、規範に一致した振舞いを確保するのに効果が著しかった。犯罪の特別予防的効果は、訴訟の中止、処罰の放棄、刑の執行停止、減刑を通じて最もよく達成された。それゆえ、部分的な処罰の放棄や刑罰の交渉による決定は、一面的に国家的規範の浸透の失敗、近世国家の非効率・弱さと解釈されるべきではないと言う。その限りにおいて刑事司法とポリツァイはインフォーマルなコントロールとの協働において社会的コントロールの統合的システムを構築したのである[85]。

このようにヘルターは、歴史犯罪研究の諸研究よりも、規範の現実的通用の意味を広く捉えている。なるほど、彼もシュヴェアホフやシュースターなどと同様に統治権力と住民との交渉過程を重視するが、彼はそれを刑事司法とポリツァイがインフォーマルなコントロールとの協働において行った規律的・犯罪予防的作用と理解する。この理解は、交渉を通じた「処罰の放棄」を、規範が通用していないとして否定的に捉えるシュヴェアホフなどの理解と異なっている点において重要であるにとどまらない。それは「社会的規律化」を単に否定するのではなく、「社会的規律化」をより広い秩序形成の枠組みとして理解することを可能にする点においても重要であると思われる。なぜなら、ヘルターは刑事司法とポリツァイを通じた統治権力による規範定立と規範通用の試み、すなわち制度的でフォーマルな社会的コントロールを、家族や親族、地域社会による水平的でインフォーマルな社会的コントロールと結びつける必要性を主張するからである。

第三節　課題と対象地域

1　課題の設定

ヘルターの主張は、我々を、刑事司法やポリツァイによる規範定立と規範通用の試みから出発して、より広い社会的コントロールシステムの究明へと導くであろう。だとすれば、ポリツァイ・刑法史や歴史犯罪研究の課題は、水平的でインフォーマルな社会的コントロールと刑事司法・ポリツァイとはいかなる関係にあったのか、また、公的刑法の成立・発展という観点から両者の関係の変化の側面に着目すれば、統治権力は、インフォーマルな社会的コントロールを、どのようにして刑事司法とポリツァイによるフォーマルな社会的コントロールに統合しようとしたのか、という問題を究明することになるであろう。本書の課題は、以上の問題の検討を通じて社会的コントロールの統合的なシステムを明らかにすることである。その際、フォーマルな社会的コントロールとインフォーマルなそれとの関係についての近年の研究動向に対する以下の疑義が念頭に置かれる。

歴史犯罪研究の諸研究は、社会的コントロールの手段としての住民の暴力に着目し[86]、また、すでに述べたように、司法における当局と住民とのコミュニケーションを重視することによって住民の主体性を強調する。たしかに、このことは旧い研究に見られる二項対立的な犯罪と規律化のステレオタイプ[87]を克服するうえで重要であるが、そこにはややもするとインフォーマルな社会的コントロール＝「社会の自己規制 (gesellschaftliche Selbstregulierung)」の能力を理想化する傾向が見られるのではないか。このような歴史犯罪研究の見解に見られる特徴は、社会的コントロールにおける統治権力の役割が大幅に相対化されている点にある。それに対して本書では、統治権力による規範定立と規範通用の試みを考察の基点とすることにより、統治権力を社会的コントロールの積極的なファクターとして読み取ることが可能かどうかを検討する。

そこで、そのための舞台として中世後期の都市を選びたい。なぜなら、すでに述べたように、公的刑法の拡大は中世後期の有力都市において本格化するが、都市当局は、公的刑法を通じて都市住民のインフォーマルな社会的コントロールに対する働きかけを強め、その結果、両者のインテンシヴな相互関係が本格的に展開しはじめるからである。この相互関係が宗教改革を契機に領邦にも拡散し、近世的な秩序形成の枠組みとなることを鑑みれば、中世後期の都市を選ぶことは、近世史研究にも少なからず貢献するであろう[88]。

また、わが国の研究状況に照らしてみても、中世後期の都市を選ぶことには意義がある。わが国の中・近世ドイツ犯罪史研究において、中世後期の都市はこれまであまり関心を集めてこなかった。これまでの研究は、魔女研究[89]を除けば、おもに(暴力)紛争・紛争解決研究というかたちで行われているが、その際に扱われる紛争は、もっぱら中世から近世初期にかけての固有の暴力形態であるフェーデに限定されている。そこでは戦争と平和における都市と諸侯・騎士との関係が取り扱われ、[90] 分析が都市社会内部へと向かうことはない。ただし、山本健氏と若曽根健治氏は、それぞれ中世後期南ドイツ都市における復讐断念宣誓（ウアフェーデ）文書を手がかりに、都市社会内の紛争とそれへの都市当局の対応を検討している。両氏の共通した見解によると、すでに中世後期において都市当局の介入は市民の家内部の紛争にまで及び、それだけ「社会的規律化」が進行していたとされる。[91] しかし、両氏の研究ともインフォーマルな社会的コントロールと刑事司法・ポリツァイとの関係を検討の対象とはしていない。[92]

本書では、以上の課題のために、一方で中世後期の都市において、公的刑法を通じた都市当局の秩序形成への意思と戦略を検討したい。具体的には、都市統治の根幹に関わる都市平和の維持・回復の問題、すなわち「私的」暴力のコントロールに焦点を当てる。その際、本書の第二章で述べるように、しばしば名誉をめぐる葛藤を背景として生じた当時の暴力は侮辱（言葉の暴力）と密接につながっていた。そこで本書では言葉の暴力も検討対象に含めたい。「私的」暴力のコントロールは、近代社会・近代国家形成論において常に中核的メルクマールとして位置づけられてきた重要な問題である。[93]

他方で上記の課題のためには、公的刑法のみならず、住民のインフォーマルなコントロールの考察は不可欠である。それゆえ具体的には、「紛争文化（Konfliktskultur）」と呼ばれる、自力救済的暴力とその調停を不可欠な構成要素とする住民の社会秩序を考察する。ブルクハルツやシュースターは、中世後期・近世社会において暴力は日常的に蔓延していたが、このような日常的暴力の多くが、一種の社会的コントロールの機能を持っていたことを指摘する。[94] 本書では「紛争文化」の特徴、公的刑法の「紛争文化」への対応、そして恩赦・恩赦の請願や「司法の利用」を通じて生じる、「紛争文化」と当局のフォーマルな社会的コントロールとの結びつきが検討される。

2　対象地域

以上の検討のために、本書では南ドイツの帝国都市ニュルンベルクを対象地域として選ぶ。ニュルンベルクはドイツ最大級の農村領域を支配した「都市国家」であった。農村領域の裁判管轄権に関しては、流血裁判権はニュルンベルク参事会の手に集中され、ニュルンベルクで裁判される傾向にあったが、下級裁判権に関しては、参事会の監督下にあり、領内の荘民（Hintersasse）に対して領主裁判権を行使した農民裁判所（Bauern-gericht）に管轄される地域もあれば[95]、その管轄に入らずニュルンベルク市民（おもに都市門閥）の領主的支配に委ねられている地域もあり、また、参事会の監督の下、各管区長・管理者によって現地で裁判される場合もあった[96]。本書では、このような農村領域を管轄する裁判を考察の対象としない。したがって、本書はおもに市内においてニュルンベルク市民、（市民権を持たない）ニュルンベルク住民、外国人によって起こされた犯罪を扱うことになる。

ニュルンベルクは中世後期から近世初期にかけての神聖ローマ帝国（ドイツ）において最も繁栄した都市の一つであった。都市部の人口は一四三三年に二万六〇〇〇人以上と推定され、高度な自治と競争力のある商業と手工業を誇った[97]。また、当市においてすでに一五世紀に高度に整備された法制度は、その後多くの領邦や都市に継受されることで近世の法生活に大きな影響を与えたとされる[98]。

ニュルンベルクに関するこれまでの法制度史的研究においては、参事会を拠り所とする都市門閥の「お上」的支配の徹底ぶりが強調されてきた。ニュルンベルクはしばしば「ツンフトなき都市」と呼ばれ、おもにフランケン地方の帝国ミニステリアーレンに系譜を発し、大商人である都市門閥が、同職組合のツンフト的自律性を徹底的に規制することによって、きわめて強固で安定した統治体制を築き上げた都市とされる。(99)それゆえ、従来の研究では上からの秩序形成にもっぱら焦点が当てられ、参事会と都市住民の社会的コントロールにおける相互関係が注目されることはあまりなかった。(100)

例えば、ヴェルナー・ブーフホルツは、統治する「お上」とそれに従う「臣民」に集約された参事会と住民の支配従属関係を前提として、参事会がポリツァイ的行政によって住民の生活領域の様々な面を規律化しようとしたことを記述している。(101)ブーフホルツによれば、ニュルンベルク参事会はすでに一三世紀末から儀式・祝祭、労働、奢侈・消費生活、都市環境の面でポリツァイ条令により、かなり綿密な「社会的規律化」を行おうとしていた。ブーフホルツはこの論考において、住民の暴力とそれに対する参事会の規律化を主要な検討対象として取り扱ってはいないが、わずかに関連する点をあげれば以下のようである。「一連のポリツァイ条令は、参事会の裁判高権を保全することに寄与するためのものであった。それらのポリツァイ条令は、例えば市内で〔住民が〕武器を携帯することを禁止したり、あるいは〔住民が〕都市裁判所に告訴しないで、市壁内で自ら権利を追求することを禁止したりすることに関係していた」。(102)このようにブーフホルツは、中世後期のニュルンベルクに関して、参事会の意図＝ポリツァイ条令のレヴェルにおいて、都市住民の自律的な社会的コントロールに対して法令による介入・統制が行われていたことを指摘している。しかし、彼の研究は法史料のみを用いて行われており、したがって、法の実践に関してはほとんど言及しておらず、法が機械的に実践されることを前提条件としている。

それに対して、アンドレア・ベントラーゲとシュースターは、一五・一六世紀ニュルンベルクの治安維持に関する論考を通じて、(103)ブーフホルツによって主張されたポリツァイ条令による「社会的規律化」が、現実に社会の日常生活に与えた影響について否定的な見解を述べている。両者はニュルンベルクの治安役人の機能を低く評価し、さらに、彼らの職務活動を通じた規律化に対して都市住民が名誉意識に基づいて激しく抵抗したことをあげ、それらの要因から規範を現実に移すことは困難であったと結論づけている。したがって、中世後期のニュルンベルクに関して、参事会の強力で徹底した都市支配という従来像はもはや維持されないとされる。ただし、ベントラーゲは一五・一六世紀ニュルンベルクの治安役人をプロソポグラフィー的手法により検討した近著の学位論文において、都市社会内での和解とコンセンサス(合意形成)をめざす伝統的な紛争解決モデルと参事会による暴力独占への試みという二つの矛盾する傾向が並存していたとして、住民の名誉意識に対する参事会の規律化という二項対立的図式を回避している。[104]

ベントラーゲの学位論文に見られる、紛争解決におけるコンセンサスに着目する傾向は、一五世紀末〜一六世紀初頭ニュルンベルクで生じた殺人・重度傷害事件に対する処理をわずかな件数だが扱ったヴァレンティン・グレーブナーの論考[105]においてすでに見られる。都市の司法は大幅に都市住民の協働に依存せざるを得なかったという彼の指摘は重要だが、都市住民の社会的コントロールと刑事司法・ポリツァイとの関係についての具体的な論及はない。

ニュルンベルクにおける規範と現実の問題、すなわち、裁判実務はヘンゼルマイヤーの学位論文[106]によってはじめて本格的に取り上げられた。彼はそこにおいて一五世紀前半のニュルンベルクで発生した軽犯罪を分析して、グレーブナーと同様に刑事司法の目的が「社会的規律化」ではなく、和解と合意の形成にあったと結論づける。またヘンゼルマイヤーは、法規範は数ある規範のうちの一つに過ぎないとして、都市住民の社会的コントロールにも着目する。したがって、彼の研究は本書の前提として位置づけられる。しかし、ヘンゼルマイヤーの研究においても、刑事裁判・ポリツァイによる社会的コントロールと都市住民の社会的コントロールとの関係は必ずしも明確ではない。なぜなら、彼は都市住民の中にある司法を通じた紛争解決の需要については言及するが、紛争を裁判に持ち込む理由を当事者個々の事情に求めるのみで、その構造的な背景には論及しないからである。すなわち、ヘンゼルマイヤーのみならず、歴史犯罪研究の諸研究は、都市の司法が都市住民の協働に依存せざるを得なかった構造的要因の究明には熱心であるが、逆に都市住民の中にある、司法を通じた紛争解決に対する需要の構造的背景には十分な関心を払っていないのである。[107] この点は本書において留意されねばならない。

以上の研究史を踏まえたうえで、本書の第一章では、一四・一五世紀ニュルンベルクにおける刑事裁判(公的刑法)とそれに実効性を持たせるために整備された治安維持制度の発展を追う。第二章では、おもに一五世紀前半における暴力の発生と形態を数量的に分析し、さらに暴力の原因と目的を明らかにすることによって、ニュルンベルク住民の「紛争文化」を考察する。[108] 第三章では、やはり一五世紀前半を中心に、参事会は住民の暴力を実際にどのように処理したのか、より具体的には暴力犯＝加害者にどのように対処したのかを検討する。第四章では、暴力への対処を、参事会と犯人＝加害者との関係からのみならず、それに被害者を加えた三者問題として考察し、さらには、加害者と被害者それぞれの共属集団(親族・友人、仕事仲間など)による暴力紛争や公的刑法への対応も考察することによって、参事会の社会的コントロールの試みと都市社会のそれとの関係を明らかにしたい。その際、対象とする時代を一六世紀初頭までひろげることによって、両者の関係の変化も検討する。

最後に、本書でおもに使用する史料について説明したい。法規範史料としては、一四世紀に関しては、ヴェルナー・シュルトハイスが編纂した都市法令書[109]を用いる。そこにはニュルンベルクで一四世紀に制定された自治的法令が記載されている。[110] 一五世紀に関しては、ヨーゼフ・バーダーが編纂したポリツァイ条令集[111]を用いる。

ニュルンベルクの裁判実務を考察するための史料としては、Haderbuchと通称される、バイエルン州立文書館ニュルンベルク(Bayerischer Staatsarchiv Nürnberg)所蔵のAmts- und Standbuch, Nr. 196（以下AStB. 196と略記）と同文書館所蔵の『都市台帳』であるStadtrechnungen, Nr. 180を用いる。Haderbuchには一四三一年の途中から一四四五年の間にニュルンベルク参事会か五者委員会(これについては第一章で後述)で審理され、おもに拘禁刑の判決を受けた軽犯罪・ポリツァイ的犯罪に関する訴訟が記録されている。一四三二年と一四三三年の記録の密度は高く、一四三四年の後半以降は密度が大幅に低くなり、被告人に都市門閥の名前が目立つようになる。都市門閥は参事会で審理される優遇を受けたので、一四三二年と一四三三年の二年間に関しては参事会と五者委員会で審理された当該の犯罪に関するほぼ全ての訴訟が記録され、一四三四年後半以降は参事会で審理された訴訟のみが記録されたと考えられる。したがって、数量分析を行う際には、この二年間の記録が中心的に活用される。また、一四四一年以降の記録は無秩序で不完全なので、本書では用いない。『都市台帳』には、罰金と非行(Puß vud vuzucht)という項目があり、そこには軽犯罪・ポリツァイ的犯罪によって罰金の支払い命令を受けた者の名前と罪状と支払い金額が記録されている。これら二つの史料を組み合わせることにより、一四三二年と一四三三年の軽犯罪・ポリツァイ的犯罪に関する処理をおおむね網羅できると考える。

以上より、本書の考察は軽犯罪・ポリツァイ的犯罪が中心となるが、それを補完するために、より重い都市追放刑の判決を受けた犯罪が記録されている、シュルトハイスによって編纂された『ニュルンベルクのアハト帳・都市追放者名簿・フェーデ帳(一二八五～一四〇〇年)(112)』を用いる。そこには都市追放者名簿四冊、すなわち『アハト帳Ⅰ(一二八五～一三三七年)』、『都市追放帳(一三三七～一三四五年)』、『アハト帳Ⅱ(一三〇八～一三五八年ないし五九年)』、『アハト・都市追放・刑罰帳(一三八一～一四〇三年)』が所収されているが、それらの中でもHaderbuchが記録された時代に近い、『アハト・都市追放・刑罰帳(一三八一～一四〇三年)』を特に用いる。

また『都市年代記』、とくに『ダイクスラー年代記(113)』も用いる。著者のハインリヒ・ダイクスラー(一四三〇～一五〇六年ないし七年)はニュルンベルクの富裕なビール醸造業者であり、一四八八～一五〇六年の間、都市の乞食担当官に就いていた。『ダイクスラー年代記』は、『一五世紀年鑑』と呼ばれる既存の複数の年代記に彼が一四八七年までの同時代史を加筆した部分と、乞食担当官時代に彼が見聞した日常の出来事を記述した部分からなっている。日常の出来事の記述の中には、多数の犯罪と刑罰に関する記述が含まれている[114]。

（1） Karl Kroeschell, Deutsche Rechtsgeschichte 2 (1250–1650), Bd. 2, Opladen 1980 (zit. nach 6. Aufl. 1986, S. 208).
（2） Ebd., S. 209.
（3） Vgl. Neithard Bulst, Kriterien der Rechtsprechung zur Gewalt. Zum Problem strafrechtlicher Normen im Übergang vom Mittelalter zur Neuzeit, in: Zif (=Zentrum für interdisziplinäre Forschung der Universität Bielefeld): Mitteilungen, 1. Quartal 1999, S. 9–18, hier: S. 9.
（4） Richard van Dülmen, Theater des Schreckens. Gerichtspraxis und Strafrituale in der frühen Neuzeit, München 1985.
（5） シュヴェアホフは、犯罪に関する社会史研究を特に「歴史犯罪研究（Historische Kriminalitätsforschung）」と呼び、それを以下のように定義する。「社会史全体の部分領域としての歴史犯罪研究は、過去の逸脱した振舞いを、一方で規範、機関、社会的コントロールのための手段と、他方で社会的振舞いの決定因子および社会的状況とが衝突する緊張の場で探究する。逆に犯罪は、社会全体の状態と歴史的変化の探究のための中心的指標としても投入される」。Gerd Schwerhoff, Devianz in der Alteuropäischen Gesellschaft. Umrisse einer historischen Kriminalitätsforschung, in: Zeitschrift für Historische Forschung (=ZHF) 19, 1992, S. 385–414, hier: S. 387. 歴史犯罪研究に関しては、この文献のほか、Gerd Schwerhoff, Kriminalitätsgeschichte im deutschen Sprachraum. Zum Profil eines verspäten Forschungszweiges, in: Andreas Blauert und Gerd Schwerhoff (Hg.), Kriminalitätsgeschichte. Beiträge zur Sozial- und Kulturgeschichte der Vormoderne, Konstanz 2000, S. 21–67; Joachim Eibach, Institutionalisierte Gewalt im urbanen Raum. ‚Stadtfrieden' in Deutschland und der Schweiz zwischen bürgerlicher und obrigkeitlicher Regelung (15.–18. Jahrhundert), in: Claudia Ulbrich, Claudia Jarzebowski, Michaela Hohkamp (Hg.), Gewalt in der Frühen Neuzeit. Beiträge zur 5. Tagung der Arbeitsgemeinschaft Frühe Neuzeit im VHD, Berlin 2005, S. 189–205; André Krischer, Neue Forschungen zur Kriminalitätsgeschichte, in: ZHF 33, 2006, S. 387–415 を参照。
（6） 「社会的規律化」については、ゲルハルト・エストライヒ著、平城照介・阪口修平訳「ヨーロッパ絶対主義の構造に関する諸問題」(フリッツ・ハルトゥング、ルドルフ・フィーアハウス他著、成瀬治編訳『伝統社会と近代国家』岩波書店、一九八二年、二三三～二五八頁)、ゲルハルト・エストライヒ著、阪口修平・千葉徳夫・山内進編訳『近代国家の覚醒』創文社、一九九三年、Winfried Schulze, Gerhard Oestreichs Begriff 'Sozialdisziplinierung in der frühen Neuzeit', in: ZHF 14, 1987, S. 265-302 を参照。「社会的規律化」および関連テーマの研究動向に関しては、千葉徳夫「近世ドイツ国制史研究における社会的規律化」『法律論叢』第六七巻第二・三号、一九九五年、四七九～五〇七頁、同「中世後期・近世ドイツにおける都市・農村共同体における社会的規律化」『法律論叢』第六七巻第四・五・六号、一九九五年、四五五～四七四頁、屋敷二郎『紀律と啓蒙――フリードリヒ大王の啓蒙絶対主義』ミネルヴァ書房、一九九九年、二～一一頁、踊共二『改宗と亡命の社会史――近世スイスにおける国家・共同体・個人』創文社、二〇〇三年、五～三七頁を参照。

(7) Valentin Groebner, Ökonomie ohne Haus. Zum Wirtschaften armer Leute in Nürnberg am Ende des 15. Jahrhunderts, Göttingen 1993, S. 265.

(8) イギリスにおける犯罪史研究の動向に関しては、Peter Wettmann-Jungblut, Von Robin Hood zu Jack the Ripper. Kriminälität und Strafrecht in England vom 14. bis 19. Jahrhundert, in: Blauert und Schwerhoff (Hg.), Kriminalitätsgeschichte, S. 69-88 を参照。フランスに関しては、Henrik Halbleib, Kriminalitätsgeschichte in Frankreich, in: Blauert und Schwerhoff (Hg.), Kriminalitätsgeschichte, S. 89-119; 浜田道夫「アンシャン・レジーム期犯罪研究の諸問題――『暴力から窃盗へ』の仮説、その後」『商大論集(神戸商大)』第四七巻第一号、一九九五年、一～四九頁を参照。

(9) シュヴェアホフは魔女研究を歴史犯罪研究のパイオニアとして位置づける。Schwerhoff, Kriminalitätsgeschichte im deutschen Sprachraum, S. 21-67, hier: S. 26. なお、魔女研究に関しては、さしあたり上山安敏・牟田和男編『魔女狩りと魔女学』人文書院、一九九七年および牟田和男『魔女裁判――魔術と民衆のドイツ史』吉川弘文館、二〇〇〇年を参照。

(10) この傾向の解説として、Joachim Eibach, Kriminalitätsgeschichte zwischen Sozialgeschichte und Historischer Kulturforschung, in: Historische Zeitschrift 263, 1996, S. 681-715 を参照。

(11) 中世末期・近世の「ポリツァイ(Policey)」は今日の「警察(Polizei)」よりも遥かに広く、共同体の良き秩序あるいは共同体それ自体、とりわけ公共の福祉を実現するための統治活動一般を指した(松本尚子「一八世紀ドイツの同職組合における営業特権と裁判――ツェレ高等上訴裁判所のポリツァイ事項訴訟を手掛かりに」『法制史研究』第五三号、二〇〇三年、一一三～一五三頁、ここでは一一四頁を参照)。なお、Policey に「行政」という訳語を当てる場合も見られるが、権力分立が確立されていない前近代にあって，Policey の活動には執行のみならず，立法や裁判も含まれたので，本書では Policey を「ポリツァイ」とカタカナ表記する。「ポリツァイ」の概念史として，Ludwig Knemeyer, Artikel Polizei, in: Otto Brunner, Werner Conze, Reinhart Koselleck (Hg.), Geschichte Crundbegriff, Bd. 4, Stuttgart 1978, S. 875-897; Hans Maier, Die ältere deutsche Staats- und Verwaltungslehre, 2. neubearbeitete und erg. Aufl., München 1980, S. 92-164 を参照。

(12) この傾向を代表する研究著作として，Karl Härter, Policey und Strafjustiz in Kurmainz. Gesetzgebung, Normdurchsetzung und Sozialkontrolle im frühneuzeitlichen Territorialstaat, 2 Bde., Frankfurt am Main 2005 があげられる。

(13) Gerd Schwerhoff, Köln im Kreuzverhör. Kriminalität, Herrschaft und Gesellschaft in einer frühneuzeitlichen Stadt, Bonn und Berlin 1991.

(14) Ebd., Tab. A1 (S. 458f.).

(15) Ebd., Tab. A2 (S. 460f.).

(16) Ebd., S. 146.

(17) Ebd., Tab. A2 (S. 460f.).

(18) Ebd., Tab. A7 (S. 467).

(19) Ebd., S. 131-132.

(20) Schwerhoff, Kriminalitätsgeschichte im deutschen Sprachraum, S. 31.

(21) Schwerhoff, Köln im Kreuzverhör, S. 167.

(22) Ebd., S. 52-56.

(23) Ebd., S. 56-61.

(24) Schwerhoff, Kriminalitätsgeschichte im deutschen Sprachraum, S. 32.

(25) Schwerhoff, Köln im Kreuzverhör, S. 168.

(26) Ebd., S. 166-173.

(27) Peter Schuster, Eine Stadt vor Gericht. Recht und Alltag im spätmittelalterlichen Konstanz, Konstanz, Paderborn, München, Wien und Zürich 2000. シュースターの関連著作として Peter Schuster, Der gelobte Frieden. Täter, Opfer und Herrschaft im spätmittelalterlichen Konstanz, Konstanz 1995 がある。

(28) Schuster, Eine Stadt vor Gericht, S. 288.

(29) Ebd., Tab. 1 (S. 243).

(30) Ebd., S. 254-258.

(31) Ebd., S. 229.

(32) Ebd., S. 247-248.

(33) シュースターは、先の三六七人から、恩赦により刑を免除された者・刑の執行から逃走した者を除いた数を分析対象としている。

(34) Schuster, Eine Stadt vor Gericht, S. 248-249.

(35) Ebd., S. 232-243.

(36) Ebd., S. 315.

(37) Manfred Groten, Im glückseligen Regiment. Beobachtungen zum Verhältnis Obrigkeit-Bürger am Beispiel Kölns im 15. Jahrhundert, in: Historisches Jahrbuch 116, 1996, S. 303-320.

(38) 宝月誠『逸脱とコントロールの社会学――社会病理学を超えて』有斐閣、二〇〇四年、一六五頁。

(39) Martin Dinges, Frühneuzeitliche Justiz. Justizphantasien und Justiznutzung am Beispiel von Klagen bei der Pariser Polizei im 18. Jahrhundert, in: Heinz Mohnhaupt und Dieter Simon (Hg.), Vorträge zur Justizforschung. Geschichte und Theorie, Bd. 1, Frankfurt am Main 1992, S. 269-292, hier: S. 271-273.

(40) Martin Dinges, Justiznutzungen als soziale Kontrolle in der Frühen Neuzeit, in: Blauert und Schwerhoff (Hg.), Kriminalitätsgeschichte, S. 503-544.

(41) Ebd., S. 503-504.

(42) Ebd., S. 543-544. なお、司法外紛争解決の諸形態を分類・整理し、司法外紛争解決と司法との関係を考察した論文として Francisca Loetz, L'infrajudiciaire. Facetten und Bedeutung eines Konzepts, in: Blauert und Schwerhoff (Hg.), Kriminalitätsgeschichte, S. 545-562 がある。

(43) Gunter Gudian, Geldstrafrecht und peinliches Strafrecht im späten Mittelalter, in: Hans-Jürgen Becker u. a. (Hg.), Rechtsgeschichte als Kulturgeschichte. Festschrift Adalbert Erler, Aalen 1976, S. 273-288.

(44) Peter Schuster, Richter ihrer selbst? Delinquenz gesellschaftlicher Oberschichten in der spätmittelalterlichen Stadt, in: Blauert und Schwerhoff (Hg.), Kriminalitätsgeschichte, S. 359-378.
(45) Ebd., S. 365.
(46) Ebd., S. 365-366.
(47) Ebd., S. 378.
(48) Konflikt, Verbrechen und Sanktion in der Gesellschaft Alteuropas. Symposien und Synthesen (以下 Symposien und Synthesen と略記)/Fallstudien というシリーズ名で論文集と個別研究書がベーラウ書店から出版されている。
(49) ディートマール・ヴィロヴァイト講演、和田卓朗訳「公的刑法の成立――ある研究プロジェクトの中間的収支決算」『法学雑誌(大阪市立大学)』第四七巻第二号、二〇〇〇年、一九七～二一二頁。
(50) Michael Stolleis, Aufgaben der neueren Rechtsgeschichte oder: Hic sunt leones, in: Rechtshistorisches Journal 4, 1985, S. 251-264, hier: S. 259.
(51) ヴィロヴァイト講演、和田訳「公的刑法の成立」一九八頁。
(52) 同、二〇八～二〇九頁。
(53) Elmar Wadle, Zur Delegitimierung der Fehde durch die mittelalterliche Friedensbewegung, in: Hans Schlosser, Rolf Sprandel und Dietmar Willoweit (Hg.), Herrschaftliches Strafen seit dem Hochmittelalter. Formen und Entwicklungsstufen (Symposien und Synthesen, Bd. 5), Köln, Weimar und Wien 2002, S. 9-30. ヴァドレの関連著作として Elmar Wadle, Landfrieden, Strafe, Recht. Zwölf Studien zum Mittelalter, Berlin 2001 を参照。
(54) Wadle, Zur Delegitimierung der Fehde durch die mittelalterliche Friedensbewegung, S. 18.
(55) Ebd., S. 26-27.
(56) ヴィロヴァイト講演、和田訳「公的刑法の成立」二〇三頁。
(57) Barbara Frenz, Frieden, Gemeinwohl und Gerechtigkeit durch Stadtherr, Rat und Bürger. Strafrechtshistorische Aspekte in deutschen Stadtrechtstexten des 12. und 13. Jahrhunderts, in: Hans Schlosser und Dietmar Willoweit (Hg.), Neue Wege strafrechtsgeschichtlicher Forschung (Symposien und Synthesen, Bd. 2), Köln, Weimar und Wien 1999, S. 111-145. フレンツの関連著作として、Barbara Frenz, Frieden, Rechtsbruch und Sanktion in deutschen Städten vor 1300.

Mit einer tabellarischen Quellenübersicht nach Delikten und Deliktgruppen, Köln 2003を参照。

(58) Frenz, Frieden, Gemeinwohl und Gerechtigkeit durch Stadtherr, Rat und Bürger, S. 122–129.

(59) Ebd., S. 137–138.

(60) Ebd., S. 138–144.

(61) 「大仲裁裁定」に関しては、林毅『ドイツ中世都市と都市法』創文社、一九八〇年、一〇二〜一六七頁を参照。

(62) Ulrich Henselmeyer, Alltagskriminalität und ratsherrliche Gewalt. Niedergerichtliche Strafverfolgungspraxis des Nürnberger Rates in der ersten Hälfte des 15. Jahrhunderts, in: Schlosser und Willoweit (Hg.), Neue Wege strafrechtsgeschichtlicher Forschung, S. 155–174.

(63) 同様の姿勢は、他の都市において、殺人事件の処理の際にも見られる。例えば、一四世紀後半バーゼルの都市参事会は、殺人事件を「何人かがそれを訴えた」場合に裁くこととし、まずは、当事者間に私的な和解がなることを期待した。私的な和解が行われないか失敗してようやく、都市参事会は紛争の仲裁に乗り出したのである。Vgl. Peter Schuster, Konkurrierende Konfliktlösungsmöglichkeiten. Dynamik und Grenzen des öffentlichen Strafanspruchs im Spätmittelalter, in: Klaus Lüderssen (Hg.), Die Durchsetzung des öffentlichen Strafanspruchs. Systematisierung der Fragestellung (Symposien und Synthesen, Bd. 6), Köln, Weimar und Wien 2002, S. 133–151, hier: S. 135–142.

(64) Henselmeyer, Alltagskriminalität und ratsherrliche Gewalt, S. 169.

(65) Schuster, Eine Stadt vor Gericht, S. 147.

(66) Ebd., S. 152–154.

(67) シュースターは、都市参事会の支配の性質が変化したことによる、公的刑法要求の強化と並んで、隣人・親族集団の私的紛争解決能力の低下も、その要因にあげる。Schuster, Konkurrierende Konfliktlösungsmöglichkeiten, S. 148–150.

(68) Heiner Lück, Sühne und Strafrechtsbarkeit im Kursachsen des 15. und 16. Jahrhunderts, in: Schlosser und Willoweit (Hg.), Neue Wege strafrechtsgeschichtlicher Forschung, S. 83–99; Heiner Lück, Zur Entstehung des peinlichen Strafrechts in Kursachsen. Genesis und Alternativen, in: Harriet Rudolph und Helga Schnabel-Schüle (Hg.), Justiz＝Justice＝Justicia? Trier 2003, S. 271–286.

(69) Lück, Zur Entstehung des peinlichen Strafrechts in Kursachsen, S. 279–283.

(70) Ebd., S. 283-285.
(71) Dietmar Willoweit, Die Expansion des Strafrechts in Kirchenordnungen des 16. Jahrhunderts, in: Schlosser, Sprandel und Willoweit (Hg.), Herrschaftliches Strafen seit dem Hochmittelalter, S. 331-354.
(72) Ebd., S. 331-333.
(73) Ebd., S. 353.
(74) Ebd., S. 334-341.
(75) Ebd., S. 341-346.
(76) Schwerhoff, Köln im Kreuzverhör, S. 445f.
(77) Vgl. Neithard Bulst, Zum Problem städtischer und territorialer Kleider-, Aufwands- und Luxusgesetzgebung in Deutschland, in: André Gouron und Albert Rigaudiere (Hg.), Renaissance du pouvoir législatif et genèse de l'état, Montpellier 1988, S. 29-57; Helmut Martin, Verbrechen und Strafe in der spätmittelalterlichen Chronistik Nürnbergs, Köln, Weimar und Wien 1996; Lothar Kolmer, Gewalttätige Öffentlichkeit und öffentliche Gewalt. Zur städtischen Kriminalität im späten Mittelalter, in: Zeitschrift der Savigny-Stiftung für Rechtsgeschichte (=ZRG), Germanische Abteilung (=GA) 114, 1997, S. 261-295; Heinz Schilling, Sündenzucht und frühneuzeitliche Sozialdisziplinierung, in: Georg Schmidt (Hg.), Stände und Gesellschaft im Alten Reich, Stuttgart 1989, S. 265-302.
(78) Schwerhoff, Köln im Kreuzverhör, S. 52-61, 445f. 規範と現実との差異、規範の不通用という、この前近代刑法・ポリツァイの特徴を極端に強調したのが近世農村の社会経済史家ユルゲン・シュルムボームであり、彼の主張によれば、法令は単に統治のシンボル的行為とされる(Vgl. Jürgen Schlumbohm, Gesetze, die nicht durchgesetzt werden—ein Strukturmerkmal des frühneuzeitlichen Staates? in: Geschichte und Gesellschaft 23, 1997, S. 647-663)。なお、規範の現実的通用の問題に関する近年の議論については、佐久間弘展「ドイツ中近世におけるポリツァイ研究の新動向」『比較都市史研究』第二五巻第一号、二〇〇六年、五七〜七〇頁も参照。
(79) Susanna Burghartz, Disziplinierung oder Konfliktsregelung? Zur Funktion städtischer Gerichte im Spätmittelalter. Das Züricher Ratsgericht, in: ZHF 16, 1989, S. 385-407.
(80) ミヒャエル・シュトライス著、和田卓朗訳「初期近代(=近世)のポリツァイ条令における『規範の現実的通用』とは何を意味するか」『法学雑誌(大阪市立大学)』第四九巻第二号、二〇〇二年、一三四〜一六七頁。この論文は、「規範の現実的通用」の問題に関する考察が、近世ポリツァイ史のみならず、広く近世社会史や国制史にとっても重要であることを我々に教えてくれる。

(81) Karl Härter, Soziale Disziplinierung durch Strafe? Intentionen frühneuzeitlicher Policeyordnungen und staatliche Sanktionspraxis, in: ZHF 26, 1999, S. 365-379, hier: S. 371.

(82) Martin Dinges, Normsetzung als Praxis? Oder: Warum werden die Normen zur Sachkultur und zum Verhalten so häufig wiederholt und was bedeutet dies für den Prozeß der „Sozialdisziplinierung"?, in: Norm und Praxis im Alltag des Mittelalters und der Frühen Neuzeit. Internationales Round-Table-Gespräch Krems an der Donau 7. Oktober 1996, Wien 1997, S. 39-53, hier: S. 52.

(83) Härter, Policey und Strafjustiz in Kurmainz, S. 11.

(84) ヘルターは、前近代における司法と行政の未分化を反映して、刑事司法を「規範によって確定された逸脱した振舞いを追及し、処罰する全ての機関と手続き」(Härter, Soziale Disziplinierung durch Strafe? S. 373)と理解する。したがって、ポリツァイ条令違反を処罰する機関およびその処罰行為全般が刑事司法に含まれることになる。本書においても、以上のヘルターの理解に拠りたい。

(85) Ebd., S. 376-379.

(86) Gerd Schwerhoff, Social Control of Violence, Violence as Social Control. The Case of Early Modern Germany, in: Herman Roodenburg, Pieter Spierenburg (Hg.), Social Control in Europe, Bd. 1, Columbus 2004, S. 220-246.

(87) このようなステレオタイプは、Dülmen, Theater des Schreckens に見られる。

(88) 近年、一七・一八世紀ドイツの諸領邦における刑事司法・ポリツァイと住民の社会的コントロールとの相互関係を扱った研究が活発になりつつある。例えば André Holenstein, »Gute Policey« und lokale Gesellschaft im Staat des Ancien Régime. Das Fallbeispiel der Markgrafschaft Baden (-Durlach), 2 Bde., Tübingen 2003; Härter, Policey und Strafjustiz in Kurmainz; 池田利昭「一八世紀後半ドイツ・リッペ伯領のポリツァイとコミュニケーション——婚前交渉規制を例に」『歴史学研究』第八三六号、二〇〇八年、一八〜三四頁があげられる。したがって、中世後期の都市に取り組むことは、中世後期と近世との関係、あるいは都市と領邦との関係を検討するうえで、有意義だと思われる。

(89) 小林繁子「トリーア選帝侯領における魔女迫害」『史学雑誌』第一一七編第三号、二〇〇八年、四〇〜六二頁を読むと、一六世紀後半トリーア選帝侯領の魔女迫害をめぐる、村落共同体・在地役人・選帝侯政府の社会的コントロールの相互関係が分かる。

(90) 例えば、若曽根健治「平和形成としての紛争――フェーデ通告状の考察から」『熊本法学』第一一三号、二〇〇八年、一〜九七頁。

(91) 山本健「南ドイツのウーアフェーデ(Urfede)にみる中世都市社会の変容」『歴史学研究』第五八七号、一九八七年、二六〜三五頁、若曽根健治「暴力とその法的処理――都市とその周域における」『歴史学研究』増刊号(第七四二号)、二〇〇〇年、一五八〜一六五頁。

(92) ただし若曽根氏は、レーゲンスブルク市のある紛争において、紛争当事者の家族自身が一つの社会集団として、都市当局が行う規律化に寄与していたとして、両者の相互関係に若干言及している(若曽根、同、一五九〜一六〇頁)。なお、都市ではないが、服部良久氏は、一五・一六世紀ティロルの農村社会における紛争と暴力および、その解決に働きかける様々なファクターの分析を通じて、農村社会と国家(領邦)の相互関係を本格的に考察している(服部良久「中・近世ティロル農村社会における紛争・紛争解決と共同体」『京都大学文学部研究紀要』第四一号、二〇〇二年、一〜一五〇頁、同『アルプスの農民紛争――中・近世の地域公共性と国家』京都大学学術出版会、二〇〇九年)。

(93) この問題の通時的概観に関しては、山内進「暴力とその規制――西洋文明」(山内進・加藤博・新田一郎編『暴力――比較文明史的考察』東京大学出版会、二〇〇五年、九〜四九頁)を参照。

(94) 「紛争文化」に関しては、Burghartz, Disziplinierung oder Konfliktsregelung?; Schuster, Eine Stadt vor Gericht, S. 86–94 を参照。

(95) 農民裁判所に関しては、Walter Bauernfeind, Bauerngericht, in: Michael Diefenbacher und Rudolf Endres (Hg.), Stadtlexikon Nürnberg, 2. verbesserte Aufl. Nürnberg 2000, S. 104 を参照。

(96) ニュルンベルクの農村領域に関しては、佐久間弘展『ドイツ手工業・同職組合の研究――一四〜一七世紀ニュルンベルクを中心に』創文社、一九九九年、二九四〜三〇六頁を参照。

(97) ニュルンベルクの通史として、Gerhard Pfeiffer (Hg.), Nürnberg. Geschichte einer europäischen Stadt, München 1971 を参照。

(98) 佐々木孝浩「一五世紀末帝国都市ニュルンベルクにおけるハントヴェルク」『西洋史研究』新輯第二八号、一九九九年、二四～五一頁、ここでは二四頁。

(99) Vgl. Rudolf Endres, Grundzüge der Verfassung der Reichsstadt Nürnberg, in: ZRG (GA) 111, 1994, S. 405–421.

(100) しかし近年、佐々木孝浩氏は、参事会による管理・支配を強調するような視角では、ニュルンベルク参事会の手工業管理体制、すなわちハントヴェルクに関わるポリツァイの特質を十全に把握できないとして、都市参事会とハントヴェルクの双方の動向を統一的に把握する視角の必要性を説いている(佐々木「一五世紀末帝国都市ニュルンベルクにおけるハントヴェルク」)。

(101) Werner Buchholz, Anfänge der Sozialdisziplinierung im Mittelalter. Der Reichsstadt Nürnberg als Beispiel, in: ZHF 18, 1991, S. 129–147.

(102) Ebd., S. 144.

(103) Andrea Bendlage und Peter Schuster, Hüter der Ordnung. Bürger, Rat, Polizei im spätmittelalterlichen und frühneuzeitlichen Nürnberg, in: Mitteilungen des Vereins für Geschichte der Stadt Nürnberg (=MVGN) 82, 1995, S. 37–55.

(104) Andrea Bendlage, Henkers Hetzbruder. Das Strafverfolgungspersonal der Reichsstadt Nürnberg im 15. und 16. Jahrhundert, Konstanz 2003, hier: 297f.

(105) Valentin Groebner, Der verletzte Körper und die Stadt. Gewalttätigkeit und Gewalt in Nürnberg am Ende des 15. Jahrhunderts, in: Thomas Lindenberger und Alf Lüdtke (Hg.), Physische Gewalt. Studien zur Geschichte der Neuzeit, Frankfurt am Main 1995, S. 162–189.

(106) Ulrich Henselmeyer, Ratsherren und andere Delinquenten. Die Rechtsprechungspraxis bei geringfügigen Delikten im spätmittelalterlichen Nürnberg, Konstanz 2002.

(107) ザクセン法圏の都市ゲールリッツを対象に、一五・一六世紀における犯罪と、それに対する社会と都市当局のコントロールを検討したラルス・ベーリッシュの指摘である。Vgl. Lars Behrisch, Städtische Obrigkeit und soziale Kontrolle, Görlitz 1450–1600, Epfendorf 2005, S. 233, 236.

(108) 上記の諸研究のほか、佐久間弘展氏が近世ニュルンベルクにおける職人層の暴力慣行とそれへの都市当局の対応を分析している。それによれば、職人の暴力は、職人仲間内で秩序を形成するための手段(一種の社会的コントロール)であった。また、このような職人の暴力慣行と公権力の秩序は基本的に対立関係にあったとされるが、氏の分析は前者が中心であるため、両者の関係についてはそれほど詳しくは言及されていない（佐久間弘展「近世ドイツ職人をめぐる暴力と秩序」『歴史学研究』増刊号（第七四二号）、二〇〇〇年、一七一～一七七頁）。

(109) Wener Schultheiß (Bearb.), Satzungsbücher und Satzungen der Reichsstadt Nürnberg aus dem 14. Jahrhundert, Nürnberg 1965.

(110) Joseph Baader (Hg.), Nürnberger Polizeiordnungen aus dem 13. bis 15. Jahrhundert, Stuttgart 1861, Nachdruck Amsterdam 1966.

(111) Haderbuch の説明に関しては、Henselmeyer, Ratsherren und andere Delinquenten, S. 182-184 を参照。

(112) Werner Schultheiß (Bearb.), Die Acht-, Verbots-und Fehdebücher Nürnbergs von 1285-1400. Mit einer Einführung in die Rechts- und Sozialgeschichte und das Kanzlei- und Urkundenwesen Nürnbergs im 13. und 14. Jahrhundert, Nürnberg 1960.

(113) Die Chroniken der deutschen Städte vom 14. bis ins 16. Jahrhundert, Bd. 10, 11, hg. v. Carl Hegel, Leipzig 1874, Nachdruck Göttingen 1961.

(114) ダイクスラーの生涯と彼の年代記に関しては、Joachim Schneider, Heinrich Deichsler und die Nürnberger Chronistik des 15. Jahrhunderts, Wiesbaden 1991 が詳しい。

第一章　一四・一五世紀における刑事裁判と治安維持制度の発展

はじめに

序章で述べたように、ヨーロッパの刑事裁判（公的刑法）の発展において、中世都市は重要な役割を果たした。都市における刑事裁判の発展と参事会権力の伸長は密接に関係しており、ニュルンベルクはその好例であると言うことができる。当市における刑事裁判の発展に関しては、わが国では、すでに若曽根健治氏によって研究がなされている。(1) 若曽根氏は、一三二〇年代以降における国王特権状を通しての刑事手続法の変革を分析し、参事会員の過半数による宣誓評決に基づく断罪裁判手続きの成立と「ラントにとって有害な人間」に対する職権による告訴の出現を明らかにした。第一章では、このような裁判規範である刑事手続法の発展を追う研究とは異なる側面から、刑事裁判の発展を検討したい。そのために、刑事実体法、すなわち都市住民に対して犯罪と刑罰の構成要件を明らかにする刑法的規定を扱いたいと思う。なぜなら、ギュンター・イェロウシェックが指摘するように、実体法レヴェルにおける変化もまた職権主義の発展に影響を与えたからである。(2) そこで本章では第一節において、ニュルンベルクにおいて都市の自治を担う機関であった参事会（Rat）とその裁判制度を概観したうえで、ニュルンベルクにおいて参事会の刑事裁判を伝える最初の例が見られる一四世紀初頭から一五世紀初頭までの刑事実体法の変化と刑事裁判の発展・拡大の関係を検討する。そして第二節では、刑事裁判の発展・拡大の結果生じた職権による告訴現象を一五世紀中葉から末のニュルンベルクにおいて考察する。

ところで、刑事裁判制度が有効に機能するためには、法令を犯した者を捕らえ、通報する治安役人の役割が不可欠である。事実、ニュルンベルクにおいては刑事裁判の発展と拡大は、治安維持制度の整備をともなっていた。そこで本章では第三節において、治安維持制度の中核を担った治安役人を考察することによって、参事会による公的刑法通用の試みの一側面を明らかにしたい。

第一節　参事会刑事裁判の伸長

1　参事会と裁判制度

ニュルンベルク参事会は、一四世紀前半までに皇帝の都市支配を代行するシュルトハイス(Schultheiß)＝都市代官にかわって、事実上都市統治権を掌握し、(3) さらに一三四八〜一三四九年の一部都市門閥と手工業者層による反乱の鎮圧後、手工業団体をいっそう厳格な管理下に置き、(4) こうして都市とその農村領域における行政・立法・裁判権を自らに集中した。また、参事会の議席を実質的に独占した都市門閥は参事会の議席を代々世襲し、パトリチアート(Patriziat)＝都市貴族と称して一般市民の上に君臨したとされる。(5)

参事会は大参事会と小参事会に分かれていた。(6) 大参事会はゲナンテン(Genannten)と呼ばれる三〇〇〜四〇〇名のメンバーで構成される。ゲナンテンは都市貴族家門の若手成員や富裕市民、ニュルンベルクに移住してきた有力者から構成され、市民共同体を形式的に代表した。一方、小参事会は、まず合わせて二六名のコンスル(consules)と参審員(scabini)により構成された。コンスル、参審員がそれぞれ一三名ずつである。彼らはゲナンテンの中から六〜八名の傑出した人物を古参ゲナンテン(Alte Genannten)に任命し、小参事会における議席と投票権を与えた。また、一三七〇年以降八名の手工業者出身のゲナンテンが小参事会に選出されたが、彼らは実権から除外されていた。

都市統治の中枢を担ったのは小参事会であった。ニュルンベルクの軍事・外交、行政、立法、司法に関する全ての機関や委員会の権限は実質的に小参事会から派生していた。ゆえに小参事会が都市当局＝「お上」(Obrigkeit)とみなされる。一般にニュルンベルク参事会と言った場合には小参事会の方を指したので、本書においても参事会と言った場合には全て小参事会の方を指す。また、この小参事会に家門の成員を送り込む力があるということが、都市貴族たる所以であった。

さて裁判制度である。(7) ニュルンベルク参事会は、都市において皇帝(国王)の権限を代行する官職であるシュルトハイス職を一三八五年に質保有によって、最終的には一四二七年にそれを買収することによって、都市の裁判権を完全に掌握した。それ以前は、一三二三年に皇帝ルートヴィヒ四世(デア・バイエル)(在位一三一四〜四七年)により、参事会が独自の流血裁判官を持つことを許されて以来、一三八五年ないし一四二七年まで、流血裁判権において参事会の自治的裁判権とシュルトハイスの領主裁判権は形式的には競合状態にあった。しかし、すでに一三一三年の皇帝ハインリヒ七世(在位一三〇八〜一三年)の特許状において、シュルトハイスは裁判につき、参事会の判断に従うことを義務づけられていたので、一三八五年に参事会がシュルトハイス職を質保有したとき、シュルトハイスの裁判権は形骸化していた。また流血刑以外においても、参事会はすでに一三世紀末から一四世紀初頭にかけて自治的刑罰として追放刑を行使しはじめた。したがって、ニュルンベルク参事会は遅くとも一四世紀前半までには都市平和の維持において揺るぎない地位を獲得していた。

この追放刑の形態に関して、一三世紀末から一四世紀初頭のニュルンベルクにおいては強制追放であるStadverbotとともに、自己退去(Selbstverbannung)が多数科された。自己退去とは、犯した罪(未遂も含む)あるいはその嫌疑のために犯人が、永久あるいは一定の期間都市を離れることを裁判所において自ら裁定・宣誓し、もし宣誓を破って都市に戻った場合、裁判なしで処罰されることを受け入れるという判決類似の契約である。(8) 自己退去は一一・一二世紀北フランス—フランドル地方の都市コミューンにおいて自治的刑罰として発展した。それは、都市コミューンによる紛争解決の際に、フェーデや都市平和破壊の贖罪・和解のために、平和宣誓違反者に対して任意刑として科された。ニュルンベルクにおいては、初期の自己退去においてシュルトハイスの関与が認められるので、必ずしも純粋な自治的刑罰とは言えないが、それでも参事会独自の裁判権の発展の文脈において語ることができる。自己退去においては、被害者の告発(正式の訴訟手続きではない)に基づいて、参審員が都市裁判所においてシュルトハイスの下で紛争を仲裁し、加害者に対して任意で都市追放を受け入れ、それを宣誓するよう促した。自己退去は加害者と都市当局との間で交わされた契約であった。仲裁に失敗すると正式の裁判手続きが開始されたので、自己退去は裁判前手続きと言うことができる。重罪の場合、加害者は、自己退去を受け入れることによって、流血刑が予想される正式の裁判を回避することができたので、それは恩赦的な性格を持っていた。このように都市住民が参審員の促しによって、正式の刑事罰から保護されることはシュルトハイスの裁判権の空洞化を意味した。以上のように自己退去という正式の裁判手続きに拠らない方法によって、参事会(参審員)は平和宣誓違反者を迅速に都市共同体から一定期間あるいは永久に排除することができるようになり、都市平和の維持・回復のために積極的な役割を果たすこととなった。こうしてニュルンベルク参事会は一三世紀末から一四世紀初頭において、当事者主義的な自己退去を手段として独自の仲裁裁判権(Sühnegerichtbarkeit)を展開しはじめたのである。

しかし、このような当事者主義的要素の濃い自己退去の数は一四世紀を通じて徐々に減少し、参事会による強制追放である都市追放刑(Stadverbot)によって圧倒されるようになる。『アハト・都市追放・刑罰帳(一三八一〜一四〇三年)』を見ると、一三八一〜八二年の一年間に九人が自己退去したのに対して、一〇三人が都市追放刑に処せられている。また一三九一〜九二年の一年間には五人が自己退去し、八〇人が都市追放刑に処せられた。以上の数字は、ニュルンベルク参事会が一四世紀を通じて、都市平和の維持・回復のために上から裁定を下す方法を用いるようになったことを示している。ただし数は減るものの、自己退去がその後一五世紀末まで用いられたことは、当事者主義の存続を考えるうえで留意されるべきである。

ところで、参事会裁判権の確立は、当然のことながら、参事会の裁判活動の拡大をもたらした。参事会はそれに対応するかたちで、一五世紀初頭以降分野ごとに各種の裁判所を設置しはじめた。刑事裁判に関しては、一五世紀初頭以降、重罪刑事裁判所(Halsgericht)と軽犯罪・ポリツァイ条令違反を扱う五者委員会(後の五者裁判所)の二つがあった(9)。重罪刑事裁判所は、ニュルンベルク参事会が一四二七年にシュルトハイス職を最終的に獲得した後、参事会とシュルトハイスがそれまで別々に担ってきた流血裁判を統合して設置したものである。裁判官は参事会によって任命されたが、裁判官に実質的な権限はなく、判決は参審員、すなわち参事会員によって決められた。五者委員会は一四世紀末に臨時委員会として現れ、一五世紀初頭に定着し、一四七〇年の皇帝フリードリヒ三世(在位一四四〇〜九三年)の特許状によって五者裁判所として最終的なかたちを得た。五者委員会設置の経緯についてはは本章で後述する。参事会と五者委員会が軽犯罪に科した刑はおもに罰金刑と拘禁刑で、拘禁刑には後述するように、地下牢獄(Loch)、塔拘禁(Turm)、独房拘禁(Kämmerlein)、通路での拘禁(Gang)、ベンチ

(Bank)、自宅拘禁の六種類があった。重罪刑事裁判所で裁くか、五者委員会で裁くか、あるいは参事会自ら裁くかの判断は参事会が行った。いずれにせよ、重罪刑事裁判所も五者委員会も、参事会の裁判専門の分科委員会であった。次頁の図1は、一五世紀初頭以降のニュルンベルクにおける刑事裁判機構の見取図である。

2 「武器携帯」、「ナイフを抜く」、「賭博」の犯罪化

フレンツは、一般的に一二世紀の都市法は通常、すでに発生した重大な暴力行為のみを刑罰の対象としていたのに対して、一三世紀初頭以降の都市法は、暴力行為につながるような振舞いをも刑罰の対象としたことを指摘している(10)。そして、このような刑罰の対象の拡大は、都市当局の公的刑法要求の高まりと密接に結びついていたと言う。そこで、以下ではまずこの点におけるニュルンベルクの刑法規定の変化を見ることにしたい。

ニュルンベルクにおいては、このような変化は参事会権力の伸長にともなって一四世紀初頭以降確認することができる。すなわちニュルンベルクのシュルトハイスと参事会は一三〇二年に、市内での武器携帯に関する最初の条令(11)を制定している。それによれば、ラント裁判所の裁判官とシュルトハイス、両者の従者、都市の刑吏を除いて何人も剣と鋭利なナイフを携帯することが禁止され、このような武器を公然と携帯した者は六〇ペニヒの罰金に処せられている。ただしそのような武器を衣服や靴の中に密かに所持していた場合には、罰金額は二ポンド(一ポンド=二四〇ペニヒ)まで増額されている。さらにそのような武器を、人に被害を与えることを意図して危険に所持していた者も二ポンドの罰金に処せられた。また、市内に宿泊する客人は、宿屋(居酒屋)の主人に、所持している武器を預けなければならなかった。

この条令が制定された後、遅くとも一四世紀中頃までに武器携帯の禁止に関する条令は新たに六回制定されて

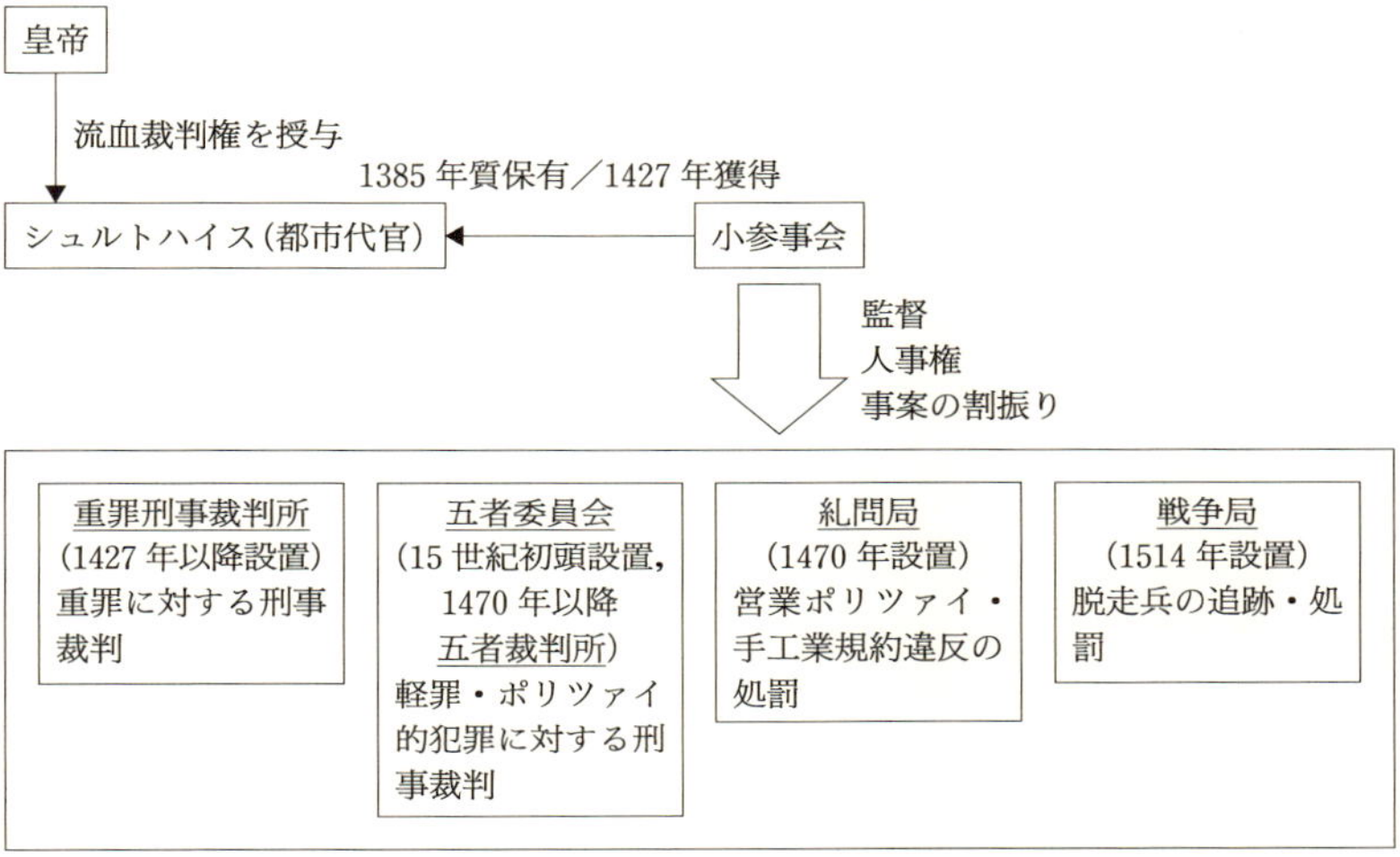

図1　ニュルンベルク刑事裁判機構(15世紀初頭以降)

いるが、内容において最初の条令と変わりはない[12]。しかし量刑に関しては、一三四八～一三四九年の手工業者蜂起が鎮圧された直後の一三五〇年に発布された条令において、ナイフと剣を公然と携帯した職人と市民権を持たない者に対する罰金額が、六〇ペニヒから一ポンドに増額され、密かに携帯した場合には身体刑(片手切断)が科されている[13]。

このような武器携帯の禁止に関する条令が制定されはじめた時期は、ニュルンベルク参事会が、既述の自己退去という自治的刑罰を用いて都市平和の回復に積極的に取り組みはじめた時期と一致する。したがって参事会の平和政策は、条令を通じた暴力に対する予防的・規律的措置と自己退去を用いた仲裁裁判から構成されていたのである。

さて、以上のような潜在的に暴力行為につながる振舞いの犯罪化の傾向はまた、一四世紀末における「ナイフを抜く」の犯罪化にも見ることができる。それは『アハト・都市追放・刑罰帳(一三八一～一四〇三年)』に、はじめて「ナイフを抜く」という罪状による被追放者が記録されていることから確認できる。すなわち一三八一年の八月に、ある石切工が「ナイフを抜いたことにより(darumb, daz er ein messer

表1　「ナイフを抜く」による被追放者（1381〜1403年）

	事件の件数	被追放者数
1381年	9件	9人
1382	7	10
1383	8	11
1384	5	5
1391	1	1
1392	8	10
1403	4	4
合計	42	50

注）1385年から1390年と1393年から1402年については史料欠落。
出典）Schultheiß, Die Acht-, Verbots-und Fehdebücher Nürnbergs von 1285-1400より筆者作成。

zukt)」、五ポンドの罰金を支払うまでの都市追放刑に処せられ[14]、その後、同史料において同じ罪状による被追放者をまとまった数で見ることができる（表1参照）。

被追放者の大部分は「ナイフを抜く」の罪状により、一・五〜五ポンドの罰金を支払うまでの間の都市追放刑を参事会によって言い渡されている。一二件（一二人）に関しては、賭博、騒動・狼藉、傷害、瀆神といった他の犯罪をともなっており、このような場合には罰金額が相応に引き上げられるか、罰金刑と都市追放刑が組み合わされて科されている。いずれにせよ、「ナイフを抜く」のみの罪状の場合、都市追放刑は犯人に対して罰金の支払いを促すための脅しとして、あるいは犯人に罰金支払い能力がない場合の代替刑として科せられていた。

ところで、「ナイフを抜く」による被追放者を一三八一年以降はじめて目にすることができる理由は、『アハト・都市追放・刑罰帳（一三八一〜一四〇三年）』が一三八一年以降の被追放者を収録しているからであり、したがって、史料的要因に帰されるべきである。それでも「ナイフを抜く」の本格的な犯罪化の開始を一四世紀末頃と推定できる理由は、『アハト帳II（一三〇八〜一三五八年ないし五九年）』にこの罪状による被追放者を一人も見ることができないこと、『都市法令書V（一三八〇〜一四二四年頃）』にはじめて「ナイフを抜く」の処罰に関する法規定を見ることができるからである。同法令書には「市民であれ、客人であれ、何人も今後市内で剣、ナイフあるいは他の危険な武器を抜いてはならず……、抜いた者は都市に対して恩赦なく五ポンドの罰金を支払うべし、もし罰金を支払わないならば、その者は罰金を支払うまで都市より三マイル離れたところに留まらねばならない」と規定されている。[15]

このような「ナイフを抜く」の犯罪化は、中世の暴力儀礼との関係で理解する必要がある。中世後期の都市において、暴力は一定のルールの下で行使されていたとされる。[16] 闘争はまず言葉による攻撃(言葉の暴力)にはじまり、武器(ナイフ)による脅しを経て、相手の身体に対する物理的攻撃へとエスカレートするのである。すなわち、「ナイフを抜く」は闘争をさしあたり終わらせるための威嚇的身振りと解釈されるべきであろう。「ナイフを抜く」は、それによって闘争を終わらせるための警告であった。ナイフを突きつけられた方は、闘争をさらに続けるか、止めるかを選ばねばならなかった。[17] それゆえ、「ナイフを抜く」の犯罪化は、闘争が一定以上に過激化することを予防しようとするニュルンベルク参事会の措置であった。

このように一四世紀には暴力行為そのものに加えて、潜在的に暴力行為にいたるような振舞いも処罰の対象とみなされるようになった。一四世紀初頭以来すでに規制されていた武器携帯の他に、「ナイフを抜く」が犯罪化され、闘争のエスカレートに対する予防的規制が行われるようになる。このようにして参事会は、暴力的紛争をより効果的に抑止しようとしたのである。こうした規制は、犯罪の全般的な予防的措置へとつながる契機となるのである。このような発展は侮辱の犯罪化へとつながる。なぜなら、闘争においてしばしば言葉が暴力の投入に先行したからである。もっとも、ニュルンベルクにおいて罵り言葉と誹謗の処罰に関する規定が条令に盛り込まれるのは一五世紀末のことである。[18]

このような予防的措置との深い関わりにおいて、「ナイフを抜く」と同じく一四世紀末にニュルンベルク参事会によって新たに禁止されたのが賭博である。もっとも、賭博に関する犯罪での被追放者自体はニュルンベルクの都市追放者名簿においてすでに一三四九年に確認される。

ゴッツ・シュタインハウザーは、……ミルテンおよびウルリヒ・デム・クーグラーとともに五年／一〇マイルの都市追放刑に処せられた、(もしこの刑に違反したならば)ザックに詰められて溺死刑に処せられる、彼らは、中を詰めたいかさまサイコロを所持し、人々に災いをもたらしたからである。[19]

中を詰めたいかさまサイコロとは、片面の内側に蠟や水銀、鉛のおもりをつけたサイコロのことで、当時最も広く行われていたいかさまの方法の一つであった。[20] いかさまサイコロの所持者の追放に関しては、その後一三八〇年代と九〇年代に数件見られる。すなわち一三八一年と一三八三年には、それぞれ一人のいかさまサイコロ所持者が五年／五マイルの都市追放刑に処せられ、[21] 一三九二年には三人のいかさまサイコロ所持者が、それぞれ一年／五マイル、三年／一マイル、九年／一〇マイルの都市追放刑に処せられている。[22]

表2　「賭博」による被追放者
(1381〜1392年)

	事件の件数	被追放者数
1381年	8件	21人
1382	7	10
1383	4	4
1384	1	12
1391	2	3
1392	6	6
合計	28	56

注）1385年から1390年については史料欠落。
出典）表1に同じ。

ところで一三八一年以降、いかさま賭博と異なる賭博に関する新しい犯罪カテゴリーを見ることができる。すなわち、この年の八月に縄作り職人のザイツ(Seitz)とベックマン(Peccman)が単に「賭博」という罪状により(von spils wegen)、都市追放刑に処せられている。[23] そしてその後『アハト・都市追放・刑罰帳(一三八一〜一四〇三年)』において、この罪状での被追放者を比較的頻繁に見ることができる(表2参照)。

被追放者の大部分は賭博のみの罪状により、五ポンドの罰金を支払うまでの間の都市追放刑を参事会によって言い渡されている。また、六件(一七人)に関しては、ナイフを抜く、殴打、乱暴狼藉、廷吏に対する抵抗、傷害らかである。

といった他の犯罪をともなっており、このような場合には罰金額が相応に引き上げられるか、罰金刑と都市追放刑が組み合わされて科されている。いずれにせよ「ナイフを抜く」と同様に、都市追放刑が、犯人に対して罰金の支払いを促すための脅しとして、あるいは犯人に罰金支払い能力がない場合の代替刑として科されたことは明らかである。

それでは von spiels wegen によって、具体的にいかなる罪状が指し示されたのか、以下ではこの問題に取り組むことにしよう。その前にまず確認しておくべきことは、この von spiels wegen には、いかさま賭博は含まれていないということである。いかさま賭博は von spiels wegen より格段に罰が重いからである。このことは、一三八〇、九〇年代において、いかさまサイコロの保持者が一～九年／一～一〇マイルの都市追放刑に処せられているのに対して、すでに述べたように、賭博による都市追放刑が、罰金刑の代替であったことから明らかである。

具体的な内容を知るために賭博の規制に関する条令に注目しよう。すでに一四世紀初頭以来ニュルンベルク参事会は、条令によって賭博に関する規制を定めている。規制の中心は、賭金の制限と法定時間以降の賭博の禁止である。一三〇二年から一三一五年頃までに制定された条令において都市当局は、九柱戯をはじめとする球転がしゲーム、サイコロなど、あらゆる遊びによる賭博の際の賭金を六〇ヘラー（二四〇ヘラー＝一ポンド）以下に制限し、それより多くの額を賭けた者に対しては、その超過分を都市当局に支払い、さらに賭に勝って六〇ヘラー以上獲得した者に対しても、その超過分を都市当局に支払うよう命じている(24)。また、法定時間以降の賭博に関しては、半鐘（ニュルンベルクにおいて半鐘は、日暮れ時に竈と暖炉の火を消すよう住民に指示するために鳴らされた）が鳴った後は賭博が禁止され、そのような賭博が行われた家の主人は一ポンドの罰金を支払わねばならなかった(25)。さらに都市当局は一三二〇年ないし二三年から一三六〇年頃までにも賭博の規制に関する条令を制定しているが、内容的に重要な変化はない[26]。

内容に重要な変化が現れるのは一三七〇年頃に制定された条令である[27]。この条令において賭博に関する規制が大幅に強化される。すなわち九柱戯などの球転がし、射撃、その他の遊戯と、それらに賭けることが完全に禁止されるとともに、サイコロ遊びとそれによる賭博も五ポンドの罰金によって全面的に禁止され、さらに、このような遊戯・賭博が行われた家の主人も一ポンドの罰金を支払わねばならないことが規定されている。またサイコロを所持することも六〇ヘラーの罰金によって、もし六〇ヘラーを支払うことができない場合には、一時間の晒し刑によって禁止されている。このように参事会は、この条令においてこれまでの賭博の部分的禁止(賭金と時間の制限)から、全面禁止へと規制を強化しているのである。もっとも参事会は、この条令の内容を行き過ぎで、それゆえ非現実的と判断したのか、一三八一年に賭博をともなわない競馬、射撃、カード、チェス、盤上ゲーム、九柱戯を許可した内容の条令を制定している[28]。しかし、条令の中核部分において変化はなく、参事会はこの条令において以下のように確認している。

何人も、それが女性であれ、男性であれ、それによって金銭を失う、あるいは獲得するような、あらゆる種類の遊戯・賭博(spil)を行ってはならない。

以上より、一三七〇年頃以降、新たな犯罪のカテゴリーが加わることは明らかである。参事会は、当初いかさま賭博のみを問題として、それを処罰したが、一四世紀末以降、いかさまである、ないにかかわらず、賭の対象となる遊戯そのものを犯罪化し、それを禁止したのである。この禁止は、一三七〇年頃はじめて条令によって定められ、一三八一年の条令で若干緩和されたが、かえって現実的に強化され、その後この条令に基づいて禁令を犯した者が実際に処罰されるようになった、と考えることができる。

それではニュルンベルク参事会は、いかなる理由から賭博を犯罪化し、それを禁止しようとしたのか。すでに中世中期から教会は、賭博が様々な罪悪の源になるとして、賭博を駆逐するための闘いを行っている[29]。公会議や多数の説教において賭博の罪深い影響が繰り返し警告され、例えば一三世紀の著名な説教者ベルトルト・フォン・レーゲンスブルクは、サイコロ賭博がもたらす肉体と魂に対する危険に関して説教をしている[30]。さらに中世後期になると、フランシスコ会の懺悔説教師ヨハンネス・カピストランが、一四五一年から一四五四年にかけてヴィーン、マイセン、レーゲンスブルク、ニュルンベルク、エアフルト、ハレ、マクデブルク、ゲールリッツ、ブレスラフ、アウクスブルクなどのアルプス以北の諸都市で説教を行っている。彼は説教の結びにおいて、聴衆に対しておもにサイコロ、チェス盤、カード、かつら、装飾品、奢侈な衣服を中央広場に持ちより、燃やすことを要求している[31]。彼は一四五二年七月にニュルンベルクに入り、三時間に及ぶ説教を行い、その際賭博が原因で生まれる五〇の罪悪を列挙している。そしてその説教後、広場で三六一二台のチェス盤と二万個以上のサイコロと数え切れないほどのカードが燃やされた、と当時の年代記作家は記録している[32]。このような説教において賭博が問題とされたのは、賭博から様々な罪悪が生まれるということであった。他の説教や教育本を含め、そこであげられているおもな罪悪は瀆神、罵り、嘘・偽り、詐欺、争い、殺人、窃盗、憎しみ、怒り、貪欲であった[33]。

ニュルンベルクの『アハト・都市追放・刑罰帳(一三八一〜一四〇三年)』からも賭博と他の犯罪との関係を推測させる事例を見ることができる。すなわち六件(一七名)に関して、傷害、殴り合い、ナイフを抜く、廷吏に対する抵抗、みだらな行為といった他の罪状がともに記されている。参事会にとっては賭博と結びついた傷害事件や「ナイフを抜く」などによって秩序が乱されることが問題であった。したがって賭博禁止は、賭博から派生する他の犯罪を予防する側面を持っていたのである。

3　五者委員会の設置

以上のような参事会による犯罪予防的措置は、都市住民の様々な生活領域を管理し、取り締まることとなった。一四世紀以降の都市の膨張や人々の流入、およびその結果としての市内の過密化は、生活環境や風俗の悪化をもたらし、このような「都市化」により生じた問題を解決することは、暴力発生の可能性を低下させるために必要であったのである。そのために参事会は家並み、建物の高さの統一、茅葺き、こけら葺き屋根の禁止などの建物に関する規制や、塵芥、排泄物、家畜の路上放置禁止、道路の舗装、水質の保全などの衛生環境のための諸条令を成立させる。(34) また、周辺農村地域や他の地方から入ってくる様々な流行や慣習、粗野な風俗を規制して、円滑かつ快適な社会生活を可能にする、より洗練された都市生活様式を確立するために、衣服条令をはじめとする各種の風紀条令を制定する。(35)

軽微な傷害事件、ナイフを抜く、賭博の規制と並んで、このような条令によってもたらされる、都市住民の生活における犯罪領域の拡大が、ニュルンベルク参事会の刑事裁判活動を、とりわけ下級裁判において著しく活発化させたことは間違いない。このような事態を端的に示すのが、罰金刑や拘禁刑に相当する刑事事件を専門に審理・裁定する五者委員会の設置である。(36) 一四七〇年頃に設置されるポリツァイ・下級裁判所である五者裁判所(Fünfgericht)の前身である五者委員会は、一三八八〜八九年の都市戦争(37)に際して作成された条令帳においてはじめて現れる。「五者がいつ、どのようにして席に着くべきか、そして都市に何が必要であり、重要であるかについて述べた」条令(38)によって、参事会は五人の参事会員からなる特別委員会を設置した。五者委員会は、都市戦争により増大した参事会の業務の一部を担うために設置されたのである。三人の参事会員がこの委員の中核を構成し、そのうちの一人は手工業者代表の参事会員である。さらに別の二人の参事会員が三人を補佐した。この委員会の業務の繁忙さを、会議が毎日開かれていたことから窺い知ることができる。五者委員会は翌年(一三九〇年)五月一日までの期限付きで設置され、その性格は臨時的なものであった。したがって、設置の直接の要因は、都市戦争によって参事会の業務が急増したため、裁判専従の委員会が必要となったことにあり、都市の下級裁判活動の活発化ではない。しかし、「都市の必要」がこの委員会を期限を超えて存続させる。すなわち、一三九〇年五月二五日に参事会は同年の一一月一一日までの期限で特別委員会を再び設置した。それは三人の参事会員から構成され、各委員は、「もし都市にとって必要であるならば」、火曜、木曜、土曜の午前の一時間と午後の二時間委員会を開くことになっていた。[39]しかし、この委員会はその後も廃止されず、一五世紀初頭には五人の参事会員から構成され、罰金・拘禁・名誉刑に相当する軽犯罪を裁く常設機関として定着している。会議は月曜、水曜、金曜に開かれていた。

以上のような五者委員会の設置と定着化、さらに一四世紀中葉以降はじめて現れる常備の都市警吏(常設の公的治安機構)(後述)の配備によって、ニュルンベルク参事会は当市の警察制度を拡充し、こうして一五世紀後半以降に確立したと言われるポリツァイ的行政の基礎を据えたのである。[40]こうした参事会の政策の背景には、既述した「都市化」によってもたらされた様々な問題を解決するために参事会の警察・行政機能を向上させる必要が高まったことがあるだろう。しかしこのような一般的な理由とともに、ニュルンベルクの政治的背景も考慮せねばならない。すなわち、一三四八～四九年の手工業者蜂起が皇帝カール四世(在位一三四七～七八年)によって鎮圧された後に復帰した旧参事会による体制の再構築と、一三八五年に参事会がニュルンベルク城伯からシュルトハイス職を担保取得したことにより、参事会と外部権力との競合に終止符が打たれたことである。[41]

第二節　職権による告訴現象

1　「お上」の統治と公的刑法の優位

参事会の施策が犯罪の全般的な予防的措置へ移るにつれて、前述したように、衣服、奢侈、賭博、武器携帯など、都市住民の生活全般にわたる規制が誘発されることとなった。こうした規制のうち、一五世紀後半に制定された治安維持に関わる規制を点描してみよう。

規制の中心をなしたのは武器携帯の制限であった。既述のように、ニュルンベルクのシュルトハイスと参事会はすでに一三〇二年に市内での武器携帯に関する最初の条令を制定している(42)。それによれば鋭利なナイフと剣の携帯が禁止され、市内に宿泊する客人は、宿屋の主人に所持している武器を預けなければならなかった。違反すると、罰金刑か都市追放刑に処せられた。

一五世紀後半には参事会は武器携帯に関するより大がかりな条令を制定している。それによれば参事会は殺人、不俱、傷害、騒動を未然に防ぐために、「以後市民であれ、都市住民であれ、客人であれ、何人たりとも、市内において昼夜を問わず、切れ味の鈍いパン切りナイフを除く、あらゆる種類の武器――それがどのように作られ、あるいはどのような名で呼ばれていようとも関係なく――……を携帯してはならない(43)」と規定し、違反者に対しては、武器を没収したうえで、一ポンドの罰金を科した。さらに、それらの武器を抜いた場合には五ポンドの罰金刑に処せられ、罰金を支払えない場合には、都市から三マイル離れたところに追放されることになっていた。また、市民や住民などが、規定に逆らってあえて武装し、禁止された武器に関する都市警吏の所持検査を拒否し、あるいは都市警吏がそれを押収しようとするのをあえて拒もうとしたときには、参事会は、その者に対して前述の罰金刑の他に、その者の不従順の程度に応じて、身体刑あるいは財産刑を科した。(44) 参事会は、市内でもとりわけ居酒屋(宿屋)、女性の館 Frauenhaus(市営の娼家)、ハラーヴィーゼ(参事会が一四三四年に市民の憩と競技の場として購入したペグニッツ川沿いの緑地)など、人々が集まり、暴力事件が起こりやすい場所における武器携帯を特別に厳しい罰金をもって禁止した。すなわち、居酒屋と女性の館内で武器の所持を咎められた場合の罰金額は市内一般においての二倍の二ポンドであった。(45)

居酒屋(宿屋)の主人は武器の携帯を取り締まる義務を負っていた。居酒屋の主人、主人の妻、あるいは主人の代理人は、自分の居酒屋に来た者たちが、その携帯している武器を居酒屋の外に置いてこない限り、居酒屋で酒を飲ませたり、席に座らせたりしてはならないことになっていた。居酒屋の主人らがこの規定を破って、武器を携帯している者に居酒屋において酒を飲ませたり、席に座らせたりしたときには、主人らは武器を携帯していた者一人につき、五ポンドの罰金刑に処せられた。(46)

参事会は、武器携帯の禁止と並んで、夜間外出規制の措置を治安維持のためにとった。夜間の外出に関する一四七一年の条令では、夜の二時を告げる鐘が鳴ると何人であれ、灯火を持つことなく外出してはならなかった。違反すると、一ポンドの罰金に処せられ、支払えない場合は追放刑に処せられた。しかし、たとえ灯火を持っていたとしても、通りで都市警吏に呼び止められ、都市警吏がその者の身元を確認できなかったときは、その者は投獄されることになっていた。(47)

このような規制の増大は、職権による逮捕または告訴現象の拡大を促進したと考えられる。なぜなら、上記の犯罪はその性質上通常被害者が存在せず、したがって私訴されえないからである。(48) そこでは犯罪の一般予防的な、そして原告や被害者の復讐とは無関係な公訴が重要となる。このような傾向はニュルンベルクで一五世紀後半に制定された諸条令において明確に現れている。そこでは、あらゆる犯罪を「未然に防ぐこと」が重要なテーマとなっているからである。例えば一五世紀末に発布された傷害事件の刑罰に関する条令の冒頭では、「名誉ある参事会は、これまでしばしば発生してきた、そして時に殺人、不倶、深刻な他の損害の要因となった、あるいは今後も要因となるであろう多数の騒動、不和・軋轢、争い、傷害を未然に防ぐことを真剣に考え、そして熟慮してきた、そして、そうすることによって、ここニュルンベルクの人々の間に平和と一致が実現され、そのような有害な騒動、そして損害が今後ますます防止され、かつ回避されうるように、我々上記の参事会の委員は以下を定め、命令する」[49]（傍点筆者）とある。そしてこのような予防の観点から、参事会は例えば「処罰に値し、かつ無秩序な飲酒を、ここニュルンベルクにおいてはっきりとなくすこと」[50]を要求したのである。その理由はこのような飲酒から「数多くの罪深きこと、そして瀆神、また口論、怒り、傷害、殺人」が生まれるからであった。

そしてこのような条令においては、今や「公共の福祉」の概念が条令の基本理念となっている。例えば一四八五年の婚礼条令は「全能の神を賞賛し、かつ顕彰し、そして公共の福祉と必要のために」[51]制定されたのである。平和は、一四世紀末以降、もはや第一にフェーデ・復讐によって危険にさらされるのではなく、罪深い振舞いによってペスト、窮乏、戦争などの禍をともなう神の怒りを招来する犯罪そのものによって危険にさらされると観念された[52]。こうした観念は、一五世紀末にニュルンベルク参事会によって制定された衣服条令に明確に現れている。すなわち、そこにおいて参事会は「何人にも隠しだてされていないように、全能の神ははじめから地上のみならず、天上や楽園においても虚栄と傲慢の悪徳を嫌われて、これらを重く罰し、謙遜や従順、貞潔や名誉ある良き風習を賞賛によって高め、それに報いた、また、現在見られるように、虚栄や不従順から帝国の多くの諸侯領や共同体に大きな損害や欠乏、荒廃が生じ、それが続いた」と記し、それゆえ、衣服条令を「全能の神を賞賛し、公共の福祉に役立ち、この名誉ある都市ニュルンベルクの名誉を高めるために[53]」制定したと主張している。

職権による告訴現象は、個々の犯罪が全体を脅かし、したがって全体の利益に関わる、という観念を通じて重大な刺激を受けたのである。

このような観念と公的刑法要求の高まりとの関連は実際に証明されうる。ヘンゼルマイヤーの調査によれば、ニュルンベルクにおける衣服・奢侈・消費条令違反者は一四三二～三四年の間はわずか四名であった。それが一四三七年と三八年には一三ないし一四名、一四三九年と四〇年には二五名となった。一四三七年以降における違反者数の急速な増加は一四三七年にニュルンベルクで多数の犠牲者を出した疫病の流行と一致する。(54) したがって違反者数の急速な増加は、都市住民の風俗が変化し条令を破るようになったからではなく、条令違反に対する参事会の認識が厳格になったことに起因したと言える。

以上のような要因に加えて、シュースターが指摘するような「一五世紀における平和を脅かす犯罪に対する処罰が欠けていることに対する不満(55)」も参事会による公的刑法の主張の拡大要因になったと考えられる。例えば一四八二年にニュルンベルク参事会は、恩赦の請願に関する条令の冒頭で、逮捕されていない犯罪者のみならず自ら犯した罪ゆえに投獄されている犯罪者に対しても犯した罪に相応しい罰が科されず、釈放されるという事態が生じていると述べ、そのことが「悪が処罰されないで放置されるだけでなく、他の多くの人々にとって悪しき例と有害な軽率さへと向かう少なからぬ要因となっている(56)」と結論づけている。また一四七八年には、都市住民に殺人犯やその他の犯罪の犯人を追跡し、届け出ることを義務づけた条令において「我々、ニュルンベルク市長と参事会は、騒動、傷害、不倶、殺人を未然に防ぐために、過去の日々において確たる、そして重要な規則、法令、条令を制定し、そこにおいて上述の罪を犯した者を捕らえるか、届け出た者に対して相当程度の金銭を与えることを定め、そのことを知らしめたにもかかわらず、これまでよりいっそう多くの騒動、傷害、不倶、殺人がこの都市において発生し、犯人はほとんど捕らえられず、それどころか逃れ出、したがって裁判が行われず、罰せられない状態である」[57]と述べている。それゆえ当時、多くの犯罪者が刑罰をすり抜けていたことが問題視されていたことを窺うことができる。また、『ダイクスラー年代記』において多数の殺人・傷害事件に関する記述を見ることができるが、その中には処罰に関する記述のない多数の事件がある。もちろん、処罰に関する記述が欠けていることを、ただちに実際に処罰が行われなかった、と解釈することは不可能であろう。しかし、なかには犯人が逃亡して処罰がなされていないことをはっきりと強調している記述を見ることができる。例えば一四九三年に「聖霊降臨祭の日（五月二六日）にクンツ・ブラウンという者が参事会員を刺し殺した、そして、その後聖バルトロマイの日（八月二四日）まで、ブラウンの事件を含めて、五人が刺し殺され、一人も逮捕されなかった」[58]（傍点筆者）とある。

以上のように、犯人が捕らえられず、裁判が、したがって処罰も行われないこと、あるいは多くの犯人が刑をすり抜けていたことが、参事会のみならず、都市住民にとってもこの時代の問題として意識されていた。このような問題に直面して、首尾一貫した刑事訴追が当時の重要課題として浮かび上がってきたのである。この課題を果たすために、ニュルンベルク参事会は都市の治安役人のみならず、都市住民も動員せねばならなかった。すなわち、一四七八年に制定された条令でニュルンベルク住民は、人を傷つけたり、あるいは殺害したりした者を発見したとき、あるいは発見したことを知らされたときには、誰かに要請される、あるいは要請されないにかかわらず、その犯罪者を昼夜を問わず、追跡する義務を負い、また他の住民に追跡することを促す義務を負った。捕らえられた犯罪者は参事会に引き渡されねばならなかった。そして、義務を怠った者は五〇ポンドの罰金刑に処せられ、払えない者に対しては身体刑が科された。[59]すでに一四七五年以降、医師と理髪師は診断・治療した重い傷害をただちに参事会に届け出ることを義務づけられていた。[60]また、参事会は住民に、犯人の通報を命令するだけでなく、積極的に促した。例えば、『ダイクスラー年代記』の記録には、一五〇一年六月七日の夜、名望家のイェルク・ヴィンター(Jörg Winter)が寝室である男に斧で頭を割られ、翌日死亡するという事件が起きたが、犯人は逃走したため、イェルクが死亡した日の朝「市庁舎から、謀殺を起こしたその謀殺者を捕らえ、参事会に引き連れてきたいかなる者に対しても、参事会は四〇〇ライン・グルデン〔約三二〇〇ポンド〕を与えるということが告示された[61]」とある。このような住民動員の背景には、犯罪をコントロールすることに関する都市当局の意思と能力の差を、住民の協力によって埋めようとする意図があったと考えられる。

以上で見てきた「公共の福祉」を守るための予防的措置と首尾一貫した刑事訴追をめざすニュルンベルク参事会の姿勢の帰結は、当事者間の私的な紛争解決に対する、参事会の裁判による紛争解決の優位の主張である。すでに一四三三年には次のような事件が起きている。

ハンス・ネゲリンは三週間の塔拘禁刑に服することを宣誓した（一四日間は恩赦されず、一週間は恩赦されうる）。なぜなら、彼は彼から金を盗んだ彼の下男を捕らえ、さらにその下男をある刑吏に引き渡し、そしてネゲリンの金が再び彼のもとに戻ってきたときに、ネゲリンは下男を市長と参事会の了解と許可なく、再び自由にしたからである[62]。

当初ネゲリンはこの事件を裁判によって解決するつもりであったが、その前に損害が回復されたために、窃盗犯と和解したのであろう。市長と参事会がネゲリンを処罰した理由は、窃盗犯を勝手に釈放したことであるから、この場合市長と参事会は、裁判外の和解を処罰したわけではないと解釈できる。しかし、当時としては比較的長い三週間という拘禁期間は、処罰の理由が勝手な釈放だけではなかったことを示唆しているように思える。参事会はネゲリンを厳しく処罰することにより、裁判による紛争解決の原則を示そうとしたのではなかろうか。いずれにせよ、紛争当事者の自由な行動の余地を狭めようとする参事会の意図は明確である。

裁判による紛争解決の原則は、一四八二年に制定された殺人に関する処罰の規定の一文に明確に示されている。すなわち、参事会は今後殺人犯を「参事会のオーブリヒカイトと統治(regimentz)に基づいて、殺人に関して断固として告訴し、あるいは処罰する」と主張し、さらに「〔その際〕殺人犯や他の罪を犯した者が被害者側とその犯罪行為に関して折り合っていようが、あるいはいまいが、そのことは〔参事会の処罰にとって〕何ら関係ない[63]」としている。以上、今や刑事訴追の徹底と公刑罰の優位を主張する参事会のオーブリヒカイトがはっきりと認識されているのである。

2 手工業者の法観念

もっとも、以上のような参事会の公的刑法の拡大と優位への要求はしばしば都市住民の抵抗を招いた。とりわけ、こうした要求と明確に衝突したのが、手工業者たちの法観念であった。彼らは、非行を犯した同職組合の成員を、その同職組合自身が「私的」に制裁するという認識を保持していたのである。例えば、一四三三年に一一人の錠前師が二日から四日の塔拘禁刑に処せられた。その理由は「彼らがかなり前に彼らの同職組合に属する親方に、相当の金額の罰金を彼ら自ら科したこと(daz sie vor etwieviel zeit ein meister irs hantwerks umb etwieviel gelt selbst gebüßt und angelegt hett)[64]」にあった。引用の文中にあるように、この事件が起きたのは「かなり前」であった。このことは、この親方が「相当の金額」の罰金を科されたにもかかわらず、この制裁を問題視せず、すでに受け入れていたことを示している。したがって、参事会の側から見れば、明らかに処罰に値するこの独断も、錠前師同職組合の成員にとっては完全に合法と観念されていたのである。

ニュルンベルク参事会は、このような手工業者の独断に対処するために、すでに一四世紀初頭から参事会の許可のない手工業者のアイヌング（Einung）を法令によって禁止している。すなわち、

また手工業者に対して、参事会の許可なく、彼らの中でアイヌングが結成されてはならない。これを犯す者は五ポンド〔の罰金〕を支払う〔べし〕。(65)

こうした処置が参事会と手工業者の間にしばしば緊張関係を生み出したことは、Haderbuch の記録によると、一四三二年と一四三三年に六七名の手工業者が参事会の許可を得ないアイヌングや談合によって処罰されていることから察せられる。一四三三年には、六名の皮なめし親方は各々一カ月の塔拘禁刑（半分は恩赦されうる）に服さねばならなかった。なぜなら「彼らは、彼ら自ら彼らの下に不正なアイヌング〔の文書〕を起草し、それに関して金銭を徴収したから（von eînr unpillichen eynung wegen, die sie in selbe unter in aufgesetzt und gelt darub eingenomme hette）」であった。そして参事会は「このアイヌングは今や破棄されるべきである（und solt auch dieselbe eynung yetzt von stund ab seyn）」と命じている。(66) また同じ年に、合わせて二九人の左官職人が市内のある修道院の回廊（Kreuzgang）で「市長と参事会の許可なく（on burgermeister und ratslaub）」集会を開いたことにより、各々三日間の地下牢獄刑に処せられている。この修道院の名前は伝えられていないが、左官職人たちは普段は人気のない回廊で集会を催すことによって、それを参事会から秘匿しようとしたのであろう。彼らがこの集会で何をしようとしたのかは具体的には分からない。ただ参事会は、「このこと〔集会で行われたこと〕は参事会と裁判所に関わっていた（dies sache rat und gericht angieng）」(67) と述べていることから、左官職人は集会において、同業者の法令に関わる非行を、裁判によってではなく、「私的」に解決しようとしたのではなかろうか。

このような同職組合による「私的」制裁の慣習は一六世紀になっても根強く残っていた。ここで、『ダイクスラー年代記』に記録されているニュルンベルクの公娼たちが一五〇五年に起こした事件を見てみよう。当時公娼はほとんど同職組合的に生活していた[68]。記録によれば、都市当局から営業を許可されていた八人の公娼(「女性の館」の住人)が市長マルクハルト・メンデルのところに来て、もぐりの娼婦が大勢いるある売春宿を打ち壊し、もぐりの娼婦を一掃することを許してくれるよう懇願し、メンデルはそれを許可した。そこで、公娼は売春宿を打ち壊し、売春宿の経営者である老女将をひどく殴った、とある[69]。

この事件においては、自力救済を願い出た公娼の法観念とともに、それを許可した市長の判断が興味深い。公娼の自力救済は、明らかに都市平和を破壊する行為であり、公的刑法の原則に矛盾する。それを市長が許可したことは、当時のニュルンベルク参事会が、一定の条件で(この場合は、市長の許可をあらかじめ得ること)都市内の社会集団の自力救済を認めざるを得なかったことを示している。したがって、公的刑法の原則は、それが打ち出された一五世紀に実現したわけではなく、その実現のためには長期にわたるプロセスが必要であったことが分かる。このプロセスにおいては、本書が対象とする時代から外れてしまうが、リュックやヴィロヴァイトが指摘するように(序章を参照)、一六世紀中葉から末が重要な転換点であったように思われる。なぜなら、ニュルンベルクにおいて一五四三年に、公娼が再びもぐりの娼婦を自ら制裁したいと願い出たとき、都市当局は今回は一五〇五年と異なり、公娼の要求を拒否し、彼女らに対してただもぐりの娼婦を告訴するよう要求したからである[70]。このように、一六世紀の過程においてニュルンベルク参事会は、公的刑法の通用のために「私的」制裁に対して厳格に臨むようになったのである。

第三節　治安役人

ニュルンベルクにおいて、犯人を捕らえ、通報する治安役人はおもに都市警吏（Stadtknecht）と都市兵（Stadtschütze）により構成されていた。彼らの整備によって、はじめてニュルンベルク参事会は原則的には都市住民の協力に依らず、犯人を捕らえ裁判にかけることが可能となったので（現実には都市住民の協力は不可欠であり、それゆえ先に見たように、都市住民に犯人追跡の義務を負わせた条令が制定された）、公的刑法の発展を考えるうえで、彼らの役割は重要である。そこでまず、都市警吏と都市兵の人数と職務内容を一瞥した後、彼らの身分、収入、規律をあわせて考察したい。なぜなら、中近世の治安役人に対する流布したイメージ——無規律・暴力的でいかがわしい——の根底には、彼らが賤視された人々であり、劣悪な待遇の下にあったという認識があるからである。

1　都市警吏および都市兵の数と職務内容

まず、都市警吏の数から見てみよう。常備の都市警吏が最初に現れるのは一四世紀中葉である[71]。それは公的刑法の発展・拡大が本格的にはじまる時期でもあるので、フレンツが指摘しているように[72]、公的刑法は官吏によるコントロールを基礎としていたことを窺わせる。都市警吏の数は一四三〇年までは四人、一四三一年以降は五人であった。マルクグラーフ戦争（一四四九〜一四五三年）[73]の際には一時的に新たに四人が雇われた。一四六五年には六人が確認されるが、一五世紀の末頃には再び四～五人に減った。しかし、一五〇二年には一時に一六人まで増加し[74]、その後減少するが、一五三〇年代以降は一〇人の水準を維持した[75]。次に都市兵の数を見てみよう。都市兵の存在は一四四九年まで遡ることができる。すなわち、その年に勃発したマルクグラーフ戦争の際に五〇人程度雇われたのがはじまりと考えられる。戦後も引き続き雇われ、平均三〇～三五人の数を維持した[76]。ベントラーゲによれば、ニュルンベルクの都市警吏と都市兵およびその他の[77]、本務あるいは副務として監視とコントロールを担った治安役人の数は、一六世紀において人口比でドイツや他のヨーロッパの都市の中でトップクラスの多さであった[78]。その意味においてニュルンベルクは厳格にコントロールされた都市であったと言える。

職務内容を見ると、都市警吏のそれは多様であった[79]。都市警吏の主要な任務は、犯罪者を追跡・逮捕し、禁止された武器を押収し、公開処刑の際には刑吏を補助し、参事会によって制定された法令が住民によって遵守されているかを監視することによって、市内の秩序を確保することであった。彼らは昼夜を問わず、通りの平穏と秩序に配慮し、火事の際には市長や街区長(Viertelmeister)に知らせねばならなかった。また、皇帝(国王)や諸侯が都市に滞在している際には護衛の任務に就き、滞在ユダヤ人の護衛と監視を行うこともあった。同時に都市警吏は債務者拘禁塔の囚人の監視も行わねばならなかった[80]。その他、債権者の委託に応じて債務を徴収し、担保物件を差し押さえた。都市警吏の一部は糺問局に下属した。糺問局に下属した都市警吏は罰金刑の判決を受けた住民から支払い期限のきた罰金を取り立てる任務を負った。

以上のように、都市警吏の職務の特徴は、都市の安全と秩序維持のための多様な機能にあった。この多様さゆえに、彼らの職務遂行に質の高い専門性を期待することはできないと言われる[81]。同様のことは都市兵にも当てはまる。都市兵は本来都市防衛のために参事会によって雇われ、対外戦争に投入されたが、都市警吏と同様の職務も遂行した。ただし、都市警吏の職務が終日業務であったのに対して、都市兵のそれは待機業務であり、彼らは特別に必要とされる際に都市警吏を支援するために臨時に投入された。[82] したがって事実上、第二級の警吏であった。[83] しかし、市内の治安維持における都市兵の役割は、一五世紀末以降明らかに増大する。一四七七年に参事会は、都市兵に市内における常時の武器携帯を許可した。この時期以降、都市兵は日常において参事会の「お上」としての権威を体現するようになった。すなわち都市兵は街頭に立ち、市庁舎の前で見張りに立ったのである。都市兵はまた、騒動が起こりやすい手工業者の集会場所などを警戒した。[84]

2　身分、収入、規律

都市警吏と都市兵の身分と収入について見てみよう。先にも述べたように、一般に中近世の治安役人には、住民から賤視されたアウトサイダーというイメージが付きまとうが、ベントラーゲによれば、このイメージは少なくとも一五・一六世紀ニュルンベルクの都市警吏に関しては妥当しない。[85] すなわち、都市警吏の中には採用されると同時に市民権を得る者もいた。採用の際には、隣人や親族、採用前の仕事仲間などの良い評判や推薦、すなわち地域社会との結びつきが重視された。また、都市警吏のポストが子や親族に「相続」されることは稀であった。それは刑吏(Henker)と著しい対象をなす。したがって、都市警吏の職は、それに従事する者が社会的侮蔑を理由に不可避的に入り込まざるを得ない閉鎖的な空間に属していなかったのである。一六世紀においても都市警吏の転職は可能であった。

同様に都市警吏は収入面でも比較的恵まれていたと言える。たしかに都市警吏の基本給は少なかったかもしれない。グレーブナーによれば、一五世紀後半において彼らの基本給の平均は一日当たり約二・五ペニヒ(一ポンド＝三〇ペニヒ)で、それは平均で一日当たり約一〇ペニヒを得ていた未熟練労働者の日当の約四分の一に過ぎなかった。[86] しかし、都市警吏の収入構造は多様であり、その時々の職務行為に関して別個に支払われる報奨金を得ていた。皇帝がニュルンベルクを訪れたときのように、通常より厳重な治安が必要とされる際には、特別な報酬が支払われた。押収された武器を売却して得られた金の半分は都市警吏の収入になった。糺問局に勤務して、罰金を取り立てていた都市警吏には、特別に報酬が支払われていた。債務者拘禁塔の監視業務からも彼らは追加の収入を得た。その金額は一五三〇年の参事会決定によれば週給二四ペニヒであった。一四八四年に都市警吏と刑吏に対して、都市役人と新加入の市民から若干のチップを受け取ることが認められた。このチップ収入は共通の金庫に入れられ、定期的に分配された。[87] 都市警吏はそれに加えて聖霊降臨祭、メーゲルドルフの教会祭、冬至と夏至、聖エギディエンの日にそれぞれ二・五シリング(一シリング＝六ペニヒ)を得ていた。[88] これらを合計すると都市警吏の年収は、他の都市役人との比較において上位クラスに位置し、熟練手工業者の年収に匹敵した。そのうえ、手工業者と異なり、都市警吏の収入は参事会の配慮によって景気変動の影響を受けにくかった。以上を総合すれば、都市警吏は魅力的な職務であったと言えよう。[89]

それに対して都市兵の収入は最下層に属した。まず彼らには、都市警吏と異なり基本給が支払われず、臨時の出来高払いに依存していた。また徴収された罰金の分配に関しても、都市警吏に比して不利に扱われた。それを補うため、市の建築現場で副業に従事することを認められていたが、都市兵に対する住民の賤視は一五世紀から一六世紀の過程で徐々に強まり、一六世紀になると建築業者は建築現場に都市兵を受け入れることを拒否するようになる。[90] また、都市兵は容易には市民権を獲得できなかった。[91]

このように、少なくともニュルンベルクの都市警吏は比較的良好な待遇で雇われ、また住民から賤視されたアウトサイダーではなかった。だとすれば、アウトサイダーであることを前提に作り上げられた彼らの無規律で暴力的なイメージは果たして妥当なのかという問題が出てくる。以下では、彼らの規律について考察してみよう。

一五世紀末のニュルンベルクの史料は、本来犯罪を取り締まるはずの都市警吏が少なからず罪を犯したことを示している。参事会によって頻繁に訓戒や戒告が発せられていたにもかかわらず、一四八二年から一四八八年までの間に七人の都市警吏と刑吏が犯罪行為によって処罰され、あるいは職を辞さねばならなかった(92)。都市警吏の犯罪は窃盗、騒動、禁止された賭博、名誉毀損、姦通など様々であった。

本書の課題である暴力犯罪に関しても、都市警吏や都市兵の暴力的な振舞いがしばしば問題となっている。都市警吏や都市兵が住民を逮捕するときや、罰金を取り立てる際に、住民を不当に乱暴に扱い、その結果、処罰されるケースが度々あった(93)。夜警の際には都市警吏は常に職務行為において容疑者の法的地位を考慮せねばならなかった。夜間、武器を携帯していたところを見つけられたり、疑わしい態度をとったりした非市民を都市警吏は職務権限上牢獄に引き連れていくことができた。それに対して市民には、この強制手段は禁止されていた。都市警吏は市民に対しては翌日、五者裁判所で弁明するよう命令することになっていた。その際この命令に効力を持たせるために、都市警吏はその市民から担保(保証金)をとることができた。しかし、このような細かな職務規定はしばしば遵守されなかったようで、彼らはしばしば乱暴な措置をとった(94)。一四九四年に参事会は、都市警吏に対して武装解除に応じない者を酷く殴らず、参事会に届け出るべし、と命令している(95)。このような暴力は、住民が都市警吏や都市兵に対して強い反感を持つ原因となった。また暴力と同様に彼らの職務怠慢も住民の不評を買ったようだ。一四六一年に参事会は、新しい都市警吏を任命する際に、職務に対して不熱心で、暴力的に振舞い、勤務中に酒を飲む者を解雇すると警告している(96)。

ニュルンベルク参事会は、このような治安役人を規律するために、すでに触れたように、しばしば警告や訓戒を発しているが、しかしその一方で、参事会は有罪の判決を受けた治安役人を必ずしも免職にしたわけではなかった。むしろ逆の場合が多かった(97)。例えば、都市警吏のウルリヒは、一四八二年に窃盗で処罰された。しかし彼は職にとどまり、最終的に一四八四年に市民権を与えられた。(98)同じく一四八四年に都市警吏のヴァルターが女性の館において無実の者を不当に傷つけたことによって職を辞さねばならなかった。しかし、彼は一四八七年に再び都市警吏として雇われ、さらに彼に科されていた罰金の支払いはその年のカーニバルの日まで猶予された。一年後、参事会は彼の未払い分の罰金を全て免除した。彼は最終的にワイン広場の樽口開封官に就くことによって、都市警吏職を辞した。(99)

こうして見てみると、治安役人は市壁内で最も暴力的な集団であり、そして彼らの過剰な暴力は、支配の脆弱さと規範の不通用への現実的対応として、統治権力によってある程度容認されていた、反抗的な市民に対するみせしめ的な暴力であるという通説的な主張(100)は正当であるように思われる。しかしこのような通説に対して、ベントラーゲは疑義を提示している。なるほど、彼女も一五・一六世紀ニュルンベルクの治安役人に暴力的な行動様式を認めている。しかしこの行動様式は、当時の暴力的な社会を考慮すれば、そもそも特別なものとはみなされえず、また、参事会が罪を犯した治安役人に対して比較的寛容に振る舞っていることも、一般に犯罪者の排除と抑圧を目的としない当時の刑罰の機能を念頭に置けば、やはり特殊とはみなされないと主張する。(101)

だとすれば、治安役人の過剰な暴力や支配の脆弱さについて安易に語ることはできないであろう。それについて語るには、次章以降で、当時のニュルンベルク社会における暴力の位置と価値、そして刑罰の目的と機能に関して詳しく検討せねばならない。

おわりに

以下で本章をまとめたい。一四世紀初頭以降ニュルンベルク参事会は、シュルトハイスが代行する都市君主権の下で独自の裁判権を発展させ、都市平和の維持・回復に積極的な役割を果たすようになった。その際、参事会の平和政策は、おもに自己退去を用いた仲裁裁判と条令を通じた暴力に対する予防的・規律的措置から構成されていた。後者に関しては、一四世紀後半以降ニュルンベルク参事会は、暴力行為を予防するという観点から、「ナイフを抜く」や「賭博」など、暴力行為につながるような振舞いを犯罪化しはじめた。このような犯罪予防的措置は、直接の被害者が発生しない振舞いをも犯罪化することになったので、そこから、職権による告訴現象を誘発するにいたった。

一五世紀に入るとニュルンベルク参事会は、「公共の福祉」を守るための予防的措置として、公的刑法のさらなる拡大を積極的に推進した。その際に参事会によって問題とされた振舞いは、飲酒や衣服における奢侈などのポリツァイ的犯罪であった。ポリツァイが刑事裁判を活性化させ、それが「私的」制裁や紛争解決に対する公刑罰優位の要求へとつながるのである。このようなポリツァイ的犯罪の取締りと刑事裁判活動の活性化に対応して、参事会は一五世紀初頭に下級裁判専従の五者委員会を常設化し、刑事裁判制度の整備に努めた。以上の過程は、参事会がオーブリヒカイトとして権力を伸長してゆく過程でもあった。また、この過程において、当事者主義的要素の濃い自己退去の数は徐々に減少し、かわって、参事会による強制追放である都市追放刑が多く科されるようになる。この点にも公的刑法の発展を見ることができる。ただし数は減るものの、自己退去が一五世紀末まで用いられることは、当事者主義の存続を考えるうえで留意されるべきである。

以上のような参事会の公的刑法の拡大と優位の要求は、都市住民、とりわけ手工業者の法観念と衝突することがあった。手工業者は、しばしば非行を犯した同業者を「私的」に制裁したり、不法なアイヌングや談合を通じて独自に「裁判権」を行使したりすることによって、参事会の公的刑法に対抗した。公的刑法の原則が実現するためには、一五世紀から一六世紀にかけての長期にわたるプロセスが必要だったのである。

ニュルンベルク参事会は、公的刑法を機能させるために都市警吏と都市兵を整備した。参事会が刑事犯罪の追及のために、都市住民の協力に頼るだけではなく、独自の治安維持スタッフを任用したことは、参事会のオーブリヒカイトとしての自己理解の現れとして重要である。たしかに、都市警吏と都市兵は職業上の専門性に欠け、また、住民に対して暴力的に振る舞うことがあった。しかし、支配の脆弱さと規範の不通用を証拠立てるものとして考えられてきた都市警吏と都市兵の暴力的振舞いは、当時の暴力的社会を考慮すれば、必ずしも彼らに特有のものではなく、社会全体の暴力によって相対化される可能性も考えられる。

(1) 若曽根健治『中世ドイツの刑事裁判――生成と展開』多賀出版、一九九八年、三三九～三四九頁。
(2) Günter Jerouschek, Die Herausbildung des peinlichen Inquistionsprozesses im Spätmittelalter und in der Frühen Neuzeit, in: Zeitschrift für die gesamte Strafrechtswissenschaft 104, 1992, S. 328-360.
(3) 参事会支配体制の確立過程については、佐久間弘展「中世後期ニュルンベルクにおける参事会都市支配の確立」『西洋史論叢(早稲田大学)』第八号、一九八六年、四五～六二頁を参照。
(4) ニュルンベルク参事会の手工業団体管理については、「ツンフトなき都市」としての当市の特殊性ゆえに、多くの研究者の注目を集めてきた。ここでは基本文献として、佐久間『ドイツ手工業・同職組合の研究』をあげる。
(5) ニュルンベルクの都市貴族に関する基本的文献として、さしあたり Hans-Hubert Hofmann, Nobiles Norimbergenses, in: Konstanzer Arbeitskreis für mittelalterliche Geschichte (Hg.), Untersuchungen zur gesellschaftlichen Struktur der mittelalterlichen Städte in Europa, Sigmaringen 1966 (2. Aufl. 1974), S. 53-92; Gerhard Hirschmann, Nürnberger Patriziat, in: Hellmuth Rößler (Hg.), Deutsches Patriziat 1430-1740, Limburg und Lahn 1968, S. 257-276 をあげる。
(6) 大参事会と小参事会に関しては、田中俊之「中世後期ニュルンベルクの都市貴族と『名誉』」『史林』第八〇巻第六号、一九九七年を参照。
(7) ニュルンベルクの裁判制度に関しては、Pfeiffer, Nürnberg, S. 171f.; Martin, Verbrechen und Strafe in der spätmittelalterlichen Chronistik Nürnbergs, S. 33-49; 佐久間「中世後期ニュルンベルクにおける参事会都市支配の確立」を参照

照。

（8） 以下の自己退去に関する記述は、Schultheiß, Die Acht-, Verbots-und Fehdebücher Nürnbergs von 1285–1400, S. 56*–69*に拠った。

（9） この二つの裁判所の他に、一四七〇年に設置された糾問局と一五一四年に設置された戦争局(Kriegsamt)があった。糾問局とはおもに使用人と雇用主との間の争いを扱い、また市内の衛生と秩序および商品の品質と値段を監視し、手工業規約に違反した手工業者を処罰し、宣誓親方(同職組合の長で、仲間うちから推薦され、参事会によって任命された。参照、佐久間『ドイツ手工業・同職組合の研究』三二頁)の監督を行う機関であった。戦争局は脱走兵の追跡・処罰など兵士の管理にあたった。なお、各種裁判所の設置に関しては、Martin, Verbrechen und Strafe in der spätmittelalterlichen Chronistik Nürnbergs, S. 43f. を参照。

（10） Frenz, Frieden, Gemeinwohl und Gerechtigkeit durch Stadtherr, Rat und Bürger, S. 111-146.

（11） Schultheiß, Satzungsbücher und Satzungen der Reichsstadt Nürnberg aus dem 14. Jahrhundert, S. 42f.

（12） Ebd., S. 55, 97, 224, 323.

（13） Ebd., S. 323f.

（14） Schultheiß, Die Acht-, Verbots-und Fehdebücher Nürnbergs von 1285–1400, Nr. 782.

（15） 〈er sey burger oder gast, der fürbaz dhein messer oder ander verliche wer zukt in der stat..., der sol geben 5 lb haller neu an die stat on gnad, het er dez geltz niht, so müzz er sein 3 meil von der stat, biz er die gibt.〉 Schultheiß, Satzungsbücher und Satzungen der Reichsstadt Nürnberg aus dem 14. Jahrhundert, S. 274.

（16） Vgl. Schuster, Eine Stadt vor Gericht, S. 87.

（17） Schuster, Der gelobte Frieden, S. 106f.

（18） Baader, Nürnberger Polizeiordnungen aus dem 13. bis 15. Jahrhundert, S. 48.

（19） 〈Gotzz Steinhauser ist di stat verboten und dem... dem Milten und Vlrich dem Kugler 5 jar 10 meil hindan bei dem sakk darumb, daz sie gefüllt und valsch würfel trugen und auf der leut unglükk gingen.〉 Schultheiß, Die Acht-, Verbots-und Fehdebücher Nürnbergs von 1285–1400, Nr. 629.

（20） Walter Tauber, Das Würfelspiel im Mittelalter und in der frühen Neuzeit. Eine kultur-und sprachgeschichtliche

Darstellung, Frankfurt am Main 1987, S. 42ff.

(21) Schultheiß, Die Acht-, Verbots-und Fehdebücher Nürnbergs von 1285-1400, Nr. 759, 875.

(22) Ebd., Nr. 969, 1012, 1013.

(23) Ebd., Nr. 780.

(24) Schultheiß, Satzungsbücher und Satzungen der Reichsstadt Nürnberg aus dem 14. Jahrhundert, S. 45.

(25) Ebd., S. 66f.

(26) Ebd., S. 69, 117f., 127f., 222, 225, 234.

(27) Ebd., S. 255.

(28) 〈niemant dhein spil niht tun sol, wie daz genant ist, ez sei frau oder man, damit man den pfennigk verliesen oder gewinen mag〉 Ebd., S. 266.

(29) Tauber, Das Würfelspiel im Mittelalter und in der frühen Neuzeit, S. 49

(30) Ebd., S. 49.

(31) Ebd., S. 49f.

(32) Die Chroniken der deutschen Städte vom 14. bis ins 16. Jahrhundert, Bd. 10, S. 192.

(33) Tauber, Das Würfelspiel im Mittelalter und in der frühen Neuzeit, S. 51-54.

(34) 相澤隆「ドイツ中世都市における町並みの形成と建築条令」樺山紘一編『西洋中世像の革新』刀水書房、一九九五年、二三五～二五四頁。

(35) 同「奢侈条令と中世都市社会の変容――南ドイツ帝国都市の場合」『史学雑誌』第九七編第六号、一九八八年を参照。

(36) 五者委員会の設置に関しては、Henselmeyer, Alltagskriminalität und ratsherrliche Gewalt, S. 158-161 を参照。

(37) 都市戦争とは、シュヴァーベン都市同盟とヴュルテンベルク伯エーベルハルトを中心とする諸侯同盟との武力衝突であり、諸侯同盟が勝利した。一三八九年五月に発布されたエーガーのラントフリーデによって終息に向かった。ニュルンベルクはシュヴァーベン都市同盟に加盟していたが、他の加盟都市への支援に終始消極的で、双方の仲介を目指していた。Vgl. Pfeiffer, Nürnberg, S. 79f.

(38) 〈Ordenung, wie und wenn die fünf sitzen sullen und davon reden, waz der stat notdürft und anliegent sey〉

Schultheiß, Satzungsbücher und Satzungen der Reichsstadt Nürnberg aus dem 14. Jahrhundert, S. 331-333.

(39) Ebd., S. 302.

(40) 佐々木「一五世紀末帝国都市ニュルンベルクにおけるハントヴェルク」三一～三三頁。

(41) 同、三一～三二頁。

(42) Schultheiß, Satzungsbücher und Satzungen der Reichsstadt Nürnberg aus dem 14. Jahrhundert, S. 42f.

(43) 〈hinfur nymands, er sey burger, inwoner oder gast, hie in der stat weder bey tag noch nachtz einicherley were, wie die gestalt oder genannt sein, ausgenomen slechte ungeverliche protmesser... tragen sollen.〉 Baader, Nürnberger Polizeiordnungen aus dem 13. bis 15. Jahrhundert, S. 51.

(44) Ebd., S. 52f.

(45) Ebd., S. 51.

(46) Ebd., S. 53.

(47) Ebd., S. 55f.

(48) Jerouschek, Die Herausbildung des peinlichen Inquistionsprozesses im Spätmittelalter und in der Frühen Neuzeit, S. 358.

(49) 〈Ein erber rate hat zu hertzen genomen und bedacht die meniglich auffruer, zweynung, misshandlung, haderey und verwundung, so sich bissher offt und dick erhebt haben, darauss dann zu zeiten todschlege, leme und mercklicher ander unrath entstanden sein und hinfür entsten mochten, solichs zu fürkommen und damit friede und einigkeit undter den lewtwn hie gehannthabt und soliche schedliche anfrur und unrath hinfür dester bass verhütet und verminden bleiben mogen, so setzen und gebieten die genanten unnser herren vom rate〉 Baader, Nürnberger Polizeiordnungen aus dem 13. bis 15. Jahrhundert, S. 44.

(50) 〈das strafflich unordentlich zudrincken hie in der statt mercklich eynbreche〉 Ebd., S. 115.

(51) 〈got dem allmechtigen zu lob und zu eren und umb gemains nutz und notturfft willen〉 Ebd., S. 71.

(52) Schuster, Eine Stadt vor Gericht, S. 152f.

(53) 〈als menigelich unverporgen ist, der allmechtig got von anbegynn nyt allayn auff erden, sonnder auch im hymel unnd

inn dem pradeyß das lasster der hoffart und übermut gehasset und schwerlich gestrafft, dienmut, gehorsamkayt, zucht und erbere gute sythen loblich erhöhet und belonet hat, auch auß hoffart und ungehorsam manigem reychen fürstenthumben und conmonen grosse schaden abnemen und verderben entstannden und geflossen sein, als das an vil ennden vor augen lygt〉, 〈dem allmechtigen got zu lobe, gemaynem nutze zu gut, und dieser erbern statt Nüremberg yu eren〉 Baader, Nürnberger Polizeiordnungen aus dem 13. bis 15. Jahrhundert, S. 95.

(54) Henselmeyer, Ratsherren und andere Delinquenten, S. 125-128.

(55) Schuster, Eine Stadt vor Gericht, S. 148f.

(56) 〈nicht allein das übel ungestrafft beliben, sonnder auch vil anndern menschen zu pösen exempel und schedlicher leichtvertigkeit nit klein ursach gewesen ist〉 Baader, Nürnberger Polizeiordnungen aus dem 13. bis 15. Jahrhundert, S. 42f.

(57) 〈Wir burgermeister und rate der stat Nuremberg wie wol wir zu fürkomen aufrur, verwundung, leme und todslege in vergangen tagen statliche und mergkliche statut, gesetze und ordnung fürgenomen, auch dabey den jenen, die soliche tetter einprechten oder anzeigten, ein merckliche summ gelts darumb ze geben auffgesetzt und verruffen lassen haben, yedoch und dieweil nichtz destmynder bissher vil und manigerley aufrur, verwundtung, leme und todslege in dieser stat beschehen, der tetter wenig betretten, sonnder entweichen und also derhalben ungerechtvertigt und ungestrafft beliben sind〉 Ebd., S. 41.

(58) 〈Des jars am pfingstag da erstach Kuntz Braun ein ratsmitgesellen und darnach piß auf Bartholomei noch, mit dem ersten, wurden erstochen fünf: wurd keiner ergriffen.〉 Die Chroniken der deutschen Städte vom 14. bis ins 16. Jahrhundert, Bd. 11, S. 574.

(59) Baader, Nürnberger Polizeiordnungen aus dem 13. bis 15. Jahrhundert, S. 41f.

(60) Groebner, Der verletzte Körper und die Stadt, S. 169.

(61) 〈rüfet man vom rathaus auß, welcher den mörder, der den mort getan vieng und in hie ein precht, wolt ein rat geben vier hundert gulden reinisch.〉 Die Chroniken der deutschen Städte vom 14. bis ins 16. Jahrhundert, Bd. 11, S. 637.

(62) 〈Hans Negelin promisit iii woche auf eine trun zu seyn, xiiii tag on gnade, i woche auf gnade, darumb daz er ein

sein Knecht, der ihm gelt gestoln hett, gefange und zu einem püttel daruber geantwürt und gelegt und da im sein gelt wieder ward, on des Bürgermeisters und rats wiss und laub wieder ledig gelass hett.〉 AStB. 196, fol. 22v-23r.

(63) 〈in crafft irer obrikeyt und regimentz darumb ernstlich rechtvertigen oder straffen lassen (werde)〉, 〈ungeacht ob einicher todschleger oder übelteter mit seinem widerteil umb die tat vertragen were.〉 Baader, Nürnberger Polizeiordnungen aus dem 13. bis 15. Jahrhundert, S. 48.

(64) AStB. 196, fol. 21r-v.

(65) 〈Ez schol auch kayn antwerc kayn aynunge under in machen ane rates wort. Swer daz pricht, der gibt fiunf phunt.〉 Schultheiß, Satzungsbücher und Satzungen der Reichsstadt Nürnberg aus dem 14. Jahrhundert, S. 103.

(66) AStB. 196, fol. 25r.

(67) Ebd., fol. 19v.

(68) 中世末期のドイツ都市における娼婦の存在形態に関しては、田中俊之「中世末期ドイツ都市共同体と周縁集団――娼婦の存在形態を中心に」前川和也編著『ステイタスと職業――社会はどのように編成されていたか』(MINERVA 西洋史ライブラリー20)ミネルヴァ書房、一九九七年、三三八〜三六一頁を参照。

(69) Die Chroniken der deutschen Städte vom 14. bis ins 16. Jahrhundert, Bd. 11, S. 696.

(70) Bendlage, Henkers Hetzbruder, S. 126f.

(71) Hermann Knapp, Das alte Nürnberger Kriminalverfahren bis zur Einführung der Karolina, in: Zeitschrift für die gesamte Strafrechtswissenschaft 12, 1882, S. 200-276 und S. 473-552, hier: S. 212.

(72) Frenz, Frieden, Gemeinwohl und Gerechtigkeit durch Stadtherr, Rat und Bürger, S. 137f.

(73) 第一次マルクグラーフ戦争のことである。ニュルンベルクとブランデンブルク辺境伯との間では、おもにニュルンベルクの支配領域における上級裁判権の管轄をめぐって小競り合いが絶えなかったが、積極的な領域政策を遂行した辺境伯アルブレヒトの時代、両者の間に大規模な衝突が勃発した。この戦争は一四五三年バイエルン‐ランツフート大公ルートヴィヒの仲介によって終結した(Vgl. Pfeiffer, Nürnberg, S. 115-119)。

(74) Bendlage und Schuster, Hüter der Ordnung, S. 39.

(75) Bendlage, Henkers Hetzbruder, S. 110.

(76) Bendlage und Schuster, Hüter der Ordnung, S. 39.
(77) 都市の治安維持を担う役人として、都市警吏や都市兵の他に夜警や塔・市壁見張り人なども存在した。
(78) Bendlage, Henkers Hetzbruder, S. 52f.
(79) 都市警吏の職務内容に関しては、Bendlage und Schuster, Hüter der Ordnung, S. 39f. を参照。
(80) 本章、注(9)を参照。
(81) Bendlage, Henkers Hetzbruder, S. 291f.
(82) Ebd., S. 63.
(83) Knapp, Das alte Nürnberger Kriminalverfahren bis zur Einführung der Karolina, S. 286.
(84) Ebd., S. 266ff.
(85) 都市警吏の身分に関しては、Bendlage, Henkers Hetzbruder, S. 55-59 を参照。
(86) Groebner, Ökonomie ohne Haus, S. 134-137.
(87) Bendlage und Schuster, Hüter der Ordnung, S. 43f.
(88) Paul Sander, Die reichsstädtische Haushaltung Nürnbergs. Dargestellt auf Grund ihres Zustandes von 1431 bis 1440, Leipzig 1902, S. 481.
(89) Bendlage, Henkers Hetzbruder, S. 106.
(90) 都市兵の収入に関しては、ebd., S. 89-91 を参照。
(91) Knapp, Das alte Nürnberger Kriminalverfahren bis zur Einführung der Karolina, S. 286.
(92) Bendlage und Schuster, Hüter der Ordnung, S. 45.
(93) Ebd., S. 41.
(94) Ebd., S. 42.
(95) Ebd., S. 42.
(96) Knapp, Das alte Nürnberger Kriminalverfahren bis zur Einführung der Karolina, S. 267.
(97) Bendlage und Schuster, Hüter der Ordnung, S. 45.
(98) Ebd., S. 45.

(99) Ebd., S. 45.

(100) Schwerhoff, Köln im Kreuzverhör, S. 58, 60f.; Groebner, Der verletzte Körper und die Stadt, S. 189.

(101) Bendlage, Henkers Hetzbruder, S. 292f.

第二章　暴力の形態と原因

はじめに

従来の都市史研究は、制度史的アプローチにより法と司法制度が整備された高度な平和領域という中世後期の都市像を構築した。すなわち、市壁に囲まれた特別な平和領域としての都市、中世ヨーロッパの暴力社会にあって裁判制度を整え、自力救済を厳しく禁止して、恒常的な平和を実現した都市という像である。しかし近年、歴史犯罪研究は、裁判史料の数量分析によって、中世後期・近世初期の都市が暴力事件に満ちていたことを示している。例えばブルクハルツは、一三七六年から一三八五年までのチューリヒ都市裁判所における一四七六件の裁判記録を分析し、チューリヒの犯罪構成においては暴力事件が最も多数を占めたことを明らかにしている。すなわち、傷害事件(三七%)が最も多数を占め、名誉毀損(一八%)、経済犯罪(一五%)がこれに続いた[1]。またシュヴェアホフは、序章で触れたケルンのTurmbücherから三つのサンプル(一五六八～一五七二年、一五八八～一五九二年、一六〇八～一六一二年)を抽出し、都市ケルンの犯罪類型の特質を分析したが、その分析によると、総数一九九三人の逮捕者のうち、暴力犯の範疇(暴行、傷害、格闘等)に分類された者は四一七人(二〇・九%)で最も多数を占めた(2)。

こうした歴史犯罪研究の成果によって、伝統的な制度史研究が中世都市に与えた像はもはや維持されないように思える。しかしこうした像が、当時の都市住民の都市に関する自己理解と一致していたことは看過されてはならない。彼らの自己理解によれば、市壁に囲まれた都市は暴力がはびこる農村に浮かぶ平和の島であり、保護を得られる避難所であり、法を護持する砦であった(3)。

それでは、歴史犯罪研究が裁判史料の分析より導き出した、暴力のはびこる社会という都市像と当時の都市住民の自己理解との間に、なぜこのような差異が生じたのであろうか。シュースターは、中世後期の都市コンスタンツを例に当時の暴力儀礼に注目することによって両者を矛盾することなく統合しようとしている。彼は、中世後期・近世の暴力行為の大部分には一定の節度が内在していたことが看過されてはならないと述べている。中世後期のコンスタンツは暴力が蔓延する地域であった。しかし、この暴力の大部分は、紛争相手へ重大な肉体的損傷を与えることを目的としたものではなく、その場をコントロールし、挑発を退けることが重要であったと結論づけている。衝動や感情はある程度コントロールされ、暴力行為はルールの下にあったという(4)。したがってコンスタンツの住民は、日常的に頻発する暴力に直面しても都市の平和や秩序が重大な危機に脅かされているとは考えなかったのである(5)。

ニュルンベルクに関しても、すでにグレーブナーが、年代記作家ダイクスラーの暴力紛争や刃傷沙汰に関する記述がクールでかつ淡々としていることから、ダイクスラーはそれらの暴力を彼自身の安全や都市の秩序を脅かすものと考えていなかったと主張している(6)。またヘンゼルマイヤーは、一五世紀前半ニュルンベルクの下級裁判記録の分析を通じて、シュースターやグレーブナーと同様に、当時の暴力は抑制がきいていたと主張している。彼によれば、ニュルンベルク住民は暴力のエスカレートの過程でしばしばナイフを抜くことはあっても、それを実際に使用することは稀であった(7)。

　本章では、グレーブナーとヘンゼルマイヤーの主張を検証してみたい。なぜなら、序章で述べたように、そこには社会的コントロールの手段としての暴力の能力を理想化する傾向が見られるからである。そこで以下では、裁判史料等の分析により、中世後期ニュルンベルクにおける暴力の実態を、暴力の発生数と形態(第一節)および暴力の発生原因(第二節)の面から明らかにする。

第一節　暴力の発生数と形態

1　暴力の発生数

　一五世末から一六世紀初頭にかけてのニュルンベルクにおける日常の出来事を記録した『ダイクスラー年代記』には多数の暴力事件が描かれており、それを読む者は、この時代のニュルンベルク社会において暴力が蔓延していたとの印象を得る。このような印象は、やや時代を遡るが、実際、軽犯罪を扱った下級裁判に関わる史料の分析を通じて裏付けられる。

　まず、罰金刑を付科された者が記録されている『都市台帳』を見ると、一四三二年と一四三三年の二年間に記録されている二二六名(複合犯は犯した罪ごとに数えられているので実人数より多くなっている)のうち、身体的暴力の一種である、威嚇・挑発的行為としての「ナイフを抜く」による者が一〇九名と最多数を占めている。さらに殺人、流血をともなう殴打、射撃による者がそれぞれ一名記録されているので、身体的暴力が全体に占める割合は四九・六％である。その他に身体的暴力には数えられないが、それに関係するものとして「違法な長いナイフの所持」による者が二七名記録されている。言葉の暴力に関しては、「冒瀆的言辞（freveles wort）」による者が一名だけ記録されている。なお、暴力犯罪以外では、先買い・買占め（二八名）と賭博（二〇名）が目立つ。

次に、おもに拘禁刑を付科された者が記録されているHaderbuchを見ると、一四三二年と一四三三年の二年間に記録されている六八七名（複合犯は犯した罪ごとに数えられているので実人数より多くなっている）のうち、殴打や傷害などの身体的暴力による者が四一三名（うち一六名は言葉の暴力との複合犯）で圧倒的多数を占めている（六〇・一％）。殺人犯はこの期間のみならず、そもそもHaderbuchに一名も記録されていないので、殺人犯に対しては、拘禁刑は科されなかったと見てよい。その他、身体的暴力に関係するものとして、「違法な長いナイフの所持」による者が四名記録されている。言葉の暴力に関しては、冒瀆的言辞（瀆神を含む）や誣告などによる者が九一名（うち一六名は身体的暴力との複合犯）で一三・二％を占めている。なお暴力犯罪以外では、参事会の許可を得ていない不法なアイヌングによって拘禁刑に処せられた手工業者が六七名記録されていることが目立つ。

以上を踏まえて、『都市台帳』とHaderbuchを総合してみると、一四三二年と一四三三年に記載されている合計九一三名の有罪判決を受けた者のうち、身体的暴力（殴打、傷害、ナイフを抜くなど）と言葉の暴力（冒瀆的言辞、瀆神）による者は六一七名で、全体の実に六七・六％を占めた。したがって、ニュルンベルクの下級裁判の領域において、暴力の問題が非常に大きな割合を占めていたことは明らかである（表3参照）。このことはまた、当時のニュルンベルク社会において紛争がしばしば暴力的に解決されようとしていたことを示している。

それでは次に、一四三二年と一四三三年における『都市台帳』とHaderbuchの記録から暴力犯の階層分布を見てみよう。ただし、犯人の階層を判断する決め手となる職業が記録されているケースは、暴力犯罪全体の三割

表3　『都市台帳』とHaderbuchにおける犯罪構成(1432，33年)

犯罪類型	数(人)	割合(%)
身体的暴力(殴打，傷害，ナイフを抜くなど)	525	58
言葉の暴力(冒瀆的言辞，瀆神)	92	10
違法な長いナイフの所持	31	3
平和・友好宣誓違反	14	2
先買い・買占め，営業条令違反	43	5
賭博	20	2
自堕落な生活態度，不倫	17	2
都市当局の命令に対する不服従	22	2
親方に対する反抗的態度(ボイコットなど)	12	1
不法なアイヌング	67	7
その他	70	8
合計	913	100

ほどにしか過ぎないので、以下の考察は限定的なものにならざるを得ない。

まず、都市の中層民を構成した手工業親方の数の多さが目立つ。その数は八六名(身体的暴力七二名、言葉の暴力一二名、両方の複合二名)である。次に多いのは、下層民を構成した手工業職人で、七一名を数える(身体的暴力六四名、言葉の暴力七名)。したがって暴力現象は、ニュルンベルクの手工業者の間にかなり日常的にひろまっていたと考えられる。また、手工業親方・職人の数と比べれば少ないが、中・下層民を構成した都市治安役人(身体的暴力一〇名)と下層民である奉公人(男)(身体的暴力八名)が第三位と第四位につけている。以上の数字は、暴力犯が都市の中層民から下層民にかけて広く分布していたことを示している。

それでは、このような暴力から都市の上層民は免れていたのであろうか。ニュルンベルクの上層民を形成したのは大商人、法律家、医師であり、富裕な親方がこれに含まれる場合もあった(8)。しかし、『都市台帳』とHaderbuchの一四三二年と一四三三年の記録から、大商人、法律家、医師に関して犯人の職業を特定することはできない。そこで、Haderbuchの一四三五年以降の記録を見てみたいと思う。なるほど、ここでも同様に以上の職業に関して犯人の職業を特定することはできないが、すでに述べたように、一四三四年後半以降のHaderbuchには参事会で審理された訴訟のみが記録されていることに注目したい。参事会では、参事会員を構成する都市門閥やゲナンテンなどの政治的エリートや富裕市民などの上層民が関わる訴訟が取り扱われた。もっとも、場合によっては手工業者などが関係する訴訟が参事会で審理されることもあったが、そのようなケースはあまり多くない。それゆえ、参事会で審理された訴訟を分析することによって、上層民の犯罪傾向をある程度把握することが可能なのである。

さて、一四三五年と一四三六年の二年間の Haderbuch には、五八名の犯人が記録されている(複合犯は犯した罪ごとに数えられているので実人数より多くなっている)。そのうち四名は職人と奉公人(男)で明らかに上層民に属さない。一四三二年と一四三三年の Haderbuch には六八七名の犯人が記録されているので、五四名という数はその七・九%に相当する。上層民がニュルンベルクの成年男子人口に占める割合は六〜八%であったので、[9]この数字はほぼその割合と一致する。したがって、上層民は犯罪から免れていたわけではなく、平均的に犯罪を働いていたと言ってよいだろう。次に暴力犯の割合を見てみると、身体的暴力による者は三四名(うち二名は言葉の暴力との複合犯)で言葉の暴力による者は一〇名(うち二名は身体的暴力との複合犯)なので、暴力犯の割合は八一・五%と高率であった。この割合は、下級裁判に関わる、都市住民全体の犯罪傾向をおおむね反映している一四三二年と一四三三年の Haderbuch における暴力犯罪の割合(七三・四%)を上回っている。

以上の分析より、都市の上層民もまた暴力犯罪から免れていないことが明らかとなった。それどころか、上層民によってより高い割合で暴力犯罪が引き起こされていることが明らかとなった。同様の傾向は、序章で触れたように、シュースターによって一五世紀中葉の都市コンスタンツにおいても確認されている。

ところで、こうした中世後期都市における上層民の犯罪傾向は、一八世紀の都市におけるそれと著しいコントラストをなしている。例えば一八世紀フランクフルト・アム・マインの暴力犯罪を検討したヨアヒム・アイバッハによれば、都市貴族、大商人、新教養エリートからなる当市の上層民はもはや暴力犯として法廷に立つことはなかった(10)。上層市民は特権的・排他的な社交を発展させ、そこにはもはや路上や居酒屋の衆目の前で直接的・暴力的に行われる旧い紛争解決の形式が占める場所はなかったという(11)。その結果、暴力犯として裁判所に現れるのは手工業者や農業労働者、兵士ばかりとなったのである(12)。手工業者と暴力の親和性に関しては、佐久間氏も近世ドイツの諸都市における手工業者の暴力を扱った論考において、親方と職人の、暴力を本質的に内包するサブカルチャー的社会規範について言及している(13)。

以上の諸研究を考慮して先の分析結果を見れば、近世都市とは異なり、中世後期都市における暴力慣行の階層を超えた遍在が明らかとなる。ニュルンベルクの親方や職人はしばしば暴力を振るって都市当局により処罰されたが、この点においては都市貴族や大商人も同じであった。したがって、一五世紀前半のニュルンベルクにおいて、暴力に関して親方と職人をサブカルチャー的社会集団とみなすことはできない。彼らの暴力慣行のサブカルチャー化は近世の過程で顕著になるようである。

最後に暴力の男女比を見てみよう。まず『都市台帳』を見ると、一四三二年と一四三三年の二年間に「ナイフを抜く」によって罰金を支払った一〇九名のうち、女性はわずか四名で、うち三名は居酒屋(宿屋)の女主人と偏在しているので、当時のニュルンベルクの女性には、一般に暴力紛争においてナイフを用いる慣行はなかったと見てよい。その他、当該期間の『都市台帳』に女性による身体的暴力や言葉の暴力は記録されていない。

次にHaderbuchを見ると、一四三二年と一四三三年の二年間に身体的暴力によって有罪の判決を受けた四一三名(うち一六名は言葉の暴力との複合犯)のうち、女性は五七名(うち五名は言葉の暴力との複合犯)なので、身体的暴力は圧倒的に男性の振舞いと言うことができるが、少なくない女性が暴力紛争に参加あるいは巻き込まれていたと言えよう。言葉の暴力に関しては、九一名(うち一六名は身体的暴力との複合犯)のうち、女性は二二名(うち五名は身体的暴力との複合犯)である。男性の場合、身体的暴力三五六名に対して言葉の暴力六九名、女性の場合、身体的暴力五七名に対して言葉の暴力二二名なので、女性は、男性と比較して紛争に言葉の暴力を用いる場合が多かったようだ。この点とナイフを用いないことに、暴力紛争における女性の振舞いの特徴があった。

2　暴力の形態

次に、同時期の Haderbuch に記載されている身体的暴力の形態を見てみると、まず「殴打(schlag)」の件数が多い。また「喧嘩(hader)」も比較的多く、「つかみ合い／取っ組み合い(rauffe)」も少なくない。一名だけだが「争い(werre)」にも身体的暴力が投入されたと考えられる。その他、数は少ないが「階段から突き落とす(von stieg ab stosse)」、「地面に投げつける(wider die erden werffen)」、「〔ニュルンベルク市内を流れる〕ペグニッツ川に投げる(in die pegnitz gewerffe hett)」も身体的暴力である。問題は件数が最も多い handeln/verhandeln である。この言葉の指す具体的内容は明らかでない。それらの中には「乱暴に扱う(grob handeln)」や「悪逆に扱う(vbel handeln)」のように副詞とともに表現される事例があり、これらは身体的暴力を容易に連想させる。したがって本書では、handeln/verhandeln を身体的暴力に数えた。同様のことは比較的数の多い「非行(unzucht)」に関しても言える。これも身体的暴力あるいは容易に身体的暴力に移行しうる行為と考えられる。

それでは、これら Haderbuch に記載されている身体的暴力事件の中で相手を殺害したり、負傷させたりしたケースは何件あるか。まず、殺人事件は一件も見られない。したがって、ニュルンベルクの下級裁判は殺人事件を扱っていないと言うことができる。はっきりと傷害事件と分かるケースで処罰された者は、一四三二年と一四三三年の二年間に二八名である。傷害事件か否かを判断する根拠は、「傷つける(wunden)」という表現と被害者に対する「治療費(artzlon)」支払い命令である。それでは傷害事件の一例をあげてみよう。一四三四年に以下のような事例が見られる。「真鍮鍛冶親方のハインツ・ヴィドロルトは、シュテプフェン・ハラーに対して〔傷の〕治療費を支払うことを宣誓し、また、もしハラーが受け取ろうとするならば、ハラーが負った傷に関する賠償金をハラーに支払うことも宣誓した。さらにヴィドロルトは裁判官に裁判手数料を支払い、一四日内に塔に行き、そこに四週間留まることを宣誓した。〔四週間の内訳は〕閉じられた独房での拘禁が一四日間、塔における〔雑居〕拘禁が七日間、残りの七日間は恩赦されうる。〔しかしヴィドロルトは〕ナイフを抜いたことに関して参事会に五ポンドの罰金を支払うまでは、〔たとえ刑期を終えたとしても〕塔を出ることはできない。〔罪状は〕ヴィドロルトが、ある夜、彼の父の家の前でハラーに特に大きな悪意ある行為を働き、ハラーを傷つけたからである」[(14)]。もちろん、「傷つける」という表現が使われていない場合や、治療費の支払い命令が出されていない事件においても、傷害が発生した可能性を否定することはできない。しかし、このような事件においては、たとえ傷害が発生したとしても、特に記録したり、あるいは医師にかかったりする必要性が認められない軽微な傷害しか発生しなかったと考えられる。したがって、先にあげた二八名とは比較的深刻な傷害事件の犯人であり、軽微な傷害が発生した暴力事件の数を含めれば恐らくより多くなるであろう。

ところで、シュースターは中世後期の都市コンスタンツの例から、被害者が治療費を受け取るためには、被害者が暴力のエスカレートに加担しなかったこと、すなわち圧倒的に受け身に立っていたことが前提であると述べている[(15)]。しかし、ニュルンベルクにおいてこのような前提は必ずしも当てはまらない。ニュルンベルクのHaderbuchには以下のような事例が見られる。一四三四年に「錠前師のガイツ・シュターヘルとハンス・ヘーベンハマーは友好関係を結ぶことを誓約した。そしてヘーベンハマーはシュターヘルに対して〔傷の〕治療費を支払うことを約束し、また、もしシュターヘルが受け取ろうとするならば、シュターヘルが負った傷に関する賠償金をシュターヘルに支払うことも約束した。ヘーベンハマーはさらに裁判官に対して裁判手数料を支払うことを約束した。そして両者は各々喧嘩、武器を抜いたこと、傷害に関して参事会に罰金を支払うことを約束した」[16]。この事件はシュターヘルとヘーベンハマーという二人の錠前師の、恐らく顔見知りどうしの喧嘩である。喧嘩はその過程でエスカレートして、武器、恐らくナイフを用いた闘争となり、ついにヘーベンハマーがシュターヘルに対して、治療費を支払わねばならないほどの傷を負わせるにいたった。しかし、この喧嘩はシュターヘルに対するヘーベンハマーの一方的な攻撃というものではない。なぜなら、ヘーベンハマーのみならずシュターヘルも喧嘩、武器を抜いたこと、傷害に関して参事会に罰金を支払うことを命じられているからである。したがって、喧嘩の発生とそのエスカレートにシュターヘルはヘーベンハマーとともに責任を負っていたことは確かである。それゆえ、ニュルンベルクにおいては、コンスタンツと異なり、被害者は、彼自身が紛争をエスカレートさせたかどうかに関係なく、治療費を受け取ることができたと考えられる。

したがって、ニュルンベルクにおいては治療費支払い命令の数をもって、ほぼ傷害事件の数とみなす妥当性がある。一四三二年と一四三三年の Haderbuch に記載されている犯人において、治療費支払い命令からはっきりと相手に傷を負わせたことが分かる犯人の数は二〇名である。さらに治療費支払い命令は出ていないが、相手を「傷つけた」犯人が八名記録されている。したがって身体的暴力事件の犯人の中で傷害事件を犯した者は四一三名中二八名で、その比率はわずか六・八%である。

傷害の発生要因の一つは武器の投入にあったと考えられる。治療費支払い命令を出された二〇名のうち、九名には「ナイフを抜く」により罰金支払い命令も出されているので、ナイフが紛争に実際に投入されたと推定される。その際、同時期の『都市台帳』に一〇九名もの「ナイフを抜く」による犯人が記録されていることを考慮すると、全体として相手を傷つけるためにナイフが投入された暴力紛争の数は非常に少ないという印象を得る。闘争相手に最も有効に打撃を与えることができるはずのナイフは、実際にはそれほど使われなかったようだ。威嚇・挑発的行為としての「ナイフを抜く」は、ただちにナイフによる身体攻撃につながったわけではなかった。Haderbuch を見る限り、「ナイフを抜く」は、暴力紛争のエスカレート過程における儀礼的威嚇であったようだ。このことは、当時のニュルンベルク住民が暴力の行使において、ある程度抑制をきかせていたことを窺わせる。Haderbuch 全体として見れば、そこに記載されている身体的暴力の大部分は、素手による殴り合い、取っ組み合いというほどのもので、闘争相手に特に深刻な肉体的打撃を与えることを意図した暴力は少なかったと言える[17]。

もっとも、Haderbuch にはおもに拘禁刑に相当する犯罪しか記載されていない。そこで次に『アハト・都市追放・刑罰帳(一三八一～一四〇三年)』のうち、記録に欠落のない一三八一～八二年の一年間と一三九一～九二年の一年間の、合わせて二年間を見てみよう(表4参照)。

表4　『アハト・都市追放・刑罰帳(1381～1403年)』における犯罪構成(1381～82年，1391～92年を抜粋)

犯罪類型	数(人)	割合(%)
殺人(未遂を含む)	7	3
傷害	25	11
傷害をともなわない身体的暴力	66	29
ナイフを抜く	20	9
小計	118	53
言葉の暴力(冒瀆的言辞，瀆神)	12	5
窃盗・強盗	9	4
偽造貨幣の使用	7	3
賭博	33	15
不法なアイヌング	12	5
悪評	6	3
その他	27	12
合計	224	100

ここでも Haderbuch と同様に、身体的暴力事件の比率が圧倒的に多い(五三%)。ただし傷害事件の比率が高まり、殺人事件も記載されている点に、『アハト・都市追放・刑罰帳(一三八一～一四〇三年)』に記載されている身体的暴力事件の特徴がある。すなわち、被都市追放者(自己退去も含む)全二二四名のうち(複合犯は犯した罪ごとに数えられているので、実人数より多くなっている)、殺人事件による者が七名、傷害事件による者が二五名、傷害が発生しなかったか、せいぜい軽微な傷害をともなった暴力事件による者が六

六名である。傷害事件と傷害が発生しなかった暴力事件を区別する基準は、前者には被害者に対する治療費と賠償金の支払い命令が出ているのに対して、後者には出ておらず、また前者が「傷つけた(wunden)」、「刺した(stechen)」、「切り落とした(abslagen)」など、明らかに重度傷害を連想させる言葉で表現されているのに対して、後者は「殴り合い(gefecht)」やある者を「悪逆に扱う(übel handeln)」という言葉で表現されている、という点に置かれる。また、二〇名の「ナイフを抜く(messerzucken)」による被追放者が記載されている。ナイフを抜く事件は通常五ポンドの罰金で処理されており、犯人は罰金を支払うまでの間追放される。

以上であげた数字は、『アハト・都市追放・刑罰帳(一三八一～一四〇三年)』には Haderbuch と比べて、高い割合で闘争相手の肉体に深刻なダメージを与えた身体的暴力事件が記載されていることを示している。抜粋した二年間における「ナイフを抜く」を含めた身体的暴力事件の被追放者のうち、殺人事件と傷害事件による者の比率は二七％である。たしかに、『都市台帳』・Haderbuch と『アハト・都市追放・刑罰帳(一三八一～一四〇三年)』とでは、記載されている身体的暴力事件の絶対数が異なるが、この比率を考慮すれば、中世後期のニュルンベルクで生じた身体的暴力の大多数が素手による殴り合いや取っ組み合いというほどのものであったと、ユートピア的に言うことはできないだろう(18)。

以上の『都市台帳』、Haderbuch、『アハト・都市追放・刑罰帳(一三八一～一四〇三年)』の分析を総合すれば、一四世紀末と一五世紀前半のニュルンベルクにおいて発生した暴力現象を説明するために、シュースターが中世後期コンスタンツ市の調査結果より導き出した暴力モデルを用いることは、有効である部分と、そうでない部分があることが分かる。コンスタンツと同様、中世後期のニュルンベルクにおいても身体的暴力事件は多発した。これらのうち、『都市台帳』と Haderbuch に現れる暴力の多くは、シュースターが指摘しているように、紛争相手へ重大な肉体的損傷を与えることを目的としたものではなく、その場をコントロールし、挑発を退けることが重要であったように見える。衝動や感情はある程度コントロールされ、暴力行為はルールの下にあった。しかし、ヘンゼルマイヤーのように、この部分だけを見て、ニュルンベルクにおいて社会的コントロールの手段としての住民の暴力形態を理想化するのはやや早計に思われる。なぜなら、『アハト・都市追放・刑罰帳（一三八一～一四〇三年）』を見ると、「ナイフを抜く」こととナイフを実際に用いることの間にある敷居はしばしば容易に越えられているからである。[19]

第二節　暴力の発生原因

1　暴力と名誉

それでは、中世後期のニュルンベルクにおいて、暴力が多発した背景には何があるのであろうか。ブルクハルツ[20]、シュヴェアホフ[21]、シュースター[22]、カタリーナ・ジモン＝ムシャイド[23]など近年の研究者は当事者間の名誉をめぐる葛藤をあげる。序章で触れた「紛争文化」という暴力を不可欠の構成要素とする社会秩序において、個人の名誉は中心的な価値をなしていた。上記の研究者はブルデューの概念を借用し、名誉を一種の象徴資本と考える。服部氏の説明によれば、名誉は自他との関係において蓄積・減少を繰り返す、財貨と同様な価値と考えられる。人々はこの名誉という象徴資本の蓄積に努め、その減少には機敏に反応した。個々人の名誉は社会の中で確認され、公的な場で試される。名誉を損なわれた者は、これを回復しなければ社会的、公的地位・信用を失い、それは場合によっては政治的な地位のみならず、生業の危機にもつながった。したがって、各人にとって名誉は是非とも回復されねばならない価値であった。そこで損なわれた名誉を回復する最も重要な手段は報復であった。その典型が対抗暴力であった。[24] それゆえ名誉がからむ葛藤は容易に暴力を誘発したのである。

中世後期のニュルンベルクにおいても、住民間のトラブルが頻繁に身体的暴力をともなう紛争に拡大した背景には、名誉という規範意識が存在したと考えられる。たしかに、Haderbuch や『アハト・都市追放・刑罰帳(一三八一〜一四〇三年)』からは、名誉が損なわれたことを直接の理由として暴力が発生したことを明示する史料を見出すことはできない。しかし後述するように、『ダイクスラー年代記』に見られる、妻が夫の不倫相手の鼻を削ぐという暴力事件は、名誉回復を目的とした実力行使と読むことができる。またこれも後述するが、Haderbuch には金銭上のトラブルを背景とした暴力事件がしばしば見られる。ベーリッシュによれば、名誉に対する攻撃には、中味が多かれ少なかれ恣意的で相手の名誉感情を素朴に刺激する侮辱のほか、相手の、すでに毀損している(あるいは減少している)実体的な名誉をあてこする方法があった。この実体的な名誉の「量」を測る基準は必ずしも明確でないものの、それは職業や金銭上の誠実、女性の場合は性生活上の誠実に関係していたとされる。したがって、ある者が借金を返済しないとき、その者は名誉を失う危険にさらされたのである。[25] それゆえ、金銭上のトラブルを背景とした暴力が発生したとき、それは名誉をめぐる紛争でもあったのである。

それでは以下では、ニュルンベルクで発生した対抗暴力の特徴を、シュースターの研究[26]を参照しながら、四点にまとめて述べてみたい。

第一の特徴として、暴力紛争において、加害者としての立場と被害者としての立場が容易に入れ替わりえたことがあげられる。換言すれば、紛争当事者を加害者と被害者に峻別することは不可能か困難であるということである。前述したように、名誉は社会の中で確認され、公的な場で試されねばならなかった。ゆえに暴力は闇討ち、不意打ちなど、一方的な攻撃の形態を通常はとらないとされる。[27] Haderbuch の一四三二年と一四三三年の記録には、このような両紛争当事者の対等性の高い身体的暴力事件による犯人が三六名見られる。例えば一四三二年に「ゲオルク・リントンは四昼夜の地下牢獄刑に服することを約した。〔また〕H・オクセンニルダーは閉じられた塔における八日間の拘禁刑に服することを約した。〔なぜなら〕彼らは互いに相手に対して非行を働いたからである」[28]という事例が見られる。また同じ年に、「ペーター・リンテンアストとC・シェンケルは互いに相手に対する喧嘩を起こした廉で、各々二日間の塔拘禁刑に服することを約した」[29]とある。これらの事件の場合、両紛争当事者は互いに相手に対して暴力を働き、それにより刑を言い渡されているので、どちらか一方が加害者で、他方が被害者であるとは言えない。

第二に、紛争当事者はしばしば顔見知りであった。[30]服部氏の説明によれば、名誉は個人の内面にとどまる価値ではなく、相互関係の中で、換言すれば自他の行為によって増減を繰り返す、一種の社会的な相互関係とコミュニケーションを規定するメディアであった。だとすれば、住民相互の日常における密度の濃い接触や利害対立においてこそ名誉と結びついた暴力が発生する。[31]上記時期の Haderbuch には、顔見知りどうしの間で起こった多くの暴力紛争が見られる。こうした紛争にはどのようなものがあるか。

まず、仕事仲間どうしの紛争による犯人が二四名見られる。それらには親方どうしの紛争もあれば、職人どうし、あるいは親方と職人の間で起こった紛争もある。例えば一四三二年には仕立屋親方のハンス・ホーフシュナイダー(Hanns Hofsneider)、ウルリヒ・タイスバッハ(Ulrich Teysbach)、フリッツ・エルンスト(Fritz Ernst)、コンツ・フランク(Contz Frank)が「彼らの同職組合の同僚ペーター・ケラーに暴行を働いたことにより」、「八日以内に二組に分かれて閉じられた塔に行き、そこに四週間拘禁されることを約した」[32]とある。この単なる暴力事件にしては、長い拘禁期間は四人の親方がケラー一人を攻めたてたからであろう。もっとも、四週間の拘禁期間は、参事会の恩赦により、二週間に短縮されうるとされている。また一四三四年には、鞍工親方のハンス・グラフ(Hans Graw)と鞍工職人のウルリヒ・ガイル(Ulrich Geyr)が「互いに相手に対する喧嘩、つかみ合い／取っ組み合い、殴打」を起こしたことにより、グラフは四日間の塔拘禁刑に、ガイルは二日間の地下牢獄刑に服することを誓っている。判決において参事会は「親方は以後職人を同職組合において庇護し、彼を追い払ってはならない[33]」と命令することによって、この事件を契機にガイルが同職組合から追放されないように配慮している。このことはまた、暴力紛争の背景にあるグラフとガイルの以前から続く、そして今後も続くかもしれない対立関係を推測させる。以上のような同職組合内での暴力紛争は他にも Haderbuch において多数確認される。このことは手工業者が名誉に敏感で、傷つけられた名誉を回復するためにしばしば暴力に訴えたことを意味している[34]。

また、同職組合内の暴力紛争のみならず、異なる職種に属する手工業者間の暴力紛争も見られた(二一名)。このような紛争においては、しばしば紛争参加者が多数に及んだ。その理由は、紛争を通じて職業集団の団結や連帯、アイデンティティが発揮されたためと考えられる。この種の紛争は、各同職組合が暴力を通じて互いに社会的ランクをつけようとする際に起きることがあったとされる[35]。

このような顔見知りの間で起こった日常的な暴力から、都市の上層民も免れてはいなかった。Haderbuch には一四三五年に「ヤーコプ・ハラーは、閉じられた塔に八日間恩赦なく拘禁されることを誓った。〔なぜなら〕彼は市庁舎において現職の参事会員であるヴィルヘルム・エプナーに対して不遜な言葉を投げかけ、暴行を働いたからである[36]」という事件が見られる。ハラー家、エプナー家とも古くから参事会員資格を有する都市門閥であった。中世後期の都市において暴力事件に関わった者の中には多くの上層民がいた。すでに確認したように、ニュルンベルクの Haderbuch にも参事会家門の名を持つ者がしばしば犯罪の行為者として現れる。

家族内紛争や親族内で起こった身体的暴力事件の犯人も上記時期の Haderbuch に三二名見られる。これらの中で夫の妻に対する暴力が最も多い(一一名)。次に兄弟姉妹間の紛争と主人の奉公人に対する暴力事件がそれぞれ六名で続く。親の子に対する暴力は二名で少ない。

隣人間の紛争による犯人が一六名見られる。例えば一四三三年には「絹織物工エバーリンは、八日以内に塔に行き、そこに四日間拘禁されることを約した。彼は彼の隣人の家に行き、喧嘩を起こしたので[37]」という事件が起きている。このような隣人どうしの争いにおいて具体的に何が問題となっていたかは分からない。ただ、家族内の不和や争いは隣人によって聞かれ、見られ、そして噂された。「噂(Gerede)」は、証拠が明らかとなると、隣人たちによって明確に道徳的な価値判断を下された。この段階になると噂は「悪評(Geschrei)」となり、当局もこれを無視することはできなかったし、また裁判においてこれを重視した[38]。例えば一四八六年に起こった、ニュルンベルク近郊の都市シュヴァーバッハの造貨請負人ハンス・ローゼンベルガーとニュルンベルクの商人ハンス・エーゼルベルガーの夫人バルバラとの不倫事件では、ニュルンベルク参事会は、二人の関係についての「悪評と取り沙汰(Geschrei und Gerücht)」がひろまったことを、刑を重くする理由の一つにあげている[39]。したがって、隣人関係とは連帯を意味すると同時に、互いに監視しあい、相手の評判を低下させようとする緊張関係とも言えるのである。このような緊張関係は隣人間の紛争の原因となったであろう。

第三に暴力紛争の多くは侮辱によって誘発されたことが考えられる。すなわち暴力紛争には、言葉の暴力＝侮辱にはじまり、身体的暴力にいたるエスカレーションのモデルが存在する[40]。すでに確認したように、一四三二年と一四三三年のHaderbuchには九一名の侮辱(瀆神を含む)と誣告による犯人が記録されており、身体的暴力に次いで多い数である。このことは中世後期ニュルンベルクにおいて侮辱によって誘発された多数の身体的暴力が発生したことを示唆している。Haderbuchには「傲慢・不遜の言辞／発言(frevl wort/rede)」や「粗野で卑猥な言辞／発言(grob und unzuchtig wort/rede)」、「汚い言辞(unsawber wort)」という罵言が多数記録されている。これらの罵言の具体的な中味については分からないものが多い。分かるものをあげると以下のようである。侮辱の内容はまず性的事柄であった。ある妻を「娼婦」、「尻軽女」と呼んで傷つける事例が見られる。次に出生の不法さを攻撃する悪口がある。「私生児」がそうであるが、なかには「坊主の私生児」という例も見られる。最も多いのは「盗人」である。窃盗は刑吏によって処罰される大罪であり、ゆえに「盗人」という言葉は名誉を著しく傷つけた。その他職業人としてまっとうであることを疑問視するような「嘘つき」という悪口や、また「裏切り者」、「ちび」、「異端者」、「ユダヤ人」といった言葉が散見される。こうした侮辱の言葉にかわって瀆神の言葉が発せられることもあった。瀆神の言葉も相手を侮辱し、挑発するのに役立った。(41) 以上の言葉は被害者の公の評判を著しく傷つけ、もしただちに打ち消さなければ、侮辱に含まれる主張が現実味を帯び、その者が都市でまともに生きてゆくことを不可能にした。(42) したがって被害者は、裁判所に告訴するか、暴力に訴えるかして、名誉を回復せねばならなかったのである。

第四に Haderbuch に記録されている暴力の多くは、すでに確認されたように、抗争相手に深刻な肉体的ダメージを与えることを目的としていなかった。シュースターによれば、対抗暴力は通常深刻な傷害を招かなかった。なぜなら、挑発や侮辱に対して名誉を維持し、誇示し、回復することが重要であったからである。(43) しかし、これもすでに確認されたように、『アハト・都市追放・刑罰帳(一三八一〜一四〇三年)』に現れる暴力では、しばしば殺人や深刻な傷害が発生している。この点はどう説明されるべきなのであろうか。名誉を背景とした暴力(対抗暴力)は深刻な結果を招かないとする、シュースターの見解が当てはまらない場合があるのではないか。(44) この点に関して、近世農村社会における「抗争的コミュニケーション(Agonale Kommunikation)」(「紛争文化」と同じ意味と考えてよい)を考察したライナー・ヴァルツは、逆に名誉は、しばしば紛争をその原因に対して不釣り合いに深刻化させる場合があったと主張する。(45) したがって、シュースターとヴァルツの見解を総合すれば、名誉はその時々のケースによって暴力のエスカレートを抑制する場合もあれば、助長する場合もある二律背反的で不安定な社会規範であったと言えよう。この点は、歴史犯罪研究の諸研究が、住民の暴力的な社会的コントロールの機能を理想化してきたことを考えれば、重要である。暴力的な社会的コントロールが名誉という不安定な要素に左右され、それゆえ、時に紛争の深刻なエスカレーションを招いたとすれば、それは暴力的な社会的コントロールの限界と認識されるべきであろう。

2　暴力の社会的背景

ところで、こうした暴力紛争は、たしかに名誉の侵害を直接的契機とするものであったが、そのような名誉は、必ずしもその場の成り行き上の突発的なものではなく、しばしばその背景にそれ以前から続く競合や対立が存在したと考えられる。中世後期のニュルンベルク社会における暴力紛争の歴史的意味を明らかにするためには、ニュルンベルク社会内の利害対立や軋轢を生み出す状況を踏まえて考察することが不可欠である。そこで以下では、暴力の社会的背景を考察する。ただし、Haderbuch や『アハト・都市追放・刑罰帳(一三八一～一四〇三年)』からは、このような状況を十分に把握することはできない。なぜなら、多くの場合紛争の原因は記録されていないからである。さらに『都市台帳』にいたっては、紛争の原因は全く記録されていない。したがって、ここでは『ダイクスラー年代記』の記録も参照したい。

(1)　金銭上のトラブル

暴力紛争の背景には、金銭上のトラブルが存在する場合があった。例えば一四三二年に大工親方のアルブレヒト・フービン(Albrecht Hübin)が「彼の妻に金を請求しにきた婦人を殴り、地面に三回投げつけたことにより、……恩赦なく四日間独房に、さらに四日間塔に拘禁されることを誓った」とある。[46]なぜ、婦人が金を請求したのか、ここでは明示されていないが、恐らく借金の返済をめぐるフービンの妻と債権者である婦人とのトラブルがフービンの暴力の原因となったものと考えられる。また、同じ一四三二年に「ウーリン・ヘーベルは閉じられた塔に一四日間恩赦なく拘禁されることを誓った。〔なぜなら〕肉屋のハンス・ヴァイグルの妻が、廷吏とともに彼のところに友好的に金を請求しにきた際、〔ヘーベルは〕彼女を娼婦と呼び、彼女に暴力を振るったからだ」とい[47]う事件が見られる。肉屋の妻はヘーベルに借金あるいは肉の代金を請求しにきたのであろう。「友好的に」と書いてあるが、廷吏がともに来ているので、担保の強制差し押さえが迫っていたのではないか。短い記録ではあるが、紛争のエスカレーションの過程を垣間見ることができる内容である。友好的にはじまった交渉も徐々に険悪な雰囲気になり、その過程で取り立て側から、ヘーベルの金銭上の不誠実、すなわち不名誉をあてこする言葉や態度が発せられたのではないか。それに対抗するために、ヘーベルはヴァイグル夫人を逆に痛烈に侮辱し、さらに暴力を振るったのであろう。

このように金銭上のトラブルの中でも、借金をめぐる紛争が多い。一四三三年には「ウルリヒ・シュタインは二日間閉じられた塔に拘禁されることを誓約した。〔なぜなら〕彼はある男を殴ったので。その男は彼に借金をしていた」という事件が見られる。[48]事実、一五世紀のニュルンベルクにおいて借金は、飢えや罪業とともに多くの人々を病気にする三大負荷の一つとみなされるほど日常的であり、また「社会問題」となっていた。[49]その理由は、当時のニュルンベルク住民が意外なほどわずかしか現金を持っていなかったことにある。それは貧しい者にはもちろん、相当な資産を持っていた者にも当てはまった。例えば弓矢鍛冶親方ハインツ・エルガーは、一四八六年に死んだとき、自宅の他に貸家を一件、多数の銅・錫製食器、大量の完成・半完成の矢を所有していたにもかかわらず、現金に関しては、一五世紀末～一六世紀初頭における建築業の日雇い未熟練労働者の年間収入の下限に相当する一八グルデン(一グルデン＝八ポンド)しか持っていなかった。[50] 比較的富裕な親方でもこのような状況であるなら、職人や未熟練労働者、都市の下級役人の現金所持額は推して知るべしである。したがって、都市の下層民は、日々のやりくりのためにしばしば借金をした。その際、賃金の前借りや食料品を付けで買うことが多かった。銀貨の価値が急速に変動したり、物価が高騰したりすると、彼らの資金繰りはたちまち行き詰まった。Haderbuch に借金をめぐる紛争が多いのは、住民の日常生活において借金の役割が大きかったことの現れである。

また、家賃の支払いをめぐる紛争も見られる。一四三四年には「真鍮鍛冶親方のハンス・ズンクは八日間閉じられた塔に拘禁されることを誓った。〔なぜなら〕彼は、家賃を請求しにきた大家を酷く殴ったからである」[51] という事件が起きている。一五世紀末のニュルンベルクで執行された強制差し押さえの中で、家賃の滞納を理由とするものが最も多かった。[52] 強制差し押さえは参事会や裁判所の決定に基づいて行われ、差し押さえられる物件は家財道具が中心であった。[53] このような強制差し押さえは暴力を誘発した。まず、差し押さえを行う廷吏など都市の下級役人がしばしば暴力を振るった。彼らの職権乱用とも言える過剰な暴力はしばしばニュルンベルク参事会で問題となっている。[54] 当然差し押さえられる側からの抵抗もあった。『ダイクスラー年代記』には一五〇五年に以下のような事件が記録されている。「ある陶工が晒し台に立たされた。〔なぜなら〕彼は、裁判官の使いと廷吏が裁判所の決定に基づいて彼〔陶工〕の負債に関して差し押さえを執行しようとした際、裁判官の使いと廷吏に不遜にかつ乱暴に振る舞ったからである。彼は、多くの恩赦の請願により、晒し台に立つ他に、鞭で打たれるだけですんだ」。[55]

(2) 親族内の不和

夫婦間、兄弟姉妹間に生じた感情面でのこじれも暴力を誘発した。そのようなこじれの原因は、Haderbuchに記載されている限りでは、夫あるいは妻の不倫であった。不倫によって夫婦仲が不和となり、夫が妻に暴力を振るうというパターンが見られる。Haderbuchには見られないが、不倫を原因とする暴力は、不倫をされた側の名誉感情と結びついてしばしば独特の形態をとることがあった。既述したニュルンベルク近郊の都市シュヴァーバッハの造貨請負人ハンス・ローゼンベルガーとニュルンベルク商人ハンス・エーゼルベルガーの夫人バルバラとの不倫のケースを見てみよう。(56) 一四八六年に二人の交際はあまりに人目をひいたので、噂は広まり、やがてローゼンベルガー夫人の知るところとなった。そこでローゼンベルガー夫人はニュルンベルク参事会にバルバラに対する苦情を公式に申請し、それを受けた参事会はその年の九月二八日にこの苦情について審議し、さしあたり参事会はバルバラに対してローゼンベルガーと会うことを禁止した。しかし効果はなく、二人はその後も家の中で会い、通りで語り、一緒に飲食し続けた。そのため恐らく激しい嫉妬に襲われ、また恥辱を感じたのであろうローゼンベルガー夫人は一〇月三日にニュルンベルクにおもむき、恋敵のバルバラを路地で待ち伏せし、バルバラの鼻を切り落とした。このような鼻を削ぐ事件は『ダイクスラー年代記』にも見られる。すなわち、一五〇六年には以下のような事件が起きた。

ある女性が石持ち刑(57)に処せられた。同じくこの日、彼女の義兄弟が鞭で打たれた。彼は自分の下女を孕ませてしまった。そこで彼はその下女と交渉し、彼女に一〇グルデン支払った。そして彼は自分の妻に一緒に来るように言い、彼はそのとき市門の前で下女に一〇グルデン支払うことになっていた。その際、彼女〔妻〕

は彼に下女の鼻を切り落とすよう言われ、そのために彼と彼女〔妻〕の縁者が彼女〔妻〕に助力しようとした。そして彼女〔妻〕はその下女を捕まえ、彼の妻は下女の鼻を切り落とし、そして彼女は下女の鼻の一部を失わせた。そして妻の縁者は彼女の夫とともに投獄され、縁者は石を持ち、その夫は晒し台に立たねばならなかった……(58)。

このような鼻を削ぐという行為は、性的不誠実が問題となった事件において、名誉を侵害された者が、場合によってはその血縁者とともに、相手に屈辱を与え、復讐を果たすための行為であった。相手の顔を傷つけることによって自らの体面が保たれ、回復すると考えられていたのである(59)。

(3)　都市門閥間の争い

上層民が関わった暴力紛争の背景には、しばしば家門間の政治的名誉をめぐる葛藤があった。ニュルンベルクの都市門閥に関する研究は、これまで参事会員資格を有する家門、すなわち都市貴族家門どうしの団結ぶりを強調し、このことを、ニュルンベルクにおいて強力な門閥支配体制が確立した要因の一つとみなしてきた。しかし、近年グレーブナーや田中俊之氏の研究が指摘するように、都市貴族家門集団は決して一枚岩ではなく、むしろそこには政治的名誉をめぐる、家門間の、なかなか表沙汰にはならないが、激しい闘争があった(60)。政治的名誉とは都市貴族の社会的地位を規定するものであった。したがって、個々の都市貴族は威信を保つために政治的名誉を増進させると同時に、それを失わないようにする必要があったのである。具体的にはより高位の役職に就くことであり、また、家門のランクを上昇させることであった。都市貴族家門は上から「最古参」、「古参」、「新参」の三ランクに等級づけられており、有力家門は「最古参」への編入をめざした(61)。

このような「古さ」や「品位」をめざす各家門間の競合の過程で、しばしば紛争が発生した。グレーブナーによれば、このような紛争は日常茶飯事であった。Haderbuch を見ても、都市貴族家門の名をなのる者がしばしば暴力事件や侮辱事件を引き起こしていることは明らかである。それらの中には、シュトロメーア(Stromer)、ハラー(Haller)、プフィンツィング(Pfinzing)、レッフェルホルツ(Loeffelholz)など帝国ミニステリアーレン出自の家門の成員がしばしば見られるので、家門・血統意識と結びついた暴力慣行を指摘することができよう。ただ、残念ながらこのような紛争のより具体的な背景は、Haderbuch や『アハト・都市追放・刑罰帳(一三八一～一四〇三年)』からは全く分からない。そこで以下では、グレーブナーの研究に基づいて、このような暴力紛争の経過を見てみよう。

一五〇七年一一月、都市貴族ニクラス・フォルカアマーの夫人バルバラが催した舞踏夜会に、富裕な移住者の息子で参事会員のハンス・トゥーマーが、アウクスブルクの都市貴族ウツ・ヘアヴァルトと武装した多くの従者(その中にはニュルンベルクの都市兵も一人いた)をともなって参加していた。参加者の一人が踊っている最中に意地悪く足を引っかけられたことを口実にして、トゥーマーは突然殴り合いの乱闘を起こした。この乱闘は流血沙汰となり、その場にいた「古参」都市貴族家門の出で参事会員のイェルク・クレス、ヘアヴァルトなどが負傷した。トゥーマーたちは、駆けつけた都市警吏に攻撃されて、フランシスコ会修道院のアジールに逃げ込んだ。参事会は彼らに対して身体刑を科さないことを約束したので、彼らは参事会との交渉に応じた。交渉においてトゥーマーは誰も傷つける意図はなかったと弁明し、また、クレスが自分に以前から不名誉で、侮辱的な態度をとり、自分はこれまでその態度に耐えてきたと主張した。すなわち、トゥーマーは以前に家の紋章を割られ、窓に石を投げられ、クレス邸の前を通ったとき、汚れた水をかけられたと。ニュルンベルク参事会はヘアヴァルトとトゥーマーの二人の従者に賠償金の支払いを命じ、ヘアヴァルトを追放し、ニュルンベルクの都市兵オズヴァルト・ドリンガーを罷免して、都市から永久追放を命じた。トゥーマー自身は罰せられなかった。参事会は両派に対して互いに平和を守ること、舞踏会その他において互いに罵りあったり、侮辱しあったりしないことを宣誓させた。トゥーマー自身が述べているように、トゥーマーとクレスの対立はこの事件に端を発したものではない。すでにこの事件の二年前に都市貴族の馬上槍試合において、二人は対戦している。力くらべは引き分けに終わったが、このトーナメントを記録した参事会員のクリストフ・フューラーは以下のように述べている。「トゥーマーに味方した名誉ある者はほとんどいなかった」[62]。この紛争は「古参」都市貴族家門の参事会員イェルク・クレスと、富裕ではあるが移住者の息子で新入りの参事会員であるハンス・トゥーマーとの間にある緊張関係を浮かび上がらせている。

(4)　都市当局に対する暴力

都市住民は、都市当局に対してもしばしば暴力を振るい、また侮辱の言葉を投げつけた。こうした暴力や侮辱は、判決に対する都市住民の不服や不満が原因のものと、当局の権限を執行する下級治安役人に都市住民が抵抗する場合に生じる暴力や侮辱に分けられる。

まず前者から見てみよう。一四三二年と一四三三年の Haderbuch には、五者委員会と参事会での裁判に際して生じた侮辱や暴力による犯人が三六名記録されている。それらの侮辱や暴力の原因が記録されているケースは少ないが、いくつかのケースにおいては、原因が判決に対する被告人の不満にあることが示されている。例えば一四三二年、ベルト工のニクラス・ガルバー(Niclas Garber)は、ある若者とともに出廷し、その若者を窃盗の疑いで告発した。しかし、その容疑は否定されたために、今度は逆に誣告罪で、ガルバーに対して三日間の塔拘禁刑が言い渡された。この判決が言い渡された際、ガルバーは激昂して、不遜な言葉を投げかけ、罪を認めなかったので、参事会はさらに三日間の塔拘禁刑を言い渡している。(63) また一四三三年には、エラザイン・シュルシュタープ(Erasein Schürstab)とヨブス・ゴップラー(Jobs Goppler)という者が、判決に対して不満を抱き、裁判において判決に対して「不遜な言葉(frevl wort)」を発した結果、各々四日間の塔拘禁刑に処せられている。(64)

次に後者について見てみよう。上記期間の Haderbuch にはそのような暴力による犯人が二九名記録されている。この数は、都市住民に対する治安役人の暴力の数(一〇名)よりかなり多い。第一章でも述べたように、研究史においてしばしば治安役人の過剰な暴力について語られてきたが、実際には治安役人はしばしば都市住民の暴力の被害者でもあった。したがって、治安役人の暴力は、都市住民の暴力的振舞いに対応するものであったと解釈できるのではないか。ベントラーゲが、治安役人を当時の社会に組み込んで考察する必要性を主張した理由もこの点にある。(65) そこで以下では、以上のことを念頭に置いて、ニュルンベルク住民の治安役人に対する暴力を点描してみよう。

例えば一四三三年に「ミヒェル・ペステンの下にある靴職人ウルリヒは、三昼夜の地下牢獄刑に服することを誓約した。〔なぜなら〕彼は、ある夜、夜警に対して、その夜警が彼を地下牢獄に連行しようとした際に、非行を働いたので(66)」という事件が見られる。また、一四三九年には「ゲオルク・ツィナーは閉じられた独房に四日間拘禁され、さらに塔に四日間拘禁されることを誓約した。〔なぜなら〕都市警吏が、毛皮細工師ハンス・ガイルを、ガイルの、都市警吏オッテリンに対する乱暴な行為ゆえに、捕らえ、地下牢獄に連れていこうとした際に、ツィナーがその都市警吏に対して不遜で、汚い言葉を投げかけ、さらに暴行を働いたので(67)」という事件が見られる。この事件と類似の事件は、『ダイクスラー年代記』にも見られる。すなわち一五〇一年に、パン屋の息子が、エスリンガー出身の若い男を刺し殺して都市警吏に捕らえられた菜園業者の息子を、都市警吏から奪いかえしたことによって、晒し柱に架けられ、その後、ドナウ川の彼方へ永久追放刑に処せられている。(68) その他、一五〇二年には「あるチーズ製造業者が晒し柱に架けられ、一〇年間／一〇マイルの都市追放刑に処せられた。〔なぜなら〕彼は、都市警吏が彼からナイフを取り上げようとするのを拒んだからだ[69]」という記述も見られる。

このように都市住民はしばしば治安役人の職務行為に暴力によって抵抗した。すでに述べたように、常設の治安維持機構を整備したニュルンベルク参事会は、一五世紀の過程で「お上」としての性格を強めつつあった。上記の事例は、「紛争文化」の社会にも役人による介入と統制が加えられようとしていたこと、そして都市当局のこのような意図に対して、都市住民は時として抵抗したことを示している[70]。

以上のような都市住民の抵抗の理由として彼らの名誉感情が考えられる。都市住民にとって、ナイフを取り上げられることは、男性住民の特権に対する侵害、個人の名誉に対する侵害と認識された[71]。また、『ダイクスラー年代記』に記録されている以下の事件も住民の名誉感情を示すものとして興味深い。一五〇〇年に聖ゼバルドゥス教会の教区学校の学生が校門を閉じ、バリケードを築いて校舎を封鎖し、武器をとって校舎にたてこもった。教師は最初、助教師を派遣して学校を解放するよう説得を試みたが、学生側は応じなかったので、窮した教師は実力行使を決意し、都市警吏を呼びに行かせた。しかし都市警吏は、教師が以前に都市警吏に対して「都市警吏は絞首台で盗人を支配していればよい、教師は都市警吏の助けを借りないで自分の学生を支配するのだ[72]」と言ったことを持ち出して、教師の要請を拒否した。その後、参事会員が都市警吏に校舎を解放するよう命令してようやく、都市警吏は校舎に突撃した[73]。ここで引用された教師の言葉は、都市警吏に対する軽蔑の念を表している。この軽蔑の念は「絞首台で盗人を支配していればよい」という言葉が端的に示しているように、都市警吏がその職業がら、常に盗人などの罪人と接触を持っていたことと、絞首台の上で刑吏による死刑執行の作業を補助することから発していた。こうした住民の軽蔑の念が名誉感情をいっそう刺激し、治安役人に対する抵抗を助長したと考えられる。

ところで、この事件が示すように、治安役人は住民の紛争にかなりエスカレートした段階で介入しなければならなかった。なぜなら、住民は当初紛争を、都市当局の助けをかりずに自らの手で解決しようとし、それが失敗してはじめて治安役人を呼んだからである。この段階では紛争当事者はすでにかなり興奮し、暴力的解決の意を決している場合が多かった。したがって、治安役人は暴力紛争に巻き込まれやすく、暴力を行使する必要に迫られたのである。例えばやや時代は下るが、一五八三年に以下のような事件が見られる。肉屋のハンス・ルムプラーの家において、泥酔したルムプラーがひどく興奮して周囲の人に暴力を振るった。最初彼の家族がルムプラーをなだめ、彼の兄(弟)が争いを調停しようとしたが、失敗して再び争いがはじまると、居合わせた女性の一人が刑吏と都市警吏を呼ぶにいたった。そこで駆けつけた彼らはルムプラーを力ずくで取り押さえ、彼から武器を取り上げ、地下牢獄に連行しようとしたが、その過程で完全に逆上したルムプラーはハンマーで都市兵の一人を致命的に傷つけた。(74) このような状況において、治安役人が仮に過剰で不適切な暴力を振るったとしても、それは一方的な暴力ではなく、住民の暴力に対応したものであったと言える。治安役人は暴力の原因であると同時に、住民の暴力の被害者でもあった。したがって治安役人は、通説と異なり、独自の暴力的なサブカルチャーを形成したわけではなかったのである。

むしろ、乱闘状況においても、治安役人は慎重に振る舞う場合があった。それを示す事例が Haderbuch に見られる。一四三五年のある夜中に、フリッツ・フッター(Fritz Hutter)、ジグムント・フェニッツァー(Sigmund Venitzer)、ハインツ・ハーラウアー(Heintz Hallawer)、ジグムント・フューラー(Sigmund Füer)、ルドルフ・ヴァーグナー(Rudolf Wagner)の五人のニュルンベルク市民が、理由は分からないが、鍛冶屋親方のクーグラー(Kugler)の家に侵入し、乱闘を起こした。その際まず、クーグラーの家にいた鍛冶屋職人一名が負傷し、さらに騒ぎを聞いて駆けつけた複数人の治安役人のうち、塔・市壁見張り人一名が体に二カ所の刺傷を負い、夜警が一人殴られた。[75] この乱闘で注目すべきは、犯人はいずれも無傷で、治安役人の方に二名の被害者が出たことである。恐らく治安役人は乱闘を暴力的に鎮圧するよりも、平和裡に沈静化しようとしたのであろう。この推定は、ベントラーゲが一六世紀のニュルンベルクに、二〇年以上の勤務期間中に一度も暴力犯として法廷に立たなかった治安役人を幾人か見出すことによって、[76] 補強される。したがって、治安役人は常に過剰な暴力によって職務を遂行したわけではなかった。彼らによる暴力紛争への介入は暴力的・抑圧的介入というよりも、当事者の間に割って入って、その場を収めることを目的としていた場合があった。

だとすれば、一五世紀末以降ますます増加する、ニュルンベルク参事会による治安役人の「過剰」で不適切な暴力に対する訓戒や戒告（第一章第三節）はどのように理解されるべきなのか。ベントラーゲによれば、それは参事会が都市平和に対する要求の水準を高めたことと関係する。正当な暴力の唯一の代行者として、治安役人の振舞いは公共の福祉のために、ますます強力にコントロールされねばならなかった。長い目で都市の秩序を確保しようとすれば、都市住民のみならず治安役人もこの秩序に組み込む必要があったからである。[77] むしろ、参事会はより積極的に、治安役人の思慮深く慎重な振舞いを通じて、参事会の秩序観念を住民に受け入れさせようとしたのかもしれない。

おわりに

本章の考察を通じて、ニュルンベルク住民が振るう暴力の特徴がいくつか明らかとなった。まず、一五世紀前半のニュルンベルク社会では暴力紛争が頻発していた。このことは、当時のニュルンベルクにおいて紛争がしばしば暴力的に解決されようとしていたことを示している。身体的暴力が投入された紛争は、おもに男性によって、しかもあらゆる階層の男性によって引き起こされていた。すなわち暴力紛争は、親方や職人のみならず、都市の名望家層によっても引き起こされていたので、この意味においてこの時期のニュルンベルクに関して、暴力をメルクマールとして都市エリート層に対峙する中・下層民のサブカルチャー的社会規範について語ることはできない。むしろ、暴力紛争があらゆる階層の男性によって、とりわけ都市貴族などの都市上層民によって平均より高い割合で引き起こされていたことは、暴力的な紛争解決が当時のニュルンベルク社会に受け入れられており、またそれが、市民の特権や男性アイデンティティの象徴とみなされていたことを示している。

このように頻発した暴力の多くは、名誉をめぐる葛藤を背景とした対抗暴力であった。そこにおいては紛争解決のための暴力的自力救済が重要であった。多くの暴力が借金や家賃の圧力、仕事仲間や家族、隣人関係の緊張とフラストレーション、都市門閥の権力闘争、「お上」的支配に対する抵抗を原因として、住民の名誉と結びついて頻発した。こうした社会的コントロールの一種として対抗暴力は常に抑制的で、紛争相手に深刻な肉体的ダメージを与えないとは限らなかった。対抗暴力は、名誉によって誘発されるがゆえに深刻な事態を招く場合があり、このことが都市住民の負担になったと考えられる。この点に参事会の公的刑法が都市社会に浸透する余地があったように思われるが、この問題の考察は次章以下で行う。

このような対抗暴力を構成要素とする住民の社会的コントロールへの治安役人の対応は、必ずしも暴力的・抑圧的であるとは言えず、むしろ調停的であった。事実、ニュルンベルクの治安役人は、都市住民に対して暴力で加害する以上に、都市住民の暴力によって被害を受けた。したがって、治安役人は、支配の脆弱さと規範の不通用への現実的対応として、反抗的な都市住民に対してみせしめ的に過剰な暴力を振るったわけではなかった。それにもかかわらず、治安役人の振るう暴力が、「過剰」で恣意的で不適切とみなされて、当時の都市住民の大きな反発を招いた理由は、彼らの行使する暴力が、都市住民どうしで行使される名誉のための暴力とは異質な不名

誉な暴力とみなされたからであろう。(78)

　次章では、以上のような都市治安役人の対応を念頭に置いて、ニュルンベルク参事会が、都市住民の暴力に対して裁判においていかなる態度で臨んだのかを検討したい。

(1) Burghartz, Disziplinierung oder Konfliktsregelung? S. 395.
(2) 統計資料に関しては、Schwerhoff, Köln im Kreuzverhör, S. 458-468.
(3) ニコル・ゴンティエ著、藤田朋久・藤田なち子訳『中世都市と暴力』白水社、一九九九年、一七～一八頁。
(4) Schuster, Eine Stadt vor Gericht, S. 94-97.
(5) Ebd., S. 97f.
(6) Groebner, Der verletzte Körper und die Stadt, S. 182.
(7) Henselmeyer, Ratsherren und andere Delinquenten, S. 84.
(8) 佐久間『ドイツ手工業・同職組合の研究』一三頁。
(9) 同、一三頁。
(10) Joachim Eibach, Städtische Gewaltkriminalität im Ancien Régime. Frankfurt am Main im europäischen Kontext, in: ZHF 25, 1998, S. 359-382, hier: S. 372-382.
(11) しかしこのことは、アイバッハによれば、上層市民が「文明化」され、暴力的な振舞いから免れていたことを意味しない。性的暴力や家族内の暴力は根強く残ったし、また彼らは都市郊外で行われる決闘の形式を身につけたという。Ebd., S. 374, 380.
(12) アンシャン・レジーム末期になると手工業者の中でも親方層は上層市民の影響を受け、暴力犯として都市裁判所に現れることが少なくなる。Ebd., S. 373.
(13) 佐久間「近世ドイツ職人をめぐる暴力と秩序」一七七頁。
(14) 〈Heintz Widrolt rotsmid promisit dem Stepfe Haller zu gebe das artzlon vud für wunte daz dafür gebürt ob ers neme

wil, dem Richter seine recht hindan gesetzt vnd in xiiii tag auf ein trun zu geen, iiii woche darauf seyn, nemlich xiiii tag in eine versperrten kemerlin viii tag sust auf dem trun vud die letzte viii tag auf gnade, vud von trun niht zu komen, er hab denn vor messerzuckens v. lb. n. herauf das haws gebe, von groß mutwille freuels und wuntes wegen das er sunderlich an Stepfan Haller vor seins vatter haws eins nachts begangen hett.〉 AStB. 196, fol. 35v.

(15) Schuster, Eine Stadt vor Gericht, S. 92.

(16) 〈Geitz Stahel slosser, Hanns Hebenhamer slosser jurauert frewntschaft vnd der Hebenhamer promisit den Stahel artzlon vnd für wunte als sich gebürt ob ers neme wil, dem Richter seine recht, vnd hat ir yeder das gelt auf das hause gebe, von hader, wertzucken vnd wunten.〉 AStB. 196, fol. 23r.

(17) しかし例外もあった。一四三三年に起こった傷害事件では、被害者の後遺症が懸念された。すなわち、リューデル・ツヴィッカウアー(Rüdel Zwickawer)はオッテ・ゴルターに乱暴に振る舞い、彼を殴ったことに関して、「八日間の閉じられた独房拘禁刑と他に八日間の塔拘禁刑に服することを誓約し、またオッテ・ゴルターに、もし彼が治療費を必要とし、受け取ろうとするのならば、治療費を支払うことを誓約した。しかしツヴィッカウアーが、ゴルターの眼を、失明するほどに傷つけたならば、そのときには、ゴルターは、失明したことに関して、彼の権利を〔ツヴィッカウアーに対して〕正当に主張できる(promisit acht tag in eine versperrte kemerlin und sust acht tag auf dem turn zu seyn, und dem Otte Golter artzlon ob er des bedarff und nemen will, verdurb im aber das awg gar daz es zu einr läm kem, so mag der Otte seine recht mit recht darub vordern)」とある(Ebd., fol. 26r.)。この事件では、ツヴィッカウアーはゴルターの眼に深刻なダメージを与えたが、判決が下された時点で、参事会は、ゴルターが失明するかどうか判断できなかった。そこで参事会は、将来ゴルターが失明した場合を想定した判決を下したと考えられる。

(18) 流血裁判の判決を加えれば、さらに殺人・重度傷害の割合は上昇するであろう。ただし、死刑の絶対数は都市追放刑よりもさらに少ないので、若干の上昇にとどまるであろう。以上を確かめるために、この時代の流血裁判の判決に関する記録を参照できなかった。以下、二次文献に収録された統計を参考のためにあげておく。一五〇三年から一七四三年の間にニュルンベルクでは、合わせて一〇〇九名に対して死刑が執行された。内訳は窃盗/強盗が五三四名、謀殺/故殺が二六六名(そのうち、子殺しが六七名)、猥褻行為/姦通が四二名、国事犯が二一名、魔法/魔女が八名、瀆神が二名である。以上の数字によれば、この間ニュルンベルクで年平均四・二名が死刑に処せられ、謀殺/故殺(子殺しを含む)に関する死刑は年平均一・一名ということになる(Vgl. Dülmen, Theater des Schreckens, S. 188)。ただし死刑の件数は一七世紀中葉以降減少傾向にあり、一六世紀(一五〇三～一六〇〇年)に限って見れば、死刑は年平均六・九名、謀殺／故殺(子殺しを含む)に関する死刑は年平均一・七名となる。なお年代記の記録によれば、ニュルンベルクでは一四五〇年から六九年の間に合計二一三名が処刑されているので、それは年平均一一名以上が死刑になっていることになる(ハンス・フリードリヒ・ローゼンフェルト、ヘルムート・ローゼンフェルト著、鎌野多美子訳『中世後期のドイツ文化――一二五〇年から一五〇〇年まで』三修社、一九九九年、二八三頁)。

(19) ベーリッシュによれば、一五・一六世紀の都市ゲールリッツでは「ナイフを抜く」は儀礼にとどまらず、頻繁に流血をともなう暴力の原因となった。彼は、ゲールリッツの暴力現象は他都市のそれより激しかったと主張している。ただし、比較の基準は明確にされていない。Vgl. Behrisch, Städtische Obrigkeit und soziale Kontrolle, S. 233.

(20) Burghartz, Disziplinierung oder Konfliktsregelung?

(21) Schwerhoff, Köln im Kreuzverhör, S. 312-322.

(22) Schuster, Eine Stadt vor Gericht, S. 98-104.

(23) Katharina Simon-Muscheid, Gewalt und Ehre im spätmittelalterlichen Handwerk am Beispiel Basels, in: ZHF 18, 1991, S. 1-31.

(24) 服部良久「中・近世ドイツ農村社会の武装・暴力・秩序」前川和也編著『コミュニケーションの社会史』(MINERVA西洋史ライブラリー49)ミネルヴァ書房、二〇〇一年、三八一～四〇七頁、ここでは三八五～三八六頁。

(25) Behrisch, Städtische Obrigkeit und soziale Kontrolle, S. 115.

(26) Schuster, Eine Stadt vor Gericht, S. 86-104.

(27) Ebd., S. 87.

(28) 〈Georg Lyntn promisit iiii tag vnd nacht ins loch, H. Ochsennielder promisit viii tag versperrt trum, von vnzucht gen einander.〉 AStB. 196, fol. 5v.

(29) 〈Peter Lyntenast, C. Schenkel promisit yeder ii tag versperrt trun zu sein, von hadrey gen einander.〉 Ebd., fol. 6r.

(30) Schuster, Eine Stadt vor Gericht, S. 99.

(31) 服部「中・近世ドイツ農村社会の武装・暴力・秩序」三八五～三八六頁。

(32) 〈von der verhandlung wegen gen iren handwerkgenossen Petern Keller〉, 〈promisit ye ir zwen auf ein versperrte trun

iiii woche.〉 AStB. 196, fol. 14r.

(33) 〈der meister sol den knecht fürbas auf den hantwerk fürdern und niht hindern〉 Ebd., fol. 32v.

(34) Haderbuch に見られる親方と職人の紛争の中には、グラフとガイルの紛争のように、直接暴力が投入された紛争のほか、職人が親方の仕事を妨害するという紛争がある。例えば一四三三年には、二人のベルト工職人が「親方から職人をあえて奪い、そのことを通じて悪意を持って親方の邪魔をした(sich angenomen hetten dem meister knecht zu weisen, von dabey meister hinderten faerlich)」ことにより、八日間の地下牢獄刑に処せられている(Ebd., fol. 21v.)。妨害の理由は分からないが、こうした妨害を、仕事をさせない暴力として広い意味での暴力=強制と捉えることは可能であろう。

(35) 佐久間「近世ドイツ職人をめぐる暴力と秩序」一七一〜一七七頁。

(36) 〈Jacob Haller promisit viii tag auf eine versperrte trun zu seyn on gnade, vmb frefle wort vnd verhandlung auf Rathaus gen Wilhelm Ebner in gegenwertkeit des ratsfrewnd.〉 AStB. 196, fol. 36r.

(37) 〈Eberlin saytenmacher promisit iiii tag versperrt trun zu seyn, in viii tagen, daz er ein sein nachpewrin zum hawse gagen vnd ein hader erhebe hett.〉 Ebd., fol. 22v.

(38) Schwerhoff, Kriminalitätsgeschichte im deutschen Sprachraum, S. 36f.

(39) この事件に関しては、Valentin Groebner, Das Gesicht wahren. Abgeschnittene Nasen, abgeschnittene Ehre in der spätmittelalterlichen Stadt, in: Klaus Schreiner und Geld Schwerhoff (Hg.), Verletzte Ehre. Ehrkonflikte in Gesellschaften des Mittelalters und der Frühen Neuzeit, Köln, Weimar und Wien 1995, S. 361-380, hier: S. 362; Georg Wolfgag Karl Lochner, Die Fürbitte beim Rathe zu Nürnberg, in: Anzeiger für Kunde der deutschen Vorzeit N. F. 11, 1864, Sp. 441-445 を参照。

(40) Schuster, Eine Stadt vor Gericht, S. 86f.

(41) ゴンティエ著、藤田朋久・藤田なち子訳『中世都市と暴力』一四三〜一四四頁。

(42) 田中俊之「名誉の喪失と回復――中世後期ドイツ都市の手工業者の場合」前川編著『コミュニケーションの社会史』四〇九〜四三二頁、ここでは四一五〜四一六頁。

(43) Schuster, Eine Stadt vor Gericht, S. 99.

(44) ここで『アハト・都市追放・刑罰帳(一三八一〜一四〇三年)』に記録され、追放刑を付科されている殺人の一部が、名誉のからまない暴力であったと仮定することは困難である。一般的に言えば、名誉のからまない殺人は死刑にされた。ニュルンベルクにおいても名誉のからまない殺人には車裂き刑などの厳罰が科されたが、名誉ある殺人においては加害者に対して被害者の遺族と和解(贖罪)することが認められていた。Vgl. Groebner, Der verletzte Körper und die Stadt.

(45) Rainer Walz, Agonale Kommunikation im Dorf der Frühen Neuzeit, in: Westfälische Forschungen 42, 1992, S. 215-251.

(46) 〈von slahe vnd drey stund wider die erden werffen ein frawe, die gelt an sein weib vorden... promisit iiii tag in eine kemerlin vnd sup iiii tag auf dem trun zu seyn, on gnade〉 AStB. 196, fol. 13r.

(47) 〈Ülin Höbel promisit xiiii tag on gnade auf eine versperrten trun zu seyn, darumb daz er die hanns weyglin fleyschakerin ein hüren geheiss und sust übel gehandeln hett, do sie mit des richtsbotte, gelt frewntlich gefordert hett.〉 Ebd., fol. 8v.

(48) 〈Vlrich Steyn promisit ii tag versperrte trun zu seyn. daz er ein geslagen hett, der im schuldig was.〉 Ebd., fol. 27r.

(49) 中世後期ニュルンベルクにおける借金の問題については、Groebner, Ökonomie ohne Haus, S. 190-206を参照。

(50) Ebd., S. 194. 佐久間氏も当時の親方が一般的にあまり現金を所有していなかったことを指摘している(佐久間『ドイツ手工業・同職組合の研究』二二七頁)。

(51) 〈Hanns Sung rotsmid promisit viii tag auf eine versperrt trun zu seyn, daz er sein hawswirtin hart geslagen hett, do sie ihren hawszins vordert.〉 AStB. 196, fol. 33v.

(52) Groebner, Ökonomie ohne Haus, S. 225.

(53) Ebd., S. 226.

(54) Ebd., S. 227f.

(55) 〈stund im pranger der hefner, het frefelich des richters knecht und den fronpoten übel gehandelt, da sie im mit dem geriht wolten zusperrn von schuld wegen. er het grosse pet, man het in sunst mit gerten außgehawen.〉 Die Chroniken der deutschen Städte vom 14. bis ins 16. Jahrhundert, Bd. 11, S. 691.

(56) Groebner, Das Gesicht wahren, S. 362; Lochner, Die Fürbitte beim Rathe zu Nürnberg.

(57) 石持ち刑とは女性にのみ科された名誉刑である。判決を受けた女性は石を持ちながら、下級治安役人とともに列をなして、市内を歩かねばならなかった(Vgl. Henselmeyer, Ratsherren und andere Delinquenten, S. 55f.)。

(58) 〈trug ein frau den stain. Item desselben tag da hieb man irn schwager mit gerten auß, der seiner maid ein kint gemacht; und er taidigt mit der hurn, gab ir 10 gulden. und er hieß sein frawen mit im geen, er müst ir ietzund die 10 gulden vor dem tor geben, so solt sie der hurn die nasen absneiden, darzu wolt er und auch ir mum ir helfen. und sie hielt sie, da schnaid ir sein weib in die nasen, denn das sie ir ein tail zuket. item da furet man die mumen mit dem eeman ins loch und must den stain tragen und er stund in dem pranger...〉 Die Chroniken der deutschen Städte vom 14. bis ins 16. Jahrhundert, Bd. 11, S. 705-706.

(59) Groebner, Das Gesicht wahren, S. 363.

(60) Valentin Groebner, Ratsinteressen, Familieninteressen. Patrizischen Konflikte in Nürnberg um 1500, in: Klaus Schreiner und Ulrich Meier (Hg.), Stadtregiment und Bürgerfreiheit. Handlungsspielräume in deutschen und italienischen Städten des Späten Mittelalters und Frühen Neuzeit, Göttingen 1994, S. 278-309; 田中「中世後期ニュルンベルクの都市貴族と『名誉』」。

(61) ニュルンベルクの都市貴族の政治的名誉については、田中「中世後期ニュルンベルクの都市貴族と『名誉』」を参照。

(62) トゥーマーをめぐる都市貴族家門間の確執については、Groebner, Ratsinteressen, Familieninteressen, S. 289f. を参照。

(63) AStB. 196, fol. 15r-v.

(64) Ebd., fol. 27v.

(65) Bendlage, Henkers Hetzbruder, S. 292f.

(66) 〈Vlrich schuhknecht beym Michel Pesthen promisit iii tag vnd nacht im loch zu seyn, von vntzucht nachts gen nachtwacher, die in ins loch gefürt wolte habe.〉 AStB. 196, fol. 22v.

(67) 〈Georg Zyner promisit iiii tag in eine versperrte kemerlin vnd iiii tag sust auf eine trun, von frefler vnsawber wort vnd verhandlung wegen die er geredt vnd getribe hett, do die stadtknecht den Hanns Geyre kürsner vmb sein meklich verhandlung am Öttlin stadtknecht begange, gefange vnd ins loch grfüret hette.〉 Ebd., fol. 53r-v.

(68) Die Chroniken der deutschen Städte vom 14. bis ins 16. Jahrhundert, Bd. 11, S. 661.

(69) 〈stund im pranger der Keser verpot im die stat 10 jar 10 meil. het sich des statkneht gewert die messer zu nemen.〉

Ebd., S. 663.

（70）このような抵抗は、当の門閥支配層の中にも見られた。例えば一四三九年に都市貴族のゼバルト・プフィンツィング（Sebald Pfintzing）、イェルク・コラー（Jörg Coler）、コンツ・ハラー（Contz Haller）、フランツ・ピルクハイマー（Frantz Pirkheymer）、ヴィルヘルム・デーラー（Wilhelm Derrer）が参事会で八日間の塔拘禁刑（四日間は恩赦されうる）の判決を受けた。理由は、ある夜彼らが荷車を引っぱりだして、通りを遮断し、さらには置いてあった桶を中央広場に面した都市貴族ハンス・ルンメル（Hanns Rummel）の家の前に運んでいったところ、都市警吏が現れて、恐らくこの傍若無人にともに加わっていたプフィンツィングの下男を地下牢獄に連行しようとした際、彼らがその連行を止めさせようとしたからである。AStB. 196, fol. 48r.

（71）Bendlage, Henkers Hetzbruder, S. 146.

（72）〈sie solten dieb am galgen regieren, er wolt sein schuler wol reigieren on sie.〉Die Chroniken der deutschen Städte vom 14. bis ins 16. Jahrhundert, Bd. 11, S. 620.

（73）Ebd., S. 619f.

（74）Bendlage, Henkers Hetzbruder, S. 147.

（75）AStB. 196, fol. 37r.

（76）Bendlage, Henkers Hetzbruder, S. 162.

（77）Ebd., S. 150.

（78）Eibach, Institutionalisierte Gewalt im urbanen Raum, 201f.

第三章　参事会と住民の暴力

はじめに

一般的に都市当局の暴力紛争への対処、すなわち都市平和の問題は、これまで「公的な」犯罪人処罰制度（公的刑法の体系）の形成と、公的刑法による「私的な」暴力の排除・抑圧という観点から論じられてきた。本書においても第一章で、まずはこのような観点から、ニュルンベルク参事会が、平和維持のための刑法的規定を定め、違反行為（犯罪）に対しては、もっぱら公権力による公刑罰が科せられるべきものとしたことを明らかにした。

このように、中世ヨーロッパの暴力的社会にあって、先駆的に公的刑法の体系を確立しようとした中世都市は、エバーハルト・イーゼンマンが「参事会は、感情にまかせて容易に激昂してきわめて性急に暴力に訴える傾向のあった社会にあって、暴力行為を抑圧することを断固として追求した」(1)と述べ、また「都市の支配団体は、マックス・ヴェーバーによって近代的国家性の特徴の一つとされた正当な物理的暴力行使の独占を達成した」(2)と評価しているように、「文明化の過程」や規律化、近代国家形成史の観点から、その重要性を指摘されてきたのである。

しかし歴史犯罪研究の諸研究は、イーゼンマンのような社会の近代化の側面に焦点を当てた見方に対して、中世後期・近世初期の都市における統治権力と暴力との固有の関係に注目している。例えば中世後期チューリヒの都市裁判所の機能に関するブルクハルツの研究(3)によれば、裁判に記録されている暴力事件では、刑罰による処理件数を当事者の和解による件数が上回っていた。さらに刑罰によって処理された場合でも、その際の処罰は通常、贖罪金であった。それは罰金として当局に支払われるものと、賠償金として被害者に支払われるものとの二つからなっていた。追放刑や身体刑は稀であった。さらに、処罰を受けたことによるツンフト資格や都市官職の剝奪も認められなかった。したがって、処罰の目的は加害者を排除・抑圧することではなかった。ブルクハルツのこの指摘は、中世都市における統治権力と暴力との関係を考察するうえで重要であると思われる。そこで第三章では、近年の歴史犯罪研究の成果を念頭に置いて、ニュルンベルク参事会の公的刑法が、いかなる目的を持って、どのように暴力に対処したかを検討する。

第一節　暴力の処理

1　拘　禁　刑

Haderbuch に記載されている暴力事件のうち、「ナイフを抜く」が罰金刑に処された他は、全ての形態の暴力は、言葉の暴力、すなわち侮辱や誣告も含めて、おおむね拘禁刑に処せられている。ニュルンベルク参事会の下級裁判にとって拘禁刑はきわめて重要な刑罰であった。

ところで、この事実は、法令における規定と相違している。ニュルンベルクの諸法令[4]においては、多くの犯罪は都市追放刑と罰金刑によって処罰されるものとされ、拘禁刑は稀にしか規定されていない。ニュルンベルク参事会が、ルートヴィヒ・デア・バイエルの特許状によって拘禁刑を科す権利を得たのは一三二〇年であるが[5]、その後法令で規定された拘禁のおもな機能は、債務拘禁、未決勾留、死刑の代替刑としての終身拘禁、滞っている罰金の支払いの強制手段、すなわち犯人が罰金を支払えないとき、支払うまでの拘禁に過ぎない。それに対して、Haderbuch に記載されている犯罪の処罰には拘禁刑が多用されていた。拘禁刑は、法令上規定されている罰金刑や追放刑を押しのけ、刑罰全体の中で大きな比重を占めた。したがって、法規範と現実との相違は明らかである。

拘禁刑の、このような重要性にもかかわらず、一般的に刑法史において一七世紀以前の刑罰体系における拘禁刑の意義は十分に評価されていないとされる[6]。なぜなら、拘禁刑と言った場合、一七世紀後半のロンドン・ブライドウェル矯正院やアムステルダム矯正院に端を発する近代自由刑がまず念頭に置かれるからである。このことは、一七世紀以前において「自由刑は知られていなかった[7]」というデュルメンの短い言葉に端的に示されている。デュルメンがこのように主張するとき、それは、一七世紀以前には近代自由刑は知られていなかったという意味である。

もちろん、中世後期ニュルンベルクの公的刑法は近代自由刑を知らなかった。他の中世都市と同様に、ニュルンベルクの拘禁環境は苛酷であり[8]、拘禁刑は自由刑というよりもむしろ身体刑に近かったかもしれない。また、拘禁期間は一般に短く、厳格な規則や服務規程も欠如していた。したがって、中世後期ニュルンベルクの拘禁刑に、一七世紀以降のそれにおけるような犯人改善の目的は存在しなかった。しかし、以下で述べるように、ニュルンベルク参事会は一五世紀において多様な種類の拘禁刑を発達させ、犯人の身分・男女別に、その多様な拘禁刑を使い分けて科していた。また参事会は、裁判のつどその犯罪に相応しいと思われる拘禁期間を決定することによって、均衡のとれた刑罰体系を意図した。したがって、刑罰体系における拘禁刑の重要性は十分に評価されねばならないのである。

そこで以下で拘禁刑の多様な形態を具体的に見てみよう。男性の犯人には四種類の拘禁刑が科された。一つはLochというもので、地下牢獄刑を意味する。Lochを宣告された者は、旧市庁舎の地下牢獄に入れられた。地下牢獄は一二の狭い房からなり、鉄を打ちつけられた扉で閉じられた。看守が囚人を監視し、囚人に食事を与え、房の清掃と暖房に責任を負っている点で、囚人は拘禁中、完全に外部世界との接触を絶たれた[9]。

他の一つは「市塔における拘禁(Turm)」(以下、塔拘禁刑)である。塔拘禁刑は地下牢獄刑より軽い刑である。塔の囚人は、地下牢獄の囚人と異なり、外部世界から完全に遮断されなかった。囚人は、その妻などから食料や水を与えられることを許される場合があったからである。例えば一四三四年にニュルンベルク参事会は、ゼバルト・クレス(Sebald Kress)に三カ月(うち一カ月は恩赦されうる)の塔拘禁刑の判決を言い渡した際、あわせて「彼(クレス)の妻は、塔の彼のところへ行き、彼に食事を与えることを許されるべきである(sein weib sol man zu im auf den turm lassen und die im zu essen bring)」と指示している[10]。また、一四三七年にヤーコプ・ハラー(Jacob Haller)が参事会の会議で不遜・傲慢な言葉を発し、恩赦なく四週間の塔拘禁刑を言い渡されたときには、参事会は「彼に食事を与える彼の妻を除く何人も彼のところに行ってはならない(nyemant zu im gee, denn sein weib vnd die im zu essen bring)」と指示している[11]。ただし、クレスもハラーも都市門閥の成員であり、参事会の以上のような配慮は上層民のみになされたと考えられる。

その他、「独房での拘禁(Kämmerlein)」(以下、独房拘禁刑)と呼ばれる拘禁も存在した。独房拘禁刑と塔拘禁刑は刑の重さにおいて同じであったが、塔拘禁刑は雑居拘禁であるという違いがあった。したがって参事会は、独房で拘禁した方が被告人の規律にとってよいと判断した場合、彼に独房拘禁刑を科した。雑居拘禁は紛争相手に対する憎悪を増し、復讐計画を練る機会を提供する場合があったため、一四四二年にニュルンベルク参事会は、今後全ての拘禁は独居にすべきと決定したが、スペース不足の問題から実現しなかった。[12]

最後に、わずか二件だけだが「通路(gang)」という拘禁刑の形態が見られる。それは、市壁の塔と塔をつなぐ防御回廊での拘禁と推測され、通常の塔のスペースが一杯になったとき、そこが利用されたと考えられる。[13]

次に女性の犯人に科された拘禁刑を見てみよう。Haderbuch に記載されている犯罪において、女性に科される拘禁刑の種類と男性に対するそれは明確に異なっていた。女性に対しては、上で示したような拘禁刑は科されず、女性専用の拘禁刑として「ベンチにつながれて座る(bei einer penk beslossen zu sitzen)」＝ベンチ刑と「自宅拘禁(in ihre haws zu beleiben)」が科された。ベンチ刑は、都市警吏の控え室でベンチにつながれた拘禁刑の一種と考えられる。[14] このような男女の区別は、Haderbuch に記載されるような比較的軽い犯罪に関してのみで、窃盗などの重罪刑事裁判で処理される罪を犯した女性に対しては、男性と同様に塔拘禁刑が科されていた。[15] ベンチ刑や自宅拘禁刑は、地下牢獄刑や塔拘禁刑と比較して被拘禁者に与えられる負担が少なく、したがって、こうした拘禁刑は、軽犯罪を犯した女性に対する参事会の配慮から生まれたものと推測される。

それでは次に、男性の身体的暴力事件に対する拘禁刑の期間について見てみよう。Haderbuch に記載されている身体的暴力事件は、大きく二つに分けられる。一つは傷害をともなわない軽微な暴力事件であり、他の一つは傷害事件である。軽微な暴力事件に関して、参事会は犯人に二日から二週間の拘禁刑を科した。傷害事件に関しては、八日から八週間／二カ月の拘禁刑を科した。多くは二週間から四週間であるが、八週間／二カ月という Haderbuch に記されている拘禁刑の中では最も長期間の拘禁刑に処せられた者も、別々の事件で三人見られる（前記のゼバルト・クレスは三カ月の塔拘禁刑を科されているが、この刑は、一年間の追放刑が恩赦された結果なので例外である)。拘禁期間がこのように長期に及んだ理由は、一人はナイフを用いてかつ複数人を傷つけた点[16]にあり、他の一人は以前に友好を宣誓した相手を再びナイフで傷つけたことにあり(傷害＋友好宣誓違反)[17]、残りの一人は傷害に加えてその傷害事件の訴訟に際して参事会室で暴言を吐いた点[18]にあると考えられる。参事会は傷害事件ではしばしば二種類の拘禁刑を組み合わせて科した。その際、拘禁期間の半分を塔拘禁刑に、残りの半分を独房拘禁刑にするのが通常の形態であった。恐らく参事会にとっては、本来ならば全期間を独房拘禁にしたいところであるが、先に述べたように、スペース不足のため、このような折衷的な処置をとらざるを得なかったのであろう。

次に、男性の言葉の暴力(侮辱)に関して見てみよう。侮辱事件に対しても参事会は拘禁刑をもって臨んだ。「盗人」と「私生児」という侮辱の言葉はおおむね三日から四日間の拘禁刑を招いた。また「傲慢・不遜の言辞／発言」や「粗野で卑猥な言辞／発言」、「汚い言辞」は一日から四日程度の拘禁刑に処せられた。参事会や五者委員会あるいはそれらの裁定が都市住民の侮辱の対象となる場合もあった。一四三五年にはザイツ・ゴイダー(Seitz Gewder)という者が、彼の子供とあるバンベルク市民との裁判において「参事会が下した咎めと判決に対して卑猥な言葉を発したことにより」、四日間の塔拘禁刑に処せられている[19]。このような侮辱事件の場合、拘禁期間が大幅に延長されることがあった。例えば一四三二年に「ウルリヒ・リングマンは、ある夜ウルリヒ・フォン・シュターデルの家で夜警に非行を働いたことにより、三昼夜の地下牢獄刑に服することを宣誓した。〔しかし〕この刑期は、リングマンが〔判決の際に〕参事会室で発言した傲慢で不遜な言葉により二倍にされた[20]」とある。こうした例は、参事会が自らの「お上」としての権威の維持に敏感であったことを示している。

女性の暴力事件に対する拘禁期間を見てみよう。女性に関しては、身体的暴力事件と侮辱事件との間に拘禁期間の差はあまりない。両方とも二日から二週間のベンチ刑か自宅拘禁刑に処せられた。その原因は、第二章で確認したように、女性には暴力紛争にナイフを投入する慣行がなかったため、四週間以上の拘禁刑を招くような比較的重度の傷害をともなう暴力紛争を引き起こすことが稀であったことにあると考えられる。

ところで犯人の性によってのみならず、法的地位によっても、科される拘禁刑の種類は異なった。犯人が男性である場合、その者がニュルンベルク市民であるかないかによって地下牢獄刑(Loch)か塔拘禁刑(Turm)／独房拘禁刑(Kämmerlein)の割当が決まった。ニュルンベルク参事会は、犯人が市民権を所持していない場合、拘禁環境が悪い地下牢獄刑を科し、市民である場合は拘禁環境がよりましな塔拘禁刑／独房拘禁刑を科した。参事会によって地下牢獄刑を科された被告人の大部分は親方ではない手工業職人によって占められていた。彼らはニュルンベルクにおいてKnechtと呼ばれ、一五世紀中頃、市の全人口の少なくとも一三％を占めていた。彼らは市民権から排除されていた。手工業者層で市民権が与えられたのは親方だけであった[21]。手工業職人とともに、多数の日雇い労働者も市民権から排除されていた。日雇い労働者と手工業職人は、拘禁刑が下された場合、その法的地位に基づいて地下牢獄に入れられた。紛争に投入された暴力の程度ではなく、被告人の法的地位が拘禁刑の種類の割当に決定的な影響を及ぼしたのである。例えば一四三三年にニュルンベルクのフライパン鍛冶屋親方(pfannsmider)のランク・ハンス(Lang Hanns)と彼の下で働くフライパン鍛冶屋職人(pfannsmidsknecht)のマーティン・シュトゥックスエック(Martin Stüchseck)は、「相互に殴り合いの喧嘩をしたため(von handlung wegen gen einander)」[22]、参事会によってハンスは四日間の塔拘禁刑に、シュトゥックスエックは二日間の地下牢獄刑に処せられている。また一四三四年には、鎖帷子鍛冶職人(salwirteknecht)のアルブレヒト(Albrecht)とベルヒトルト(Berchtold)という名の市民(ein burger)が互いに対して非行と殴り合いを働き、アルブレヒトは二日間の地下牢獄刑に、ベルヒトルトは四日間の塔拘禁刑に処せられている[23]。

同様のことは、犯人が女性の場合においても言える。一四三三年、ケン・シュヴァルツ(Könn Swarz)という名の女性市民（bürgerin）とケン（Könn）という名の金細工職人の妻と、名前はあげられていないが、あるベルト工職人（gürtlerknecht）が、相互に殴り合いの喧嘩をしたことに関して、参事会はケン・シュヴァルツに対して四日間の自宅拘禁刑を科し、金細工職人の妻ケンに対して二日間のベンチ刑を科し、ベルト工職人に対しては二日間の地下牢獄刑を科した(24)。自宅拘禁刑とベンチ刑の関係は、塔拘禁刑／独房拘禁刑と地下牢獄刑の関係に対応すると考えられる。参事会は、女性市民のケン・シュヴァルツに対して拘禁環境の良い自宅拘禁刑を科し、それに対して、非市民の金細工職人の妻であるケンと同じく非市民のベルト工職人に対して、拘禁環境の悪いベンチ刑と地下牢獄刑を科したのである。

以上の事例から、参事会は、同じ犯罪を働いたとしても、非市民に対して市民に対してよりも厳しい刑罰で臨んでいたように見える。したがって、このようなニュルンベルク参事会の刑法政策を、序章で触れたグディアンの「複線的」刑法とみなしてよいかということがここで問題となる。たしかに参事会は、犯した罪の内容によってではなく、犯人の法的・社会的属性によって科すべき拘禁刑の種類を体系的に区別しているので、「複線的」刑法について語ることができるように思われる。しかし、ここで注目されねばならないことは、前であげた事例において、参事会は、塔拘禁刑と自宅拘禁刑の拘禁期間を地下牢獄刑とベンチ刑の拘禁期間の二倍にしていることである。地下牢獄刑とベンチ刑の一日は塔拘禁刑と自宅拘禁刑の二日に相当したと考えてよいだろう。すなわち市民は、よりましな環境で拘禁されるかわりに、拘禁期間を二倍にされた。参事会は、市民と非市民という法的地位の相違に由来する差別を、拘禁期間によって実質的に調整しようとしたのである。したがって参事会には、下級裁判の領域において、市民と比較して、非市民からなる下層民をより厳しく処罰しようという意図はなかったようだ。当時の身分的社会を反映して、市民と非市民の法的地位の相違に基づいて、拘禁刑の種類を機械的に振り分けるという形式的な「複線的」刑法は存在したが、刑罰の実質的なレヴェルにおいて、この「複線的」刑法は大幅に解消されていたと言ってよいだろう。

2　罰金刑と都市追放刑

『都市台帳』とHaderbuchから見る限り、軽犯罪の領域に属する身体的暴力のうち、罰金刑によって処理された犯罪は、威嚇・挑発行為としての「ナイフを抜く」だけである。たしかに一四三二年と一四三三年の『都市台帳』には、殺人、流血をともなう殴打、射撃によって罰金を支払った者がそれぞれ一名記録されているが、数からいって例外であろう。このことは、参事会が、金銭的に恵まれた犯人に対しても拘禁刑の罰金刑への転換を認めていなかったことを示している。(25) 言葉の暴力に関しても、『都市台帳』には「冒瀆的な言辞」による者が一名記録されているだけなので、言葉の暴力は拘禁刑によって処理され、罰金刑の対象となってはいなかった。したがって、罰金刑に関しては、「ナイフを抜く」だけが問題となる。

さて、第一章で見たように、都市条令は「ナイフを抜く」の罰金額を五ポンドと定めている。しかし一四三二年と一四三三年の二年間に『都市台帳』に記録されている一〇九名の「ナイフを抜く」によって罰金を科された者のうち、条令の規定の五ポンドを支払った者は、わずかに九名だけである。五八名が三ポンドを支払っており、一番多く、次に多いのが二ポンドで二七名である。一ポンドしか支払っていない者も一三名いる。残りは四ポンドと一〇ポンドが一名ずつである。一〇ポンドを支払った者は、ナイフをマンダート(特別平和領域)において抜いており、そのために参事会によって特に厳しく処罰されたのであろう。また『アハト・都市追放・刑罰帳(一三八一～一四〇三年)』を見てみると、一三九二年には鍛冶屋親方のコンラート・クノープラウフ(Conrat Knoblauch)とエアフルトのハインリヒ(Heinrich von Erfuert)が「ナイフを抜く」の罪状により、二・五ポンドの罰金を支払うまでの都市追放刑に処されている。[26] さらに同年に、ハインリヒ・シュトロンライン(Heinrich Stronlein)は「ナイフを抜く」と賭博の罪状で、煉瓦職人のニクラス(Niclas)は「ナイフを抜く」の罪状で、各々五ポンドの罰金を払うまでの追放刑に処せられたが、シュトロンラインは三ポンドを払い、ニクラスは二・五ポンドを払い、都市に戻ることを許されている。[27] こうした事例を見ると、実際どのくらいの被追放者が、満額を支払うまで市外に留まっていたのか疑わしくなる。

このように、多くの犯人が規定に満たない罰金額しか支払っていない状況が生じた理由は、参事会が犯人の支払い能力に応じて罰金額を変更したことにあると思われる。なぜなら、『都市台帳』において四～五ポンド支払った者の中には手工業職人が一人も見当たらないからである。参事会は、貧しい職人に対しては必ずしも満額の支払いを要求しなかったように見える。もっとも、規定の罰金額が一ポンドに満たないような犯罪(「違法な長いナイフの所持」など)に関しては、記録に現れるほぼ全員が満額の罰金を支払っているが、このような低額の罰金の場合、参事会は犯人の経済状態をあまり考慮する必要がなかったのであろう。以上より、罰金の支払いに関して、ニュルンベルク参事会は犯人の支払い能力に柔軟に対応していたと言えよう。

次に都市追放刑で処理された暴力事件について見てみよう。『アハト・都市追放・刑罰帳(一三八一～一四〇三年)』に記載されている都市追放刑を見てみると、殺人事件に対して参事会は、永久/八マイル(追放期間/追放距離)の追放刑を最も多く科している。[28] そしてこの判決を破って、八マイル以内で発見された場合、その者は斬首刑に処せられるとされた。

それに対して、永久追放刑が科されていない殺人事件が一件見られる。それは一三八四年にエアレハインツェン(Erleheintzen)の奉公人(男)マイスター(Meister)とクンラート・エルンドルファー(Cunrat Erndorfer)が風呂屋職人のハマーシュティール(Hamerstil)を「手で殴り、致死させた(slugen in den tod, bey der hant)」事件であり、マイスターとエルンドルファーは一〇年／八マイルの追放刑に処せられている。[29] この殴り合いには彼ら三人のほか、パン屋職人のラントマン(Lantman)と風呂屋職人のシルヘアー(Schilher)も参加しており、二人は期間一年の比較的軽い追放刑に処せられている。記録によれば、ラントマンとシルヘアーの罪状は、ハマーシュティールが「傷害致死させられた(in den tode gewundet ward)」殴り合い(gefecht)とある。[30] 以上を総合すれば、この殴り合いは、ナイフが投入されていない、手(拳)によるありふれたものであった。被追放者にはハマーシュティールを殺そうとする意図はなく、彼はこの殴り合いでたまたま負った傷によって死んだ。それゆえ、マイスターとエルンドルファーは永久追放刑を免れることができたと推測できないだろうか。ラントマンとシルヘアーが一年の追放刑ですんだ理由はこの紛争への関与度が低かったからであろう。この事件においてニュルンベルク参事会は、犯人に殺人の故意を認めず、犯人の故意はせいぜい傷害に向けられたに過ぎないと判断したように思われる。ちなみに参事会はその後、ポンメルン大公夫人の恩赦の請願に基づき、マイスターに対する追放刑を放棄している。[31]

傷害事件を見てみよう。参事会は傷害の程度に基づいて様々な程度の追放刑を科している。「酷く殴傷させた(verlichen wunden geslagen hat)」、「酷く刺した(verlich stach)」と記録されている事件や、腕・手の切断といった重度傷害事件に対しては五～二〇年／五～九マイルの追放刑が科されている。また、追放刑に加えて都市に対する罰金(恐らくHaderbuchに出てくる裁判手数料のことであろう)の支払いを命じた例も見られる。この場合、たとえ追放期間を終えたとしても、罰金を支払うまで都市に戻れなかった。Haderbuchに記載されているケースと同様に、医師にかからねばならないほどの傷害が被害者に加えられた事件では、参事会は、追放刑と罰金(裁判手数料)に加えて、被害者に対する治療費と賠償金の支払いを命じた。賠償金の額は被った傷各々につきおおむね三ポンド六〇ペニヒであった。治療費の額に関しては、ここでは特に指定されていない。『アハト・

都市追放・刑罰帳(一三八一～一四〇三年)』を見る限り、それほど深刻でない傷害事件に対しても都市追放刑が科される場合があった。その場合、参事会は半年から二年の追放刑を科している。また、軽度傷害事件においては、犯した罪そのものによる追放刑は科されず、罰金や被害者に対する治療費や賠償金を支払うまでの追放刑のみが科される場合もあった。

以上のように、ニュルンベルク参事会は拘禁刑によってのみならず、都市追放刑によっても、暴力の度合いや責任の多寡に応じてその期間や距離を調整することによって、柔軟な刑罰体系を築こうとしていたのである。

3　他の犯罪との比較

以上で身体的暴力と言葉の暴力に対する罰金刑、拘禁刑、都市追放刑を見てきたが、以下ではニュルンベルクの公刑罰体系におけるこれらの位置づけを知るために、他の犯罪に対する参事会の処置を見てみよう。

第二章の表3で示したように、罰金刑と拘禁刑が付科された犯罪のうち、暴力犯罪が占めた割合は圧倒的であったが、他の多くの犯罪も罰金刑や拘禁刑で処理されていた。『都市台帳』を見ると、罰金刑を付科された犯罪のうち、暴力犯罪の次に多いのは先買い・買占め(Fürkauf)などの営業条令違反＝経済犯罪である。ヘンゼルマイヤーも述べるように、経済犯罪はおおむね罰金刑によって処理されていた。[32] 営業条令違反者の半数以上を占めたのが先買い・買占めであったので、以下ではこの犯罪に対するニュルンベルク参事会の処置を見てみよう。

一四世紀末に制定された都市条令によれば、金額にして半ポンド以上の先買い・買占めを行った者は、一ポンドの先買い・買占めにつき六〇ヘラー(一ポンド＝二四〇ヘラー)の罰金を支払わねばならなかった。[33] 一四三二年と一四三三年の『都市台帳』には、一シリング九ヘラー(一シリング＝一二ヘラー)から三ポンド八シリング(一ポンド＝

二〇シリング）までの罰金を科された違反者が記載されている。罰金額が三ポンド八シリングの場合、先買い・買占めの額は一三〜一四ポンドと計算されるが、これは非熟練建築労働者の半年分の収入に相当したので[34]、かなりの金額である。しかし、この期間に一ポンド以上の罰金を払った者は二八名中、五名だけであり、このことは大半の先買い・買占めが比較的少額であったことを意味している。またヘンゼルマイヤーの調査によれば、一四三二〜三五年の間に老フンク夫人(Funkin)とクリーグル夫人(Krieglin)は少額の先買い・買占めを繰り返して一二回も処罰されているが、再犯による厳罰化は確認されなかった[35]。以上のことは、小規模な先買い・買占めが日常的であり、市場の慣習になっていたことを窺わせる。そして都市当局はこのような慣習化した行為に対しては、それが一定の範囲内に収まっているのならば[36]、比較的寛容に接していたように見える。このような、住民の慣習化した行為に対するニュルンベルク参事会の寛容な措置は、「ナイフを抜く」に対する措置にも見られる。「ナイフを抜く」もその頻発度からいって、ニュルンベルク男性住民の暴力慣行の一部と見てよいが、それが実際に闘争相手に危害を与えない限りは、罰金刑で処理され、また罰金額も大幅に減免される場合があったことはすでに見たとおりである。このような場合、処罰の目的は住民の慣習を撲滅するのではなくて、一定の範囲内にとどめておくことであったと考えられる。

次にHaderbuchを見ると、拘禁刑で処理された暴力犯罪以外の犯罪はおもなものだけでも、平和・友好宣誓違反、自堕落な生活態度、不倫・みだらな関係、都市当局の命令に対する不服従、親方に対する反抗的態度（ボイコットなど）、不法なアイヌングと多数に及んでいる。一概には言えないが、参事会の都市支配やそれを支える都市の社会秩序を侵害する犯罪が拘禁刑に処せられたように思われる。これらの犯罪においても、先に確認された男女別、市民・非市民別に拘禁刑の種類を使い分ける原則が守られている。拘禁期間はおおむね二日から一四日の間に収まっているが、個々の犯人ごとに科された拘禁期間は様々であり、犯罪の種類ごとに共通する傾向を見出すことは困難である。ただ、二〜四週間の拘禁刑が多く科された傷害事件と比較すれば、これらの犯罪の拘禁期間は短いと言える。したがって傷害事件は、他の軽犯罪と同様に五者委員会で裁かれる犯罪であったが、それらの中では厳しく処罰される犯罪であった。

第二章の表4で示したように、都市追放刑も多様な犯罪に科された。『アハト・都市追放・刑罰帳(一三八一〜一四〇三年)』に見られる暴力以外の犯罪では、窃盗、賭博、不法なアイヌング、先買い・買占め、偽造貨幣の使用、悪評がおもなものである。悪評とは、いかがわしい人間関係や窃盗など悪しき評判の立った者が、評判だけに基づいて追放刑に処せられることである。以上であげた犯罪の中で最も厳しく処罰されたのが窃盗である。ほとんどが永久か一〇年/五〜八マイルの追放刑に処せられた。殺人とほぼ同じ扱いである。また、殺人と窃盗の処理においては、強制的な追放刑だけではなく、本書第一章で触れた自己退去も見られる。ニュルンベルクにおいては一五世紀末まで少数ながら自己退去が行われていた[37]。『アハト・都市追放・刑罰帳(一三八一〜一四〇三年)』を見ると、自己退去は様々な犯罪に下されていることが分かるが、多くは窃盗か殺人であった。殺人犯は永久/八マイルの自己退去宣誓をしたうえで、宣誓を破って戻ってきた場合、裁判なしで斬首刑とされ、窃盗犯は一〇年/八マイルあるいは永久/八マイルの自己退去宣誓をしたうえで、同様に斬首刑か絞首刑とされた。すでに述べたように、自己退去には恩赦的な性格があるので、犯人は本来ならば、自己退去宣誓を破った際に受ける刑罰、すなわち斬首刑か絞首刑に処されるはずのところを、参事会の仲裁により、被害者や遺族と和解したうえで自己退去を宣誓したと考えられる。このように紛争解決における当事者主義の存続が認められるのである。

その他の犯罪における追放刑を見てみると、悪評には五年/五マイルの追放刑が科される場合が多く、偽造貨幣の使用には五年/五〜一〇マイルあるいは永久/二〇マイル、不法なアイヌングには一年/五マイルから一〇年/五マイルの追放刑が科されている。不法なアイヌングは Haderbuch においては短期間の拘禁刑によって処理されているが、同じ種類の犯罪において刑罰にこのような大きな開きがある理由は分からない。なお、賭博と先買い・買占めに対する追放刑に関しては、本書ですでに述べたとおりである（前者に関しては第一章第一節、後者に関しては本章注(36)）。

4　公的刑法の浸透

このように、一部において自己退去の存続が認められるものの、すでに述べたように、一四世紀の過程において強制追放の数は自己退去のそれを逆転し、『アハト・都市追放・刑罰帳（一三八一～一四〇三年）』においては大幅に上回っていた。

また、Haderbuch に記録されている暴力事件と侮辱事件も、ほとんどが拘禁刑による刑事罰によって処理されている。それは、半数以上が刑事罰ではなく、紛争当事者の和解によって処理されていたチューリヒと大きく異なる。第四章で述べるように、Haderbuch には加害者と被害者の間で交わされた和解に関する宣誓が多数記録されているが、そのような場合でも加害者は拘禁刑を主とした参事会の公刑罰を基本的に免れていない。したがって、一五世紀前半においてすでにニュルンベルク参事会は、都市住民の間で起こる日常的な紛争に対して刑法的処罰の原則による介入を強めていたと言える。

しかし、夫婦間紛争の処理の一部は数少ない例外をなしていた。ニュルンベルク参事会は、家族内の紛争を公的刑法によって処理することをある程度抑制していたようだ。そこで以下では、家族内の紛争に関するニュルンベルク参事会の対応について見てみよう。

シュースターの見解によれば、中世後期のコンスタンツ都市参事会は家族内の犯罪を処罰することに関して目立って抑制的であった。[38]その理由は参事会による家父長権への配慮にあった。また、家父長権への配慮とともに、公的刑法は「私的」な家族内紛争を適切に解決できないという考えが中世後期のコンスタンツ参事会には、ひろまっていたとも言う。同様のことは中世後期のニュルンベルクに関してもある程度当てはまるであろう。ニュルンベルク参事会は、特に夫婦間の紛争に関して、しばしば刑罰を言い渡すことなく、夫婦間に和解を成立させることに努めた。例えば一四三二年にH・フクス(Fuchs)は、彼の妻との紛争を終結させるために、「誠実な夫が妻に対して邪でなく、妻から何も奪わず、さらに妻が望む場合を除いて妻に過度の重荷を背負わせないがごとく、彼〔フクス〕の妻に対して以後誠実であること」を宣誓しなければならなかったが、参事会による刑罰は科されていない。[39]また、同じ年に肉屋のハインツ・ポップ(Heinz Popp)は、妻に対する暴力事件に関して「彼の妻に対して以後誠実かつ平和的に振る舞い、もはや暴力や悪行を働かないことを」宣誓したが、やはり刑罰は科されていない。[40]さらに、一四四〇年にフリッツ・フューゲル(Fritz Fügel)とその妻が各々の不倫関係により不和となり、相互に相手を訴えた際に、参事会は両者を処罰することはせず、まずフューゲルに対して「彼の妻と以後邪心なく友愛をもって営むことを(mit seinen eeweib fürbaß niht args noch unfrewntlichs zu schicken zu haben)」宣誓させ、次に彼の妻に「同様にまたフューゲルに対して彼女の誠実を(desgleiche gen im widerumb ir trew)」誓わしめ、そして最後に「誠実な夫婦がそうであるがごとく、以後友愛をもってともに営むよう(füebaß friedrich mit einander zu leben, als frome eelewte zustee)」フューゲルとその妻に戒告するにとどめている。[41]以上の三例においていずれも参事会は処罰をともなう判決を言い渡していない。参事会は刑罰を科すことではなく、争う夫婦の間に和解と合意を成立させることを優先したのである。

以上の例は、参事会の目的が公的刑法の原則よりも、夫婦関係を再び安定させることにあったことを示している。公刑罰は「私的」な家族内紛争を必ずしも適切に解決できないという考えが中世後期のニュルンベルク参事会にもひろまっていたのであろう。しかし、夫婦間の和解と合意のみに基づく方法が失敗に終わると、次の段階で参事会は公刑罰を用いた。例えば、ニュルンベルクの針金工ウルリヒ・ヴィルデ(Vlrich Wilde)が妻と不和になった際、まずニュルンベルク参事会は彼に対して妻に対する誠実を宣誓させた。すなわち「彼は参事会員の前で〔妻に対する〕彼の誠実を宣誓し、彼の妻との平和を望んだ(er dem frager sein trew gab, er wolt frid haben mit seinem weyb)」。しかし、参事会の仲裁は結局失敗に終わった。なぜなら、一三九二年にヴィルデは先の誠実宣誓を破り、「妻を教会の墓地で刺殺した(stach sie uff dem kirchof)」からである。そこで参事会は、彼に対して永久／八マイルの都市追放刑を言い渡した。(42)

Haderbuch からは、以上のような仲裁から公刑罰にいたる過程を知ることはできない。しかし、Haderbuch にはニュルンベルク参事会が家族内の暴力を公刑罰によって処理した事例を多数見ることができる。例えば一四三三年にドロッカウアー(Drockawer)は「彼の妻を殴打した(er seine weib geslagen hett)」廉で四日間の塔拘禁刑に服することを宣誓している。(43) また、一四三四年にゼバルト・エプナー(Sebald Ebner)は「彼の妻を乱暴に扱い、彼女に大いに非行を働いた廉(vmb seine grobe verhandlung vnd vntzucht an seine weib)」で「〔妻に対する〕友愛を誓い、さらに四週間の塔拘禁刑(うち三週間は恩赦されず、一週間は恩赦されるうる)に服することを」宣誓している。(44) この場合参事会は、刑事罰を科す他に二人を和解させることも忘れていない。さらに、一四三三年にフリッツ・シュヴァルツ(Fritz Swartz)は、恐らく彼の下女との関係を妻に咎められたのであろう、その際に「罪のない妻を不当にかつ酷く殴打した廉(von vnsawben groben slahe, daz er seine weib vnverschuldet getan hett)」で、九日間の塔拘禁刑に服することを誓い、さらに参事会により妻に償いをすることを命じられている。(45) シュヴァルツの件は、参事会がシュヴァルツの暴力を「罪のない」妻に対する「不当」な殴打と特に指摘していることから、参事会の公的刑法が家内部に介入する指標をおぼろげながら示している。以上の諸事例が示すように、ニュルンベルク参事会は一五世紀前半には、夫婦間の暴力にも公刑罰によって介入する場合があった。(46) ヘンゼルマイヤーは、参事会が夫婦間暴力への介入を抑制したことを強調するが、(47) Haderbuchを見渡せば、抑制はむしろ部分的であったという印象が得られる。参事会は、家父長の暴力的な社会的コントロールの限界、すなわち夫による妻の虐待を指摘し、公刑罰による家内部への介入を強めたのである。

第二節　刑罰適用の特徴

1　再犯者の取扱い

こうした公的刑法の浸透は、しかしながら、中世後期ニュルンベルクの都市裁判所の機能が暴力行為(行為者)の刑罰による排除であったことを必ずしも意味しない。このことを端的に示しているのが都市当局による再犯者の取扱いである。例えば刷毛工親方ライン(Larein)は一四三二年に他の刷毛工の夫人に暴行を働いたことより、二日間の塔拘禁刑に処せられているが、(48) 再び同じ年にある聖職者の世話をしていた女性に暴行を働き、三日間の塔拘禁刑に処せられている。(49) しかし、ラインの犯罪歴はこれで終わらなかった。三たび同じ年に今度は彼の下で働いていた職人に暴行を働き、そのことにより恩赦なく二日間の塔拘禁刑に処せられている。(50) このように刷毛工親方ラインはわずか一年のうちに三度も暴力事件を起こしているのだが、そのことによってラインに対する刑罰は重くならなかった。

別のケースを見てみよう。ベルト工親方のニクラス・ガルバー(Niclas Garber)は一四三二年に四度、翌三三年にも一度被告人として法廷に立たされている。最初はある職人を泥棒呼ばわりした廉で四日間の塔拘禁刑に[51]、次に「まじめな手工業者に乱暴をした」廉で二日間の塔拘禁刑に[52]、続いて他の二人とともに争いを起こして八日間塔に拘禁され[53]、さらに、ある無実の職人を泥棒と偽って告発し、そのうえ、裁判でそれを誣告と認めなかったために、再び六日間の塔拘禁刑に処せられ[54]、三三年になると今度は「ガルバーに金を貸していた者が彼に金を返すよう要求しにきた際、ガルバーはその者をガルバーの家において殴った」廉で六日間の塔拘禁刑に処せられている[55]。ただし刑の執行は、恐らくガルバーの参事会に対する請願が認められて、「ガルバーがフランクフルトから〔ニュルンベルクに〕帰ってきてから八日後に」延期された[56]。すなわち、ガルバーは、仕事のために数日のうちにフランクフルトへ旅行せねばならず、そのため彼は、刑の執行を延期するよう参事会に請願し、参事会は彼の請願を認めたのである。以上のことは、参事会が、ほとんど常習的な暴力犯であるガルバーに対して刑の執行に関して自らと交渉する余地を認めており、また、ガルバーは短期間にこれだけ頻繁に罪を犯し、処罰されたにもかかわらず、名誉や信用など営業を遂行するために必要な社会的条件をまだ失っていなかったことを示している。したがって、下級裁判で取り扱われるような暴力行為は、何度犯されても道徳的に問題とされず、また、そのような犯罪に対して科された拘禁刑も犯人の社会的排除を招来しなかったのである。むしろ逆に、ニュルンベルク参事会は、刑を執行する際にガルバーの生業に対して配慮を示したように、犯人の社会関係に気を配ったのである。

ニュルンベルク参事会のこのような日常的暴力に対する許容度の高さは、上記の二人のような市民権を持つ親方に対してのみならず、市民権を持たない下層民に対しても示された。以下で述べるニュルンベルクの刑吏ポルツ・ディーテル(Poltz Dytel)をめぐる一連の事件がその例である。まず、ディーテルは一四三二年に被害者として現れる。すなわち「鎖帷子鍛冶のハンス・ツィールは、八日間の閉じられた独房における拘禁刑に服することを宣誓した。なぜなら、彼は刑吏のディーテルに暴力を振るい、ディーテルの〔平和〕命令を守らなかったからである」[57]。また同じ年に「石切工のH・フライエンシュタインは三日間の塔拘禁刑に服することを宣誓した。なぜなら、刑吏のディーテルに暴力を振るったからだ」[58]。続いて一四三三年にディーテルはプフェルト・ヴァルタフ(Pferd Walthaw)とともに居酒屋で相互に暴力を振るいあった廉により、刑吏のディーテルは二日間の地下牢獄刑に服することを宣誓し、プフェルト・ヴァルタフは四日間の塔拘禁刑に服することを宣誓している[59]。同じ年にディーテルは今度は、同僚である刑吏のパウルス(Pauls)とともにユング・ホフマン(Jung Hofmann)の妻に暴行を加え、パウルスは職を罷免され、さらに四日間地下牢獄に拘禁されたが、ディーテルは、二日間地下牢獄に拘禁されるだけですんでいる[60]。さらに同じ年にディーテルはまたもや同僚とともに罪を犯す。すなわち「刑吏のディーテルは、四日以内に恩赦なく、三週間の地下牢獄刑に服することを宣誓した。……〔なぜなら〕彼は、同じく刑吏であるパウルス・ヴァイラーとともに、ニュルンベルクのキリスト教女性と罪深く交わっていた〔ニュルンベルク近郊の〕ヴェールトに住むユダヤ人から金を密かに巻き上げ、金を巻き上げたことを秘匿・隠蔽していたからだ、……」[61]。ユダヤ教徒とキリスト教徒が性的関係を持つことはその当時厳しく処罰されるべき行為であり、ディーテルはそこにつけ込んでユダヤ人から金を脅し取り、それを密かに着服したのである。この段階にいたってもニュルンベルク参事会はディーテルを罷免しようとしなかった。参事会は彼の生計の維持に配慮していたのであり、その点においてディーテルを共同体から排除するのではなく、統合しようとしていた。したがって、この段階までの三回にわたる投獄はディーテルの人生にさして大きな影響を与えなかったように見える[62]。

2　相互的・交渉的性格

中世後期のニュルンベルクにおいては、裁判は、上から高権的に訴えに裁定を下す形式であったが、その裁定の実効は当事者の宣誓を前提としていた。Haderbuchを見ると、被告人は、刑罰や裁定が五者委員会や参事会により下されると、五者委員会や参事会に対してそれらの履行を宣誓する(promitto)ことになっていた。すなわち刑罰の実効は、原理的には被告人の宣誓によってそのつど保証されていたのであり、この点に当時の公的刑法の相互的な性格を見ることができる。もっとも、すでに見たように、被告人が参事会や五者委員会の裁定に不服でそれに対して暴力や言葉で反抗した場合、拘禁期間は二倍にされたので、被告人は圧力を感じたのであろう。したがって、裁定が実際的な意味を持たなかったわけでは全くない。

いずれにせよ、刑罰の実効性が形式的に被告人の宣誓に拠っていたことは、刑罰が下された後でその実施をめぐって、被告人が都市当局と交渉する余地を与えたと考えられる。例えば、上記のニクラス・ガルバーは、拘禁刑の判決が下された後、参事会に請願して刑に入る時期をめぐって参事会と交渉をすることができた。このような場合、判決は紛争解決過程の終局を必ずしも意味しなかった。交渉において参事会は犯人の個人的事情を考慮した。被拘禁者が商人や手工業親方であった場合、参事会は刑の執行を、彼らの次の商業旅行が終了するまで延期することがしばしばあった。こうした交渉過程において、犯人が有利な条件を引き出すために、八方手を尽くしていることがよく分かる事例として、次のようなものがある。一四三八年に「パングラッツ・イムホーフが、彼に対して二年前に科され、その際彼が宣誓した刑を未だに果たしていないことが参事会に報告された」[63]際に、参事会は彼を召喚し、彼に弁明を求めた。まずイムホーフは五者委員会に現れ、その刑に未だに服していないことを認めた。しかし、彼はここで代理人を立てることを要求し、参事会もこの要求を認めた。イムホーフの代理人が参事会に現れ、そこでイムホーフの弁明書を読み上げたが、参事会員を納得させるにはいたらなかった。この弁明書の内容は分からないが、以下の展開から考えて、イムホーフはこの時点ではまだ刑の減免を求めていたようだ。しかしそれはかなわずと見て、次に彼は自ら直接、ある古参の参事会員に対して「この二年来、彼を迷わせた多くのこと(vil sache, die in seid daran geirrt hette)」について語り、以前に科された刑を、彼が完全に履行できるときに完全に履行することを約束した。しかし、それでも参事会の態度は硬く、イムホーフに対して二年前に下された刑の二倍の拘禁期間の刑を命じた。彼はさらに交渉し、最終的に「彼は、次のフランクフルトの四旬節大市が終わるまで刑の執行が延期されるよう請願した。その請願は認められたので、彼は参事会において、次のフランクフルトの四旬節大市からニュルンベルクに戻ってきた後八日以内にその刑を引き延ばすことなく果たすことを宣誓した」[64]ということになった。イムホーフ家はニュルンベルクの大商人家であり、当時の新興門閥であった。以上の交渉における参事会の態度には、交渉相手が都市門閥であろうと追加のペナルティーを科すという、刑の執行に対する参事会の厳格さと、その一方でパングラッツ・イムホーフの事業に支障を生じさせまいとする参事会の柔軟さの両方が示されている。また別の個人的事情が考慮された事例としては、一四三六年にヴィルヘルム・シュネート(Wilhelm Snöd)はウルリヒ・シュタルク(Ulrich Stark)に対する誹謗・中傷の罪で、恩赦なしの一四日間の塔拘禁刑に処せられたが、参事会に請願して、「間近に迫った彼の姪の結婚式が終了するまで(nach seinr swester tochter hochzeit, die kürzlich seyn werde)」刑の執行を延期してもらっている。[65]

このように参事会には、被告人と交渉し、被告人の個人的事情に理解を示す用意があった。刑の執行を延期された者の中には、奉公人や外国人、女性も含まれていたので、執行延期は被告人の地位や身分に関わらず、上で示したような個人的事情の妥当性に基づいて認められていたようだ。しかし、残念ながら、個人的事情の内容まで分かるような事例は少ない。一四三二年と一四三三年の二年間に執行延期を受けた被拘禁者の数は一三〇名であり、これは、Haderbuch に記載されている同期間中の全被拘禁者の五人に一人に相当する。延期期間はおおむね八日間か一四日間であった。すなわち被告人は、延期を認められた場合、拘禁刑の判決を受けた後、八日か一四日以内に獄に入らねばならなかった。

しかし、この猶予期間には参事会との再交渉によって、さらに延長される余地があった。例えば一四三三年に、毛皮加工親方のペーター・プリュンスター（Peter Prünster）は、「廷吏とともに彼に金銭〔借金の返還〕を要求してきたある娘に対して乱暴な言葉で振る舞ったために（von verhandlung mit worte gen einr tochter, die mit gerichtsbotte gelt an im fordern）」、八日間の執行延期付きの二日間の塔拘禁刑を命じられた。しかし、プリュンスターは重要な商用旅行に出なければならず、たった二日間の拘禁刑のさらなる執行延期を求めて参事会と再交渉した。その交渉は成功し、その結果執行延期期間は、イースターの後、「彼がトリエントから帰ってきた次の日まで（vuntz er ein nehsten von Tryent kombt）」延長された。(66)

以上のようなニュルンベルク参事会の柔軟な対応、犯人との交渉の用意は、しかしながら、参事会が自ら科した刑の執行に関して厳格でなかったことを意味しない。すなわち、すでにパングラッツ・イムホーフの例で見たように、参事会は執行の延期に関しては寛大であったものの、刑罰を逃れようとする者に対しては厳しく臨んだ。犯人が判決で設定された期限内に刑を果たさなければ、犯人を召喚し、新たな刑を追加的に科した事例がいくつか見られる。例えば一四三二年九月一三日にフォルムバッハのハンス・シュヴェール（Hans Swer von Formbach）という外国人が、ワイン広場での乱暴狼藉のために四日間の地下牢獄刑を言い渡された。しかし、彼は何か説得的な理由に基づいて刑の執行延期を願い出たのであろう、参事会はその請願を認め、彼は「聖ミヒャエルの日〔九月二九日〕までに（hiezwische michahel）」刑に服せばよいことになった。(67) しかし、彼はその期日までに現れず、その結果追加の拘禁刑を受けるはめに陥った。すなわち「フォルムバッハのハンス・シュヴェールは、彼に科された地下牢獄刑を、彼が宣誓していた（期日の）とおりに果たさなかった。彼は聖マルティンの日（一一月一一日）の後、はじめて地下牢獄刑に服した。それで彼は、弁明を求められた後、すでに科されていた四日間の拘禁期間に加えて、さらに四日間の地下牢獄刑に服することになった」[68]。また一四三八年にも同様の事例が見られる。「ヘバーリンクは、参事会が以前に彼に科し、彼が宣誓した処罰に未だ服していないがゆえに、参事会に召喚され、弁明を求められた。ヘバーリンクが弁明した後、彼に対してさらに八日間の拘禁刑が追加された。そして彼はこの刑に次の日曜日までの間に入り、追加された刑と目下の刑を完全に果たすことを宣誓した」[69]。

このような事例を見れば、ニュルンベルク参事会が自ら科した刑の執行に関して厳格な態度で臨んでいたことは明らかであろう[70]。しかし同じ事例から、参事会には刑に服す時期に関して交渉の用意があったこともまた読み取れる。既述のシュヴェールとヘバーリンクは刑に服すことが遅れたことに関して参事会において弁明を求められているが、このことは、彼らが、参事会において刑に服すことの遅れた理由を説得的に述べることを義務づけられていたと同時に、そのような機会を享受していたこともまた示している。

おわりに

本章をまとめれば、以下のようになるであろう。一五世紀前半のニュルンベルクにおいて、威嚇・挑発行為としての「ナイフを抜く」は罰金刑によって、傷害をともなわない軽微な身体的暴力や中程度の傷害事件、言葉の暴力は大多数が拘禁刑によって処理されていた。すなわちニュルンベルクでは、一四世紀末のチューリヒと異なり、暴力事件は侮辱であれ、軽微なものであれ、公刑罰による処理の対象となっていたのである。また、一五世紀中葉の都市コンスタンツとも異なり、ニュルンベルク参事会は、家族内の暴力紛争に対してもおおむね公刑罰によって介入していた。したがって、参事会の公的刑法は、紛争解決のための社会的コントロールとしての暴力を構成要素とする「紛争文化」の社会にも広く浸透していたと言える。参事会が、このように社会的コントロールの機関として積極的に活動できた制度上の理由には、第一章で述べた五者委員会や治安役人の整備の他に、多様な拘禁刑の発達があげられるだろう。軽〜中程度の暴力に対して生命刑・身体刑の苦痛刑を適用することは、明らかに均衡を欠き、それならば罰金刑を科すとしても、貧しい住民は罰金を払えないであろう。また都市追放刑は、被追放者の家族、ひいては都市にとって長期にわたる貴重な労働力の損失となる。それに対して、拘禁刑の利便性は高かった。参事会は、犯人の法的身分や性、犯罪状況に応じて様々な種類や期間の拘禁刑を科したのである(71)。

しかし、こうした刑罰による暴力の規制は、暴力とそれを振るう都市住民を共同体から排除しようとするものではなかった。なぜなら、第一にニュルンベルク参事会は、市民と非市民との間で拘禁期間を調整することによって、形式的に存在した「複線的」刑法を刑罰の実質的なレヴェルにおいて、大幅に解消しようとしたからである。したがって参事会には、公刑罰を通じて非市民や下層民などの特定の集団や個人を周縁化しようとする意図はなかったのである。第二に参事会の公刑罰の意図は、暴力を振るう都市住民のモラルの改善、すなわちモラル化ではなかったからである。ほとんど常習的な暴力犯でさえ、繰り返される暴力行為によっても、それに対する刑罰によってもその名誉や信用を失うことはなかった。以上の二点より、ニュルンベルク参事会は、日常的で慣習的に繰り返される住民の暴力に対しては、公刑罰による処罰の原則を明確に打ち立てつつも、比較的寛容に振る舞っていたのである。

このように一五世紀前半のニュルンベルク参事会は、原則として公的刑法という形式において住民の暴力の規制をめざした。しかし、都市当局によって上から下された判決は、その実効において被告人の宣誓を前提としていた。ここから、判決が下された後でその実施をめぐって、被告人が都市当局と交渉する余地が生じたと考えられる。参事会や五者委員会は、拘禁刑の執行延期期間について被告人と何度も交渉し、被告人の要望に柔軟に応えようとした。以上の点に当時のニュルンベルク刑法における交渉的性格を指摘することができる。

　こうして、ニュルンベルクの公的刑法における都市当局と被告人(加害者)の相互関係が明らかとなったが、相互関係はこの二者の間にとどまらない。そこで次章では、それに被害者やさらには加害者と被害者それぞれの共属集団を加え、公的刑法を通じた社会的コントロールの統合的なシステムを検討したい。

(1) Eberhard Isenmann, Die deutsche Stadt im Spätmittelalter: 1250-1500, Stuttgart 1988, S. 76.
(2) Ebd., S. 75.
(3) Burghartz, Disziplinierung oder Konfliktsregelung?
(4) Schultheiß, Satzungsbücher und Satzungen der Reichsstadt Nürnberg aus dem 14. Jahrhundert に収録された諸法令を指す。
(5) Henselmeyer, Ratsherren und andere Delinquenten, S. 33.
(6) Schwerhoff, Köln im Kreuzverhör, S. 125f.
(7) Dülmen, Theater des Schreckens, S. 8.
(8) エルンスト・シューベルト著、藤代幸一訳『名もなき中世人の日常——娯楽と刑罰のはざまで』(中世ヨーロッパ万華鏡Ⅲ)八坂書房、二〇〇五年、二六六〜二七〇頁。
(9) Henselmeyer, Alltagskriminalität und ratsherrliche Gewalt, S. 46f.
(10) AStB. 196, fol. 34v.
(11) Ebd., fol. 43r.

(12) Henselmeyer, Alltagskriminalität und ratsherrliche Gewalt, S. 53.
(13) Ebd., S. 53.
(14) Ebd., S. 54.
(15) Ebd., S. 54.
(16) AStB. 196, fol. 37r.
(17) Ebd., fol. 44r-v.
(18) Ebd., fol. 63v-64r.
(19) 〈von untzuchtige wort wegen die er im rat rede vmb die lewtrug vnd vrteil die der rat gesprach hett.〉Ebd., fol. 38r.
(20) 〈Vlrich Ringman promisit iii tag vnd nacht ins loch, von vntzucht nachts gen den nachtwachern in Vlrich von Stadeln hawse, die vorgenannten puss ward im do gezwifacht von frefler wort wegen, die er vor der ratstube redt.〉Ebd., fol. 15r.
(21) Henselmeyer, Alltagskriminalität und ratsherrliche Gewalt, S. 58f.
(22) AStB. 196, fol. 20r.
(23) Ebd., fol. 30v.
(24) Ebd., fol. 25r.
(25) 一五世紀後半の過程で、ニュルンベルク参事会は方針を変え、拘禁刑の罰金刑への転換を認めるようになる。Vgl. Henselmeyer, Ratsherren und andere Delinquenten, S. 57.
(26) Schultheiß, Die Acht-, Verbots-und Fehdebücher Nürnbergs von 1285–1400, Nr. 992, 1005.
(27) Ebd., Nr. 1000, 1004.
(28) もとより、『ダイクスラー年代記』などの記述から明らかなように、中世後期のニュルンベルク参事会は殺人犯に対して斬首刑・絞首刑をはじめとする様々な死刑も科した。
(29) Schultheiß, Die Acht-, Verbots-und Fehdebücher Nürnbergs von 1285–1400, Nr. 895.
(30) Ebd., Nr. 894.
(31) Ebd., Nr. 895.

(32) Henselmeyer, Ratsherren und andere Delinquenten, S. 128.

(33) Schultheiß, Satzungsbücher und Satzungen der Reichsstadt Nürnberg aus dem 14. Jahrhundert, S. 278f.

(34) Henselmeyer, Ratsherren und andere Delinquenten, S. 129.

(35) Ebd., S. 129f.

(36) ここで一定の範囲を超えるということは、前記の条令によれば、週に二度先買い・買占めを行った場合である。その場合、一年／五マイルの都市追放刑が科された。また『アハト・都市追放・刑罰帳（一三八一～一四〇三年）』を見ると、現に週二度の先買い・買占めにより一七名が半年～一年／一～五マイルの追放刑に処せられている。

(37) Schultheiß, Die Acht-, Verbots-und Fehdebücher Nürnbergs von 1285-1400, S. 67＊.

(38) Schuster, Eine Stadt vor Gericht, S. 159f.

(39) 〈iuravit sein eeweib fürbas redlich zu halte als ein fromer man keins argen zu gewarte und ir nichts abtzunöthen noch überlass zu tun denn mit ire wille〉 AStB. 196, fol. 4r.

(40) 〈iuravit sein weib fürbas redlich und friedlich zu halte und ir kein gewalt noch freuelmer zu tun.〉 Ebd., fol. 11r.

(41) Ebd., fol. 58v-59r.

(42) Schultheiß, Die Acht-, Verbots-und Fehdebücher Nürnbergs von 1285-1400, Nr. 964. ところで、このような公刑罰をともなわない参事会の仲裁が失敗し、その結果公刑罰にいたる過程をニュルンベルクにおける事例だけから、十分に知ることはできない。そこでコンスタンツ市の事例から、参事会の仲裁の試みと最終的に刑事罰の導入にいたった状況を見てみよう。「私の妻と私の間に敵意と不和が生じ、増大したために」、一四四五年にディーテルムは、コンスタンツ都市参事会の意向に基づく聖パウロ教会の二人の司祭とツンフト親方による仲裁を受け入れねばならなくなった。仲裁の内容は証書に記されており、それによればディーテルムは次のように約束している。すなわち「私〔ディーテルム〕は私の妻を再び私に受け入れ、全てに関して友好的かつ平和的に振る舞う」。そしてこの約束を破った場合にディーテルムは妻に二〇ポンド・コンスタンツ・ペニヒと一八ライン・グルデンの違約金の他に、「彼女〔妻〕の所有に帰するものを何の損害・妨害なく」与え、さらに妻がディーテルムに与えた家財道具その他を妻に返さねばならなかった。この仲裁は、上述したようにコンスタンツ参事会の意向に基づくものであり、したがって、ディーテルムが刑事罰を免れるために服さねばならなかったコンスタンツ参事会の要求を示していると言える。しかし、この仲裁は失敗に終わった。すなわち、二人が再び一緒に暮らしはじめて数日も経たないうちに、ディーテルムの妻はディーテルムの家の地下室で死体となって発見された。妻は梯子から落ちて、じめじめした地下室で水死した、というディーテルムの言い分は説得力に欠けていた。結局彼は謀殺の廉で車裂き刑に処せられた。Vgl. Schuster, Eine Stadt vor Gericht, S. 163.

(43) AStB. 196, fol. 27r.

(44) Ebd., fol. 35r.

(45) Ebd., fol. 19r.

(46) 山本氏は領邦都市ランツフートに関して、若曽根氏はレーゲンスブルクに関して、筆者と同じ見解を示している。山本「南ドイツのウーアフェーデ(Urfede)にみる中世都市社会の変容」、若曽根「暴力とその法的処理」を参照。

(47) Henselmeyer, Ratsherren und andere Delinquenten, S. 93-95.

(48) AStB. 196, fol. 4v.

(49) Ebd., fol. 5r.

(50) Ebd., fol. 13r.

(51) Ebd., fol. 4v.

(52) Ebd., fol. 8r.

(53) Ebd., fol. 9r.

(54) Ebd., fol. 15r-v.

(55) 〈er ein, dem er schuld was, in seine haws geslagen hett, do er sein gelt vordert〉 Ebd., fol. 27r.

(56) 〈frist viii tag nach dem als er yetzt von Frankfurt herhein kombt.〉 Ebd., fol. 27r.

(57) 〈Hanns Zirl sarwirte promisit viii tag in eine versperrte kemerlin zu seyn, von handlung den Dytel puttel und von niht haltung vordrer wort, die im gesagt ware.〉 Ebd., fol. 7r.

(58) 〈H. Freyenstein steynmetz promisit iii tag sup trum von verhandlung gen Dytel püttel.〉 Ebd., fol. 8r.

(59) Ebd., fol. 17v.

(60) Ebd., fol. 27v.

(61) 〈Dytel püttel promisit iii woche im loch in einer prisawn zu sein, alsbald die vier tag yetzt angeen on gnade, …

darumb daz er und der Pauls Weiler, er püttel was, eine juden von Werde, der zu einr christein hie sündlich gange was, gelt hellich abgenome und das verswigen und untergedrückt hett, ...〉 Ebd., fol. 30r.

(62) しかし彼は一四三五年に、犯罪事実については分からないが、またもや何らかの罪を犯して投獄され、今回はそれだけでなくついに職も罷免された。このことによって大いに悲観したためか、投獄中に自ら命を絶ってしまった。Vgl. Sander, Die reichsstädtische Haushaltung Nürnbergs, S. 664.

(63) 〈Dem rate ward fürbracht wie Pangratz Imhof sein puss, die im vor zweye jare aufgesetzt ward und er do gelobt hett, noch niht vollbracht hett〉 AStB. 196, fol. 49r.

(64) 〈Also bat er aber vmb ein frist vntz nach der nechste frankfurter Vastenmesse, die ward im gegebe, also daz er im rat gelobt hat, daz er in den nehste viii tage alsbald er awß der yetzige frankfurter vastemesse herheyn kombt〉 Ebd., fol. 49r.

(65) Ebd., fol. 39r.

(66) Ebd., fol. 17r.

(67) Ebd., fol. 12r.

(68) 〈Hans Swer von Formbach hett die puß, die im ins loch gesetzt was, nicht gehalte, als er gelobt hett, und stellet sich still nach Martin erst ins loch, und nach dem als er zu red gesetzt ward, wurd im noch iiii tag zu den vordern iiii tagen zu gebe lenger in loch zu seyn.〉 Ebd., fol. 15r.

(69) 〈Der Heberling kam für, wie er die puß die im der rat vor aufgesetzt und er gelobt hett, noch nicht hett vollbracht. darub ward er für rat besandt und zu red gesatzt und nach seinr antwurt, die er tet, wurd im viii tag zu der vordern puß zugegbe, promisit hiezwisch des nehst sunntags in die puß zu trette und die vordern und yetzige puß zu vollbringen.〉 Ebd., fol. 45r. さらに、一四三五年には「ヘルマン・マンリートは、彼に科された刑に服することを誓い、さらに彼に対して定められた期限内に刑に入ることを誓ったが、彼はその宣誓に対して不従順で守らなかったために、さらに八日間長く拘禁刑に服すべし。すなわち四日間は独房で、〔残りの〕四日間は塔で〔拘禁されるべし〕……」〈Herman Mannried promisit vordern puss, die im gesetzt ware und er vor gelobt hett, zu halte in massen als sie im gesetzt geweß sein und umb sein ungehorsam und niht haltung viii tag lenger in der puss yu sein, des sülle nemlich iiii tag auch im kemerlin und iiii tag

sust auf dem turn seyn...〉とある。Ebd., fol. 38r.

(70)　ニュルンベルク参事会は罰金刑を宣告された被告人に対して罰金を速やかに払うことを強く要求し、そのためにしばしば強制手段を用いた。例えば一四三四年には真鍮鍛冶屋のリーンハルト・ホイス(Lienhard Hewß)は、ナイフを抜いたことに関して参事会に対して五ポンドの罰金を支払うことを宣誓し、さらに暴行に関して一四日以内に塔に入り、そこにおいて三週間拘禁されることを誓った(八日間分は恩赦の対象となる)。ただし、彼は五ポンドの罰金を支払うまで、刑期を終えたとしても塔から出られないことも誓わなければならなかった。Ebd., fol. 35v-36r.

(71)　ハンス・シュロッサーによれば、軽微な犯罪に対して拘禁刑を科す、洗練された刑罰システムは中世後期・近世初期の都市アウクスブルクにも見られる。Vgl. Hans Schlosser, Von der Klage zur Anklage. Spuren eines Wandels am Beispiel der Augsburger reichsstädtischen Strafpraxis, in: Dietmar Willoweit (Hg.), Die Entstehung des öffentlichen Strafrechts. Bestandsaufnahme eines europäischen Forschungsproblems (Symposien und Synthesen, Bd. 1), Köln 1999, S. 239-262.

第四章　公的刑法と都市社会

はじめに

第一章で見たように、ニュルンベルク参事会は、一四世紀から一五世紀の過程で「お上」の統治をかかげて公的刑法の強化を図った。また第三章では、公的刑法が家族内の紛争まで含めた都市住民の日常的紛争を積極的に規制しようとしていたことが明らかとなった。しかし他方で、公的刑法の強化は、暴力を振るう都市住民の排除やモラル化ではなかった。本章では、こうした特徴を持つ公的刑法が、どのようにして社会的コントロールの機能を果たしたのかという問題を検討するにあたって、本書でこれまでに明らかとなった公的刑法の発展・拡大が、紛争解決のプロセスから加害者と被害者の関与を決して排除したわけではなかったことに注目したい。すなわち、本章における以下の行論で明らかとなるが、刑罰と紛争当事者の和解の両方が紛争解決の手段として用いられたのである。ここに、紛争解決の問題が、処罰する参事会と処罰される犯人＝加害者という二者関係から、被害者を加えた三者関係へと拡大され、さらには加害者と被害者につらなる両者の共属集団が視野に入ってくる。こうして参事会の刑事裁判と都市住民の社会的コントロールとの関係、すなわち秩序形成のための統合的なシステムを問うことが可能となる。そこでまず第一節では、刑罰と和解のコンビネーションの形態を分析し、第二節では、前記の関係を成り立たせていたファクターの一つである恩赦と恩赦の請願を検討し、第三節ではもう一つのファクターである「司法の利用」と前記の関係の変容を考察する。

第一節　刑罰と和解のコンビネーション

1　刑罰、和解、Taidigung

和解は、紛争当事者の誓約によってもたらされた。Haderbuchには、紛争当事者が裁判において互いに「友好を誓う(juravit frewndschaft)」事例が多数見られる。例えば、一四四〇年に夜警のフリッツ・レーゲンフース(Fritz Regenfuß)と金細工師のゼバルト、ヴィルヘルム・グローラント(Sebald, Wilhelm Groland)兄弟が、ある夜に暴力事件を起こした際、参事会はまず「彼らに対して友好を誓わせ(man sie frewndschaft geloben liess)」、その後刑罰を言い渡した。(1)この裁判において、参事会がまず紛争当事者の友好宣誓を確保し、その後刑事罰を確定したことは、参事会が紛争解決と都市平和回復の手段として、刑事罰とともに、当事者の和解も重視していたことを示している。

この参事会の姿勢は、友好関係の成立を理由に参事会が刑罰の要求を取り下げるケースにおいていっそう明確となる。このようなケースはあまり多くは見られないが、例えば一四四〇年にトーマス、イェルク・シュトローレンフェルザー(Thomas, Jörg Strolenfellser)兄弟とヤーコブ・ショッパー(Jacob Schopper)が罵り合い、さらには殴り合いの喧嘩をし、その後この紛争の解決を参事会での裁判に委ねた際、参事会は彼らを取り調べ、最終的に彼らに相互に友好を誓うことを要求した。この裁判において、参事会は一切の刑事罰を科さず、紛争当事者の友好宣誓のみによって紛争を解決しようとした。なぜなら、参事会は「より良い将来の友好のために、当事者を処罰しない(umb besser künftiger frewndschafft willen, daz man kein teil straffet)」と決定したからである。[2] 参事会は、この紛争を仲裁するためには、紛争当事者を処罰することはかえって有害であると考えたようだ。このように参事会は都市平和回復のための手段として、刑事罰を必ずしも不可欠とはみなさなかった。しかし、先にも述べたように、刑事罰をともなわない紛争解決のケースは少なく、紛争当事者の和解と刑事罰のコンビネーションが一般的であった。ただその際、参事会が当事者の和解を重視していたことは看過されてはならない。

それゆえ参事会の意図に反して、紛争当事者が友好宣誓を拒否した場合、参事会はそのような者に対して厳しい態度で臨んだ。すなわち、拘禁期間が二倍にされるか、あるいは友好を宣誓するまで出獄することが禁じられる場合もあった。一四三四年には「クーニヒシュタインは次の日曜日までの間に、名前をあげられた彼の兄弟との争いを完全に終わらせ、和解することを約した。〔そのようにすれば〕彼は次の日曜日までの間、塔に拘禁されることを免れるか、あるいは次の日曜日には塔から出ることができる。〔しかし和解がならなかった場合には〕和解がなるまで、彼は塔を出ることができない」[3]という事例が見られる。また友好宣誓違反に対しては、参事会は拘禁刑でもって威嚇した。例えば一四三二年に針金工のC・フリーデル(Fridel)は、「彼が以前に宣誓した友好を破ったために(vmb verprechung einer frewndschaft, die er vor gelobt hat)」四日間の塔拘禁刑に処せられている。[4] このような刑事罰による威嚇は、紛争当事者の和解が参事会の強力なイニシアチヴの下で成立していたことを示している。

以上で見てきた友好宣誓と和解は、しばしばTaidigungと呼ばれる加害者側と被害者側との間で結ばれる損害賠償協定によって補強された。ニュルンベルクにおけるTaidigungに関しては、グレーブナーの先行研究(5)が存在するので、まずは、それに拠って考察を進めよう。グレーブナーは、Taidigungの考察のために、Libri conservatoriiというニュルンベルク都市裁判所の債務証書集を用いている。それには一四八四年以降の債務、差し押さえ、賃貸借権、賃金、相続財産などに関する訴訟や裁判所の裁定が収められている。しかし同時に、それには非係争に関する記録も含まれている。すなわちその記録は、当事者が債務、相続財産、雇用契約、そして暴力事件とその後始末に関して「私的な」契約を結んだ際、当事者がその遵守を期して、その契約を裁判所において記録したものである。(6)暴力事件に関するものとして以下のような事例が見られる。(7)一四八五年一〇月一三日にパン屋のクンツ・ローゼンツヴァイクは、彼の息子がエンドレス・ヴァグナーなる者に危害を加えたことに関して、その治療費として一〇・五グルデンを一カ月ごとの分割払いで支払う契約を、ヴァグナーの利益代表者であるニコラウス・パウムガルトナーおよびその夫人と「平和的に、かつ友好的に(gütlich und freundlich)」結んでいる。また一四八九年六月二日には、ミヒェル・フェーデラーという者が、彼を殴り、切りつけたハンス・ヴェルフェルから九グルデンを受け取るという契約に署名している。さらに一四九〇年七月一五日には、犯人の甥と片腕を切り落とされた被害者は二七グルデンの損害賠償金を支払うことで(そのうち五グルデンはただちに、残りは分割払いで支払われる)合意している。殺人事件も見られる。すなわち一四八六年には、殺されたハインツ・フートラーの兄弟は犯人の親戚から三五グルデンの賠償金を受け取るという契約に署名している。このように加害者が被害者やその遺族に賠償金を支払うことによって両当事者が和解し、それによって暴力事件を解決する方法は、Libri conservatoriiに一四八五年から一四九八年の間に二九件見られる。

しかし、このような「私的な」契約文書からは、参事会がTaidigungにどのように関与したのか、すなわち参事会の「公的な」処置とTaidigungはどのような関係にあったのかが明らかにならない。そこでまず『ダイクスラー年代記』に描かれている事件を検討してみよう。そこには以下のような事件が見られる。

その年の聖パウロの日の水曜日〔一四九一年一月二六日〕に、ハンス・イムホーフは彼の息子ルートヴィヒのために結婚式を催した。そしてその夜に市庁舎で行われた舞踏会で乱暴な男の一群が善良な娘、バイロイトのアグネスのシュライア〔頭巾の一種〕を強く引っ張り、また引きはがした。そこで彼女はパン切りナイフを引き抜き、彼女の背後にいた男めがけて突き刺し、そしてまた彼女の前にいた別の男を突き刺した。彼女は市庁舎でその男の首筋を突き刺したのである。彼は瀕死の状態であったので、心配された。そしてアグネスは聖ゼバルドゥス教会の墓地に逃げ込んだ。そして都市警吏が彼女を追いかけた。都市警吏は友好的な言葉で彼女を説得し、彼女を〔逮捕して〕牢獄へ連れていった。そして彼女はそこに一二日間入れられた。そして彼女は都市の彼方へ五年間の追放刑の判決を言い渡された。

さて首を刺された男は一命をとりとめた。〔そこで〕彼女は彼と賠償協定を結び(taidigt)、そして彼に全ての件に関して五グルデンを支払い、そして彼女はまた裁判官と参事会員に対しても恐らく二〇グルデン以上〔の罰金を〕支払わねばならなかった。

そして彼女をここ〔ニュルンベルク〕に置いておくよう、彼女のために恩赦の請願がなされた。(8)

この事件においては当初、被害男性の死が予想された。しかし一命をとりとめたので、アグネスは被害男性に傷の治療費や賠償金などを含め五グルデンを支払い、こうして両者の間に和解が成立した。この和解を受けて、誰によってかは分からないが、彼女のために先の五年間の都市追放刑を取り消すよう恩赦の請願がなされた。参事会がこの請願を受け入れたかどうかは不明だが、受け入れた可能性が高いように思われる。なぜなら、追放刑は、紛争当事者が和解するための冷却期間として、あるいは復讐の連鎖を回避するために有用であるが、この場合すでに両者の間で和解が成立している以上、追放刑の意味も減少する。すなわち、Taidigung が結ばれることによってはじめて、追放刑が取り消される可能性が生じたのである。恩赦の請願者も恐らくこの点を計算して請願したのであろう。だとすれば、Taidigung と公的な処置は密接な関係にあったと言える。

Taidigung と公的な処置との密接な関係は、Haderbuch に記載されている以下の訴訟においてよりいっそう明確に示されている。一四三六年にハンス・エルテル(Hanns Örtel)とヘルマン・ハーゲン(Herman Hagen)は暴力事件を引き起こし、その過程で「エルテルがハーゲンに乱暴に振る舞い、ナイフを抜き、……傷を負わせたので(umb seine grobe verhandlung, messer zucke und wunte, daz er... an ihm begangen hatt)」、彼らはまず裁判において、判決を言い渡される前に、「友好を誓った(jurauert frewndschaft)」。その後判決が言い渡され、その内容は、エルテルは「〔ナイフを抜いたことに関して〕恩赦なく五ポンドの罰金を〔都市に対して〕支払い、さらに、もしハーゲンが受け取ろうとするならば、前述のハーゲンに対して〔傷の〕治療費を支払い、ハーゲンが負った傷に関して賠償金を支払わねばならない。さらにエルテルは裁判官に対する裁判手数料の支払いを命じられ、そしてさらに四週間の塔拘禁刑に処せられる。〔四週間の内訳は〕一四日間の閉じられた独房拘禁と同じく一四日間の塔拘禁である。これに関しても恩赦はない」(9)というものであった。

この引用は、治療費と賠償金の支払いを規定した Taidigung が判決に含まれていること、すなわち、判決は Taidigung と刑事罰によって構成されていたことを示している。参事会は、治療と賠償が必要な傷害が発生した場合、Taidigung を結ばせることは、紛争を解決するために不可欠と考えていた。それゆえ参事会は裁判において刑事罰のみならず Taidigung も規定したのである。したがって、先のアグネスの事件においても、彼女と被害男性とのTaidigungは、参事会のイニシアチヴによって結ばれたと考えられる。このような意味において、Taidigungはすぐれて「公的」な協定であった。

しかし、先の引用に「もしハーゲンが受け取ろうとするならば」という一文が挿入され、また判決は賠償金の額を規定していないことに注目する必要がある。参事会は賠償金を受け取るかどうかを被害者の判断に委ね、また賠償金の額に関しても紛争当事者の交渉に任せていたのである。したがってTaidigungは、このような側面においては「私的」であり、紛争当事者の自律的な紛争解決の領域に属していた。したがって参事会は、友好宣誓と公的刑罰、さらには当事者の半ば自律的なTaidigungにより、紛争を解決しようとしたのである。その際、友好宣誓と公的刑罰はTaidigungのための前提条件を整える機能を果たした。参事会にとっては、Taidigungの中味よりも、まず紛争当事者の間に友好関係を成立させ、さらに加害者に刑事罰を加えることによって被害者の傷つけられた名誉を回復させ、こうしてTaidigungのお膳立てをすることが重要であった。このように、当時のニュルンベルクの刑事裁判は当事者主義的な一面を強く保持していたのである。

このような刑事罰とTaidigungの両方を規定した裁判は、拘禁刑相当の傷害事件においてのみならず、追放刑相当の傷害事件においても見られ、このような裁判が広く普及していたことを窺わせる。『アハト・都市追放・刑罰帳（一三八一～一四〇三年）』には、傷害事件に関して被害者との和解を命令された一九人の加害者＝被追放者を確認できる。このような場合においては、追放期間を終えた後でも、被追放者は被害者とTaidigungを結び、和解しなければ、再び都市に戻ることを許されなかった。こうした裁定によって、参事会は紛争当事者による復讐の連鎖を避けようとしたのであろう。紛争当事者のTaidigungと和解は、参事会の強い要求に基づくものであった。このような判決の一例をあげれば、一三九二年に「ハインリヒ・プフランガーは、以下の罪状により三年／五マイルの追放刑に処せられた、彼は都市貴族のシュプレンガーに対してナイフを抜き、シュプレンガーをその上着ごしに刺したからだ、プフランガーは三年の後も、〔ナイフを抜いたことに関する〕五ポンドの罰金と、もしシュプレンガーが受け取ろうとするならば、シュプレンガーに対する治療費と裁判官に対する裁判手数料を支払うまで、ニュルンベルクに戻ることはできない[10]」とある。加害者が被害者に治療費を支払うという Taidigung が、加害者の帰還の条件であった。参事会は治療費とは別に賠償金・慰謝料の支払いを命じる場合もあった。賠償金・慰謝料の額は参事会によって決められることもあり、その額は大抵の場合「傷各々につき」三ポンド六〇ヘラーであったが、参事会は重度傷害や腕を切断した事件では一〇ポンドの支払いを命じている[11]。

また先に触れたグレーブナーの研究によれば、ニュルンベルク参事会は、殺人事件においても加害者とその関係者が遺族(近親者)と Taidigung を結び、和解することを認めている。ただし、全ての殺人事件において Taidigung が認められたわけではなく、謀殺(mort)ではなく、故殺(todslag)とみなされた殺人事件においてだけであった。謀殺と故殺を分ける基準は、それが名誉のからむ殺人であるか否かであった。故殺は名誉のからむ殺人とみなされる。しかし、故殺においても死刑の判決が下される場合があったので、判定の基準は流動的であり、Taidigung が認められるかどうかは、結局加害者とその関係者、遺族が裁判で行う交渉にかかっていたようだ[12]。

ところで、Haderbuch に記載されている和解には、加害者と被害者の他に、彼らの親族なども友好関係の宣誓者として現れる場合があった。例えば、一四三六年に一方でゼバスチャン・フォルクメール(Sebastian Volckmer)、若ハンス・レッフェルホルツ(Hanns Löffelholtz junior)、ブルッカルト(Burkard)の息子が、他方でベルヒトルト・フォルクメールとヘルトヴァイク・フォルクメール(Berchtold, Hertweig Volckmer)、老ハンス・レッフェルホルツ(elter Hanns Löffelholtz)が相互に友好を誓ったが、参事会によって実際に処罰されたのは、ゼバスチャン・フォルクメールだけであった。彼は老レッフェルホルツに対する罵倒と粗暴な振舞いによって四週間の塔拘禁刑(半分は恩赦されうる)に処せられた。[13] したがって、実際に暴力を働いたのはゼバスチャン・フォルクメールだけと見てよいが、この紛争の実態は、友好関係の宣誓者から明らかなように、フォルクメール家とレッフェルホルツ家という二つのニュルンベルク門閥の内部対立であった。それゆえ紛争解決と平和をより確実なものとするために、参事会は、直接の紛争当事者以外にも、両家の成員を友好関係の宣誓者に加えたのである。先に言及した Libri conservatorii に記載されている Taidigung にも、Taidigung の保証人として加害者と被害者の多数の親族や「友人」が署名しており、なかには加害者・被害者本人は Taidigung の締結に関与せず、彼らの親族や「友人」が締結している Taidigung もあった。[14] Taidigung は直接の当事者のみならず、彼らの多数の親族や「友人」によって裁判所で締結され、また保証された。Taidigung において現れた親族や「友人」は、損害賠償協定、すなわち和解協定を締結・保証するという点で、紛争を調停する人的ネットワークであった。したがって Taidigung には、自力救済的暴力とその調停を構成要素とする自律的な「紛争文化」の社会的機能の一面が現れている。ニュルンベルク参事会は、刑事裁判においてもこのような自律的紛争解決機能を利用することによって、都市平和を確保しようとしたのである。

ここで「友人」について、簡単に説明しておきたい。「友人」は親族そのものでないにしても、それと大幅に重なるので、両者の厳密な区分は難しい。それは名親関係、姻戚関係、隣人関係などを通じて結びつけられた人的関係の総称であった。[15] 友人関係は双務関係のうちに結ばれ、政治・経済的に互いに援助しあうことを義務づけたとされる。[16] こうした義務から、Taidigung を保証し、紛争を調停する友人関係の機能が生じたと考えられる。

この機能の一端を、以下の『ダイクスラー年代記』に記録されている事件に見ることができる。一四九一年にニュルンベルク近郊のランゲンツェン(Langenzenn)の重罪刑事裁判所(Halsgericht)でハンス・ホフマン(Hans Hoffman)は「車裂き刑の判決を下された(man... verurtailt in zum rad)」。なぜなら、彼はある殺人の罪を着せられたからである。しかし彼は車裂き刑を免れ、釈放された。その理由は「ようやく損害賠償のための交渉が行われ、ホフマンが農民〔遺族〕に七〇〇グルデン〔の賠償金〕を支払うことで決着がついたから(da taidigt man erst und es kauften in die paurn ab umb 7 hundert güldin)」であった。この交渉にホフマン本人は加わっていなかった。彼の一一人の友人が遺族と交渉して Taidigung をようやく刑場でまとめ、彼らはまたこの Taidigung の保証人になったのである。(17)

この事件では、和解が成立した結果、車裂き刑が取り消され、ホフマンは釈放されている。すなわち和解の成立を前提に裁判当局による恩赦がなされたのであり、また友人たちによって事前に恩赦の請願がなされていた可能性もあるだろう。先のアグネスの事件においても、和解が成立した後に、都市追放刑を取り消すための恩赦の請願がなされている。したがって、恩赦・恩赦の請願は私的な和解と公的刑法とを結びつける重要な役割を果たしていたと考えられる。(18) そこで次節では、こうした恩赦と恩赦の請願の役割について考察したい。しかし、その前に以下では、以上で見てきたニュルンベルク参事会の紛争解決の方法が有効に機能しなかったケースを検討したい。なぜなら、こうしたケースを検討することによって、刑罰と和解のコンビネーションを中核とする参事会の紛争解決システムの特徴を逆から照射できるからである。

2　紛争解決の限界

ニュルンベルク参事会が意図した、刑罰と和解のコンビネーションによる紛争解決が有効に機能しなかったケースは、騎馬傭兵アンドレス・クレンツァーゲル(Andres Kräenzager)をめぐる暴力紛争に見られる。ニュルンベルク参事会は、都市防衛のために貴族あるいは非貴族の騎士と彼らの従者から構成された騎馬傭兵団を編成していた。[19] 騎馬傭兵団は戦争に投入されるほか、平和時においてはニュルンベルクの支配領域の治安維持活動に従事し、また連絡員としての役割も果たしていた。彼らは都市防衛にとって有効な戦力となる一方で、騎士のような武装者を傭兵として都市に迎え入れることは、他方で都市に不安定な要素を持ち込むことにもなった。事実、騎馬傭兵は少なからず暴力紛争を引き起こした。

この点に関してアンドレス・クレンツァーゲルは際立っていた。彼は一四三〇年代にEinspännerとしてニュルンベルク参事会に雇われていた。Einspännerとは従者を持たず、馬一頭のみを率いてニュルンベルク参事会に勤務する騎馬傭兵のことである。まずクレンツァーゲルは、一四三二年に「ナイフを抜く」により参事会によって五ポンドの罰金刑に処せられている。[20] 続いて一四三三年に彼は、Reisigenのフリッツ・ラインロイトラー(Fritz Laynlewtrer)と紛争状態に陥った。Reisigenとは馬と従者を率いてニュルンベルク参事会に勤務する騎馬傭兵のことである。この紛争においてクレンツァーゲルはナイフによってラインロイトラーに傷を負わせた。このことによってクレンツァーゲルは恩赦なく一四日間の独房拘禁刑と一四日間の塔拘禁刑に処せられ、さらにラインロイトラーに傷に関する治療費と賠償金、裁判官に裁判手数料を支払うよう命じられた。加えて「彼ら両人は参事会において友好を誓約した(sie haben beide frewntlich im Rat gesworen)」とある。[21] 参事会のこの処置は、先に検討した暴力紛争の解決パターンに一致している。

ところが同じ年に、はやくもクレンツァーゲルは、レプヒュンという者の妻であるアンナ(Anna Repphün)とハウガーという者の妻(Hawgerin)がはじめた「喧嘩と禍い大きい非行(hadrey und groß frefler untzucht)」にクレンツァーゲルの妻アンナ(Anna)、傭兵のペーター・ヴァイノイゲル(Peter Weynewgel)の妻であるドロヘア(Drocher)とともに加わった。その結果アンドレス・クレンツァーゲルは二日間の塔拘禁刑に処せられ、クレンツァーゲルの妻であるアンナは二日間のベンチ刑に処せられ、レプヒュンの妻であるアンナは八日間のベンチ刑に処せられ、ヴァイノイゲルの妻であるドロヘアは六日間のベンチ刑に処せられ、ハウガーの妻はニュルンベルクより一年／三マイルの追放刑に処せられた。さらに参事会は、アンドレス・クレンツァーゲルとペーター・ヴァイノイゲルに「全ての過去の事に関して(umb alle vergangenen sache)」友好を誓わせることによってこの紛争の解決を図った。[22] ここでも参事会は都市の軍事力の一部を担う二人の間に円滑な関係を再構築させようと配慮している。

しかし、翌三四年に今度はクレンツァーゲルは俸給をめぐってニュルンベルク参事会と不和となる。[23] さらに、一四三六年にクレンツァーゲルは別の相手と三たび闘争を開始する。今度の相手はニュルンベルクの騎馬傭兵ヴェルナー・フォン・パルスベルク(Wernher von Parsperg)で、彼は八頭もの馬とともにニュルンベルク参事会に勤務し、ニュルンベルクの傭兵隊長になり、後年ニュルンベルクのシュルトハイス職にも就いた有力騎士であった。[24] それゆえ他の騎士からの風当たりの強い立場にあった。クレンツァーゲルは「彼の、ヴェルナー殿に対する市庁舎における乱暴な言葉と行為(von der grobe wort und handlung wegen die derselbe Kroentzagel hern Wernher auf dem Rathause zugeredet hett)により」、「ヴェルナー殿がクレンツァーゲルのために〔参事会に〕恩赦の請願をなすまで(untz herr Wernher für in bot wölt)」の期間の塔拘禁刑に処せられ、さらにここでも参事会はヴェルナー・フォン・パルスベルクとアンドレス・クレンツァーゲルに友好関係を誓わせている。[25]

しかし、このようなニュルンベルク参事会による紛争解決も効果なく、ついにクレンツァーゲルは一四三八年にニュルンベルクに対してフェーデを宣言した。[26] クレンツァーゲルは参事会のこれまでの裁定に不満を抱き、自力救済の道を選んだのである。彼にしてみれば、ラインロイトラーやヴェルナー・フォン・パルスベルクにも落ち度があるはずであり、自分があるいは自分だけが参事会によって処罰されたことに納得がいかなかったのであろう。ニュルンベルク参事会もここにいたってようやく抑圧的な態度に転じた。クレンツァーゲルは四人の従者とともにニュルンベルクにかなりの損害を与えたが、一四三九年三月二二日にニュルンベルク兵に捕らえられ、クレンツァーゲルと従者の一人はただちに絞首刑に処せられ、他の二人は同年四月一三日に斬首刑に処せられ、残りの一人の従者はニュルンベルクに復讐断念宣誓（ウアフェーデ）を行った後釈放された[27]。

クレンツァーゲルをめぐる一連の事件は基本的に彼と彼の同業者との間で生じた暴力紛争である。したがって、ニュルンベルク参事会は、彼の属する傭兵仲間という人的関係の自律的な紛争解決に期待しつつ、刑事罰はあくまで被害者の名誉を回復し、傭兵仲間の自律的な紛争解決を促すために用いた。そこで参事会は何度となく和解（友好関係）の成立を図り、クレンツァーゲルの暴力に対して高い許容度を示した。この試みが失敗に終わってはじめて、参事会は一転強い態度に出たのである。こうしたケースは、ニュルンベルク参事会が逸脱者を共同体へ再統合することに失敗した例である。騎士の自力救済という規範は、刑罰と和解のコンビネーションを中核とするニュルンベルク参事会の公的刑法システムと激しく衝突した。

さて、クレンツァーゲル事件に見られるような異なる二つの規範の衝突は他にも見られる。当局により押し付けられた刑罰や和解が、加害者であれ、被害者であれ、当事者の名誉や感情、利益を満足させられない場合、そのような衝突が起こる可能性があった。こうした衝突の具体例を以下でさらに検討するが、その際、ニュルンベルクに関して衝突の詳細な内容まで明らかな事例を見つけ出すことができなかったので、コンスタンツ市で起こった事件[28]に基づいて検討することにしよう。

一四三七年コンスタンツ市民ハインリヒ・シュテフリは、パン屋のクラウス・グルーリーの妻を暴行・強姦した、あるいはしようとした廉で二年間／四マイルの都市追放刑の判決を受けた。その際、シュテフリを告訴したのが夫のクラウス・グルーリーではなく、ウルリヒという者であった。その理由はシュテフリとグルーリーが知り合いであり、それどころか友人であった[29]からである。しかし、シュテフリに対する判決の後、両者は対立関係に陥り、その対立の過程でシュテフリがグルーリーを殴り、彼の外套を破り、彼を偽誓者、ろくでなし、犯罪人と中傷したことに対して、グルーリーが逆にシュテフリを犯罪人と罵る事件が起きた。(30)

続く数年の間、両人に身近な人々から、加害者のシュテフリではなく、被害者の夫であるグルーリーへの攻撃が続いた。彼らは、暴行・強姦事件が参事会に持ち込まれたことに関してグルーリーを恨んでいたのである。例えばペーター・シュラッパリチーという者はグルーリーを殴り、シュテフリと同じように、グルーリーの外套を破った。シュラッパリチーは若い頃グルーリーやシュテフリと同じ環境の中で育った。外套を破り裂くことには象徴的なメッセージがあったと考えられる。外套の重要な機能が天候の影響からの保護であることに対応して、外套は保護の象徴とみなされていた。したがって外套を破り裂くことは、仲間関係の保護と連帯の取り消しを意味していた。グルーリーは、彼やシュテフリ、シュラッパリチーが属していた若人団の団結を裏切ったとみなされ、それゆえかつての仲間から処罰されたのである。(31) グルーリーとシュテフリの紛争は一四四二年にもう一度起こる。シュテフリは、グルーリーが参事会の恩恵に身を委ねたことを理由に、グルーリーを「絞首刑」にしようとしたとして、一〇〇ポンドという高額の罰金を科せられた。この罰金が完納されたのは、シュテフリの死後、彼の妻によってであった。

グルーリーとシュテフリの事件は、本来争う両派の間に和解を成立させるための法的手段が逆に「私的」な解決を妨げ、復讐の連鎖を呼び起こすというパラドックスを浮き彫りにしている。騎士など、自力救済という参事会の刑事司法システムと競合する規範に強く規定されて行動する者たちの間での紛争、あるいは親族、手工業団体、若人団などの社会集団間、あるいはその内部での紛争を、法的手段によって、上から解決する試みは、ときに拒否され、それどころか当事者の強い抵抗を呼び起こすこともあったのである。したがって参事会は、このような団体内での紛争へ介入することに慎重にならざるを得ない場合があった。佐久間弘展氏の近年の報告によれば、非ツンフト市政のニュルンベルクにおいてさえ近世に入ってもなお、参事会は職人内における侮辱事件を、ポリツァイ規定の建て前と異なり、事実上、同職組合と職人組合の「裁判権」に委ねていたのである。[32]

第二節　恩赦と恩赦の請願

1　恩赦の請願に関する一四八二年の条令

ニュルンベルク参事会は、一四八二年に条令[33]を制定し、そこにおいて恩赦の請願を刑罰でもって規制している。そこで以下ではまず、この条令の内容を概観し、そのことによって当時のニュルンベルク参事会が恩赦の請願をどのように捉えていたか考察する。

まず条令の冒頭で、参事会がこれまで多数の殺人犯や他の種類の犯罪者に対する侯、伯、ヘル、高位聖職者および他の者による熱心な恩赦の請願に応じてきた結果、まだ逮捕されていない犯罪者のみならず、自ら犯した罪ゆえに投獄されている犯罪者に対しても犯した罪に相応しい罰が科されず、釈放されるという事態が生じたことが述べられている。そして、そのような事態は、悪が処罰されないだけでなく、他の多くの人々にとって悪しき例と有害な軽率さへと向かう少なからぬ要因になっていると、参事会は現状に憂慮の念を示している。[34]

それゆえ参事会は、そのような軽率さを将来において防止し、そして当局によって処罰されるよう命令された悪が処罰されないまま放置されないようにするために、以下のように命令している。すなわち、今後何人も、投獄されている者、あるいは参事会によって何らかの刑罰あるいは罰金刑を科される者のために恩赦の請願をしてはならず、また、いかなる侯、伯、ヘル、高位聖職者、あるいはその他の者に対しても、投獄され、あるいは処罰される者のために恩赦の請願をしてくれるように、あるいはそれを指示してくれるようにと頼み、要求してはならない。そして、その命令を破った者は二〇グルデンの罰金刑に処せられ、もしその刑罰によっても命令に従おうとしない場合には、さらなる刑罰が加えられるとしている。(35)

さらに続けて、参事会は、ニュルンベルク市民が自ら、あるいは他の誰かを通じて、参事会に反抗して、あるいはそれの頭ごしに皇帝、国王、伯、ヘル、高位聖職者、他の共同体、あるいは聖俗の他の人々によるニュルンベルクの裁判への介入を文書によって、あるいは口頭によってもたらすことに憂慮の念を示している。(36) もはやここでは恩赦の請願のみが問題とされているのではなく、外部の有力者による参事会の裁判権への干渉一般が問題とされている。そして参事会は、そのような介入を招く行為が参事会の特別な許可なしに行われた場合、それに対して五〇グルデンの罰金を科すとし、もしその刑によっても命令に従おうとしない場合には、さらに身体刑と財産刑を加えると威嚇している。

以上において一四八二年の条令の内容を見たが、ニュルンベルク参事会が恩赦の請願を禁止した理由は何処にあるのであろうか。まず条令の冒頭部分で、参事会は、恩赦によって悪が処罰されず、さらに、そのことが多くの人々にとって悪しき例と有害な軽率さへと向かう少なからぬ要因となっているとして、安易な恩赦が都市住民の振舞いに与える悪影響を問題としている。

しかし、参事会がより深刻な問題として捉えているのは、条令文における重点の置き方から考えて、侯、伯、ヘル、高位聖職者などの聖俗の有力者による恩赦の請願という圧力によってニュルンベルク参事会の裁判権に対して干渉が加えられることにある。このような事態は、実際にしばしば生じていたようである。例えば、一四七三年にはニュルンベルクで、ある辻強盗が死刑の判決を受けたが、高位のヘルのたび重なる恩赦の請願によって、まずライン川の彼方への永久追放刑まで減刑された。しかし、恩赦の請願はさらに続けられ、最終的に参事会はその刑も放棄している[37]。

以上より、参事会は恩赦の請願という形式を含む外部からの都市裁判権への干渉を回避するために、この条令を制定し、そこにおいて規定を破った者に対して高額の罰金刑を科すか、あるいは事態が深刻な場合には身体刑を科すことを定めたのである。しかし注意すべきは、参事会が、条令によって禁止した恩赦の請願は「名誉ある参事会の特別な許可と承諾のない(one sonndern vergunsten und verwilligung eins erbern rats)[38]」請願であるということである。したがって参事会は、参事会の許可による恩赦の請願を認めており、決して恩赦の請願を全面的には禁止していない。実際、本書の以下で示すように、参事会は都市の内外からの恩赦の請願に応じた。したがって参事会の、この条令制定の目的は、無秩序な恩赦によって自らの裁判権が掘り崩されることを回避するために、恩赦の請願に一定の歯止めをかけようとしたことにあった。

以上より、ニュルンベルク参事会は、恩赦の請願による裁判権への干渉に対して警戒感を示しながらも、それを条件付きで容認していたのである。それでは参事会による、このような恩赦の請願に対する態度が生じた要因は何であろうか。以下では、この問題の解明を念頭に置いて、実際に行われた個々の恩赦の請願を整理・検討したい。ところで、Haderbuchや『アハト・都市追放・刑罰帳(一三八一～一四〇三年)』には恩赦の請願についてわずかしか記録されていないので、分析の対象をおもに都市年代記にひろげたいと思う。それとともに暴力犯罪以外の犯罪も取り上げられる。

2　恩赦の請願者

(1)　有力者による恩赦の請願

史料においては、都市外の聖俗有力者による参事会に対する恩赦の請願が多数見られる。この種の恩赦の請願には、まず諸侯や伯がニュルンベルク市で罪を犯した彼らの領民あるいは親族関係者などのために行う請願がある。例えば『ダイクスラー年代記』には以下のような記述が見られる。一四九四年に「……アンスバッハの兵士と騎士に仕える小姓が鞭打ち刑に処せられた。小姓の名親は〔ブランデンブルク－〕アンスバッハ辺境伯であり、辺境伯は小姓のために恩赦の請願を行い、辺境伯夫人も請願を行った。〔ニュルンベルク参事会は〕小姓を絞首刑に処すつもりであった」(39)。また一四八七年には、ザクセンのコックがニュルンベルクの女性の館(市営の娼家)で、ある針金職人の息子を刺し殺し、そのことによって捕らえられ、牢獄に入れられたが、コックの主人であるザクセン大公が彼のために恩赦の請願をしたので、コックは、死者の冥福のためにローマとアーヘンへ巡礼に行くことと、そして遺族との和解のために、死者の母に一五グルデンを支払うことを条件に、二日後に釈放された(40)。

次に聖俗有力者が、たとえ犯人と人的関係などの直接的な要因がない場合でも、身分的名誉や自らに期待される役割を果たすために行う請願がある。例えば一四九七年にニュルンベルクで、ある御者が自分の下男に殺されるという事件が起きた。その際、釘工のホーエジン(Hohesin)という者が殺人幇助の罪で捕らえられ、「参事会は彼を斬首刑に処そうとした。〔しかし〕新任のアイヒシュテット司教が聖霊降臨祭後の最初の主日にニュルンベルクにはじめて馬に乗ってやって来た際、ホーエジンのために恩赦の請願を行った。〔そこで〕新任の刑吏が彼を鞭で打った……」(41)とある。

以上のように、都市外の有力者の恩赦の請願を受諾することは、さしずめニュルンベルク参事会のそのような有力者に対する敬意の念を表す行為であった。しかし、都市外の有力者に対するこのような行為の背後には、都市の平和と安全のためのニュルンベルク参事会の計算が働いていたと考えられる。ニュルンベルク参事会が、ニュルンベルクで事件を起こした外国人に対する有力者の恩赦の請願を受け入れるとき、それは逆の場合にニュルンベルク市民に対して同じような寛大がなされることを期待してのことであった(42)。また何よりも、参事会にとって恩赦の請願を受け入れることによって得ることができる有力者の好意は、法の首尾一貫した執行よりも重要とみなされる場合があったと考えられる。四方を聖俗諸侯領に囲まれていたニュルンベルクにとって周囲の聖俗諸侯との良好な関係は重要であった。とりわけ、上であげた例のように、ニュルンベルクの支配領域を三方から取り囲み、ニュルンベルクと衝突を繰り返したブランデンブルク－アンスバッハ辺境伯の恩赦の請願を受け入れることには、両者の緊張関係をいくらか緩和する効果があったと考えられる(43)。

しかし逆に、ニュルンベルク参事会が都市外の有力者による恩赦の請願を拒否する場合もあった。拒否の理由は、先に見た条令において示されているように、参事会が裁判権の主張に基づいて外部勢力による参事会の裁判権への介入を拒否したことにあったと考えられる。例えば『ダイクスラー年代記』に以下のような記述が見られる。一四九〇年二月二〇日に「……ニュルンベルク市は、強盗を働き、逮捕されたフリッツ・フォン・アイヒを連行した。そして一三日〔三月二日〕に彼を斬首刑に処した。彼は大変良い血筋の貴族であり、約三〇名の名望ある人々による彼に対する恩赦の請願を得ていた(44)」。この三〇人の恩赦の請願書の筆頭はバンベルク司教であった。それにもかかわらず、ニュルンベルク参事会は恩赦の請願を拒否し、貴族のフリッツ・フォン・アイヒを斬首刑に処している。ところで、ニュルンベルク市とその支配領域の北半分はバンベルク司教管区に属し、また市の支配領域の一部はバンベルク司教領と接していた。したがってニュルンベルク参事会にとって、バンベルク司教は外交上重要な存在であった。それゆえ、司教の恩赦の請願に対して外交上の配慮がなされてもよいはずであったが、ここではむしろ逆に、両者の関係の近さが、ニュルンベルク参事会の強硬な態度の原因になったと考えられる。すなわち、両者は教会統治や世俗の裁判権をめぐってしばしば対立関係にあった。妥協的な態度は、これらの問題の解決に有害であると参事会はみなしたのであろう。もっとも、参事会は司教に対する外交的配慮を全くしなかったわけではなかった。参事会は司教の恩赦の請願を「名誉を重んじた言葉で(mit erbern worten)」断ったという。(45)

ニュルンベルク参事会のこのような強い態度は、皇帝による恩赦の請願にも向けられた。一四八五年に皇帝フリードリヒ三世がニュルンベルクに入市する際に、彼は「……かつて市が追放刑に処した大変多くの女と男(etwe vil frawen und mann... den die stat versagt wer)」をともなって来た。彼らは、皇帝に対して参事会へ恩赦をとりなしてくれるよう懇願しており、そのために皇帝はすでに入市する前から参事会と交渉していた。参事会はさしあたり皇帝の恩赦の請願を受け入れるかどうかに関して態度を明確にせず、ただ被追放者が一旦都市に入ることだけを認めた。この決定によって皇帝は被追放者をともなって入市することができたので、それによって、参事会の皇帝に対する敬意が示されたと言えよう。しかし、被追放者を恩赦するかどうかに関しては、参事会が個々に判断した。すなわち参事会は被追放者によって犯された犯罪を個々に調査し、二一人に関しては恩赦し、残りはその日のうちに再び都市から追放した。この処置に関して参事会は、皇帝に「刑罰なくして十分には統治できません(man on straf nit wol regirn möcht)」と述べて弁明し、皇帝はその弁明を受け入れざるを得なかった。すなわち皇帝は参事会に「この件に関しては請願によってさらに要求しない(in dieser sach mit pet nit weiter ersuchen)」と返答している。(46)

以上の諸事例が示すように、ニュルンベルク参事会は有力者の恩赦の請願を受け入れることもあれば、拒否することもあった。この判断には、参事会の政治・外交上の損得勘定が働いていたと考えられる。したがって「処罰の選択的な放棄」は刑法上のロジックのみでは説明できない。いずれにせよ、参事会にとって重要なことは、恩赦の請願を受け入れるのであれ、あるいは拒否するのであれ、それが参事会の自律的な判断に基づいて行われることであった。このことは、上の皇帝による恩赦の請願に対する参事会の判断と処置から十分に読み取れるであろう。参事会にとっては、恩赦の請願を承認することも拒否することも、参事会の独自の裁判権の表現であらねばならなかったのである。

(2)　住民による恩赦の請願

恩赦の請願は決して有力者の特権ではなかった。地位は高くないが、犯人と緊密な人間関係にある住民が恩赦の請願者として登場することもまた注目されねばならない。まず、犯人の家族や親族が恩赦の請願において重要な位置を占めた。なかでも犯人の配偶者がしばしば登場する。例えば一五〇五年に、真鍮鍛冶屋のイェルク・ベーハイムは、以前彼の下女をしていた娘を姦通した罪で四週間の塔拘禁刑に処せられたが、彼の妻マクダレーナの恩赦の請願によって、わずか二日後に釈放されている[47]。また一四五九年には、富裕商人リンハルト・ポデメル(Linhart Podemer)の夫人とその書記が「仲むつまじくしていたところ、ポデメル夫人は捕らえられ、その書記とともに投獄される(vieng man die Podnerin und legt sie mit irm schreiber ins loch, wann sie hiengen anainander)」という事件が起こった。このスキャンダルの処置として「参事会はポデメル夫人にシュトゥルツ〔ステイタスを顕示するヴェールの一種〕と毛皮を着用することを禁じた(man verpot ir stürtz und veh zu tragen)」。それに対して、まず夫のリンハルト・ポデメル自身がこの禁令を解くよう、参事会に恩赦の請願を行い、その請願が一四六〇年に参事会によって拒否されると、今度はブランデンブルク－アンスバッハ辺境伯アルブレヒトの夫人が何回もポデメル夫人のためにニュルンベルク参事会に恩赦の請願を行っている。(48)その他に一五五三年には、重婚の罪で死刑の判決を受けた兵士のために、彼の最初の妻と他の一六人の女性が恩赦の請願をし、その結果彼は恩赦され、鞭打ち刑まで減刑された。(49)

家族や親族と並んで同業者や親方もまた、恩赦の請願者としての役割を果たす場合があった。一例としてここでは、時代は下るが、一六一〇年に窃盗の罪でニュルンベルクの刑吏フランツ親方によって斬首刑に処せられたハンス・コルマイヤーの事件をあげておく。フランツの日記に即して事件の概略を述べれば、以下のようである。(50)ハンスはニュルンベルク出身で、染色工徒弟であった。彼は、リンダー親方の下にいた間、使い込みをしたので、親方の家から追い出された。半年後、また舞い戻ってきたのでリンダーが泊めてやると、ハンスは錫皿、外套のほか、様々な物を盗み出し、それらを質入れしたのである。彼には前科もあった。フランツはハンスの処罰に関して、お慈悲をもって斬首刑に処した、とだけ書いているが、犯科帳の記録によると、(51)参事会は最初絞首刑の判決を下したが、彼の年齢(二〇歳)と、彼の母親、五人の兄弟、リンダー親方、全鉄工具工(ハンス・コルマイヤーは以前鉄工具工徒弟をしていた)による熱心な恩赦の請願に鑑みて、斬首刑に減刑したとある。

友人も恩赦の請願者として登場する。例をあげれば、一六〇八年にニュルンベルクである泥棒が絞首刑の判決を受けた際、五つの教区の代表、一人の牧師、泥棒の両親と兄弟とともに彼の全友人が恩赦の請願のために裁判所につめかけている。(52)また一五七四年には、近親相姦の罪で捕らえられたミヒャエル・シュタインホイザーなる者を釈放させるべく、彼の友人たちがニュルンベルクに滞在中のバイエルン大公、ライン宮中伯およびその他の高位のヘルに、ニュルンベルク参事会に対して恩赦の請願をとりなしてくれるよう働きかけている。(53)

ところで、以上であげた事例の中にもあるように、犯人の親族・友人、仕事仲間などは、彼ら自身が直接参事会に恩赦の請願を行うだけでなく、市外の有力者にニュルンベルク参事会に対する恩赦の請願を依頼していた。

恩赦のとりなし役として諸侯などの存在が不可欠であったわけではないが、やはり恩赦の請願に重みを持たせ、参事会にとって拒絶しがたいものにするためには諸侯などの有力者の影響力も重要であった[54]。もちろん、すでに見たように、ニュルンベルク参事会は、たとえ皇帝の恩赦の請願であってもそのまま受け入れるとは限らなかったが。いずれにせよ、表面的には都市外の有力者による恩赦の請願のケースであっても、その背景には、有力者に参事会に対する恩赦のとりなしを働きかけた犯人の親族・友人や仕事仲間の存在を推定せねばならないであろう。この推定には十分な根拠が存在する。まず『ダイクスラー年代記』に、このような住民による有力者に対する働きかけの事例がしばしば見られるからである。例えば一四九一年には以下のような恩赦の請願が行われた。

参事会は、ニケル・シュタウドの息子でキリアンという名の者を逮捕し、牢獄に入れた。彼は自分の母親に印章を取り出させ、自分の妻に母親の名前で手紙を書かせた。母はその手紙によってペーター・エンゲルに対する一九グルデンの保証人にさせられた。返済の時がきて、エンゲルは一九グルデンを要求し、その母親にも要求した。その母は答えた、「私はその件について何も知りません」。そこでキリアンの叔父で、銃鋳造業者のハンス・シュタウドは、ニュルンベルクに滞在していたヴュルテンベルクの伯に対して参事会に恩赦の請願をしてくれるよう懇願した。恩赦の請願は行われ、参事会はキリアンを釈放した[55]。

また、先に検討した一四八二年の条令において「何人も……いかなる侯、伯、ヘル、高位聖職者、あるいはその他の者に対しても、投獄され、あるいは処罰される者のために恩赦の請願をしてくれるように、あるいはそれを指示してくれるようにと頼み、要求し、あるいは提案してはならない[56]」と記されていることから、高位の有力者による恩赦の請願の背後には、犯人と緊密な人的関係にある人々による働きかけがあったと考える方がむしろ自然であろう。恩赦の請願にとって重要なことは、犯人の親族・友人、仕事仲間などが恩赦の請願活動のプロセスを開始することであった。したがって、恩赦・恩赦の請願の研究においてはこれまで、高位の有力者による恩赦の請願が最も注目されてきたが、犯人の親族・友人、仕事仲間などによる恩赦の請願がよりいっそう注目されて然るべきであろう。(57)そこで以下では、こうした人々による恩赦の請願の社会的意味に関して考察したい。

3　恩赦と恩赦の請願の社会的意味

それでは、このような恩赦の請願は社会的にどのような意味を持ったのであろうか。恩赦の請願を行う側とそれを受け取る側(参事会)の両面から検討してみる。

(1)　恩赦の請願と社会集団の連帯性

まず、これまでもしばしば指摘されてきたように、恩赦の請願は、犯人の処罰を通じてその親族や友人などに降りかかるであろう不名誉を回避するというある種の義務から生じた。(58)名誉とは、個人や集団の社会的・経済的信用を守るものであり、名誉の有無は社会内での個人や集団の評価を決定するものと考えられていた。(59)したがって、親族や友人などの一員を守ることは全体を守ることであり、ひいては自分自身を守ることであった。『ダイクスラー年代記』には、恩赦を通じて不名誉な死刑の方法である絞首刑が、名誉ある方法である斬首刑へと減刑される事例(60)がしばしば見られるが、このような減刑の重要性は以上の文脈において理解されるべきである。恩赦の請願を通じて守るべきは、親族や友人などの名誉と利害であり、ここで働いているのは、このような人間関係の強固な連帯性であった。

こうした連帯性に基づく恩赦の請願は、参事会に対する一種の示威活動の様相を呈する場合もあった。例えば一五〇三年に刃物鍛冶同職組合のある成員が刃傷沙汰において殺され、二人の刃物鍛冶が殺人の容疑者として逮捕・投獄された。やがて二人の容疑者はなるほど殺人の現場に居合わせたが、殺人には直接手を染めていないことが明らかとなった。そこで、容疑者の仕事仲間である刃物鍛冶同職組合の成員たちは大勢でニュルンベルク参事会に押しかけ、二人の容疑者に対する恩赦を請願した。しかし参事会は、このような恩赦の請願の方法を参事会に対する明らかな圧力とみなしたようで、参事会は「彼ら〔刃物鍛冶手工業者〕が一団となって参事会に来たこと(das sie also mit dem hauffen herauff kumen seid)」に不愉快を示して恩赦の請願を一旦却下し、「彼らの三人か四人がこちらに来ること(das ir drey oder fier herauff kumen)」が適切であると述べた。すると数日後、今度は「……無帽の、美しい水滴真珠のヘアバンドで飾った九人の美しい処女が全体参事会に現れ、〔今〕地下牢獄に投獄されており、殺人の現場にはいたが、殺人には手を加えていない二人の刃物鍛冶のために恩赦を請願し、そして九人の生娘は、二人の容疑者が刑吏の手から自由になるよう請願した。そしてそれ〔釈放〕は行われた」[61]とある。

この事例を通じて、我々は上で述べた連帯性や仲間意識を確認することができるであろう。刃物鍛冶同職組合も恩赦の請願を通じて自らの連帯や絆を確認することができたのではないか。最初、刃物鍛冶同職組合は二人の仕事仲間を解放するために、参事会に大挙して押しかけ恩赦を請願した。しかし、刑罰権の独占をめざす参事会の威信を考慮すれば、参事会がこのような恩赦の請願をそのまま容認することは不可能であった。参事会の批判と助言を受けて、刀物鍛冶同職組合は、おそらく都市の名望家層に恩赦のとりなしを依頼したのであろう。その結果が美しく装飾された九人の処女による恩赦の請願であった。このように恩赦の請願には、儀礼的コミュニケーションの側面があった。

こうした事例は、都市住民が連帯性や仲間意識に基づく恩赦の請願を通じて、参事会の決定に影響を与えるチャンスを獲得できたことを示している。参事会が処罰を決定するまでには、都市住民による恩赦の請願とそれへの参事会の対応という両者の交渉とコミュニケーションが存在したのである。[62]

(2) 参事会から見た恩赦の請願の社会的意味

次に、ニュルンベルク参事会側から見た恩赦の請願の社会的意味を検討してみよう。恩赦の請願は犯人がその親族や友人に必要とされ、親族や友人が犯人を再び受け入れる用意があることを参事会に対して明確にする信号の役割を果たした。[63]すでに見たように、犯人の再統合は、都市裁判の重要な機能であった。参事会は、恩赦の請願というシグナルに犯人が都市社会に再統合される可能性を見出し、恩赦を行う際にこの可能性を重視した。例えば一四九六年に、パン屋のゼバルトは自分の妻を撲殺しようとした。その妻は一命をとりとめたが、ゼバルトは処罰として両目をつぶされた。さらに彼はライン川の向こうまで追放される予定であったが、彼の父親の恩赦の請願によって場所の指定のない都市追放刑にまで減刑された。その際、その父親はニュルンベルク近郊のノインホーフにある自宅でゼバルトの面倒をみること、自分の死後のゼバルトに対する保証も手配することを参事会に対して約束している。[64]

したがって逆に、恩赦の請願がなければ、参事会は、予定どおり刑を執行したということが言える。この関係を示す例として『ダイクスラー年代記』から以下の事件をあげる。

一四九四年に、袋物や鞄を製造していたある一人の手工業者〔袋物師〕が窃盗の廉で、ここニュルンベルクで捕らえられた。また、彼とともに、山岳地方の出身で製粉機・水車を一台所有しているフリッツ・ミュルナーという名の者も窃盗の廉で捕らえられた。そしてその後、主の公現の日の後の木曜日に、参事会は、彼ら両人の死刑を宣告する鐘を鳴らした。ところでその頃、ニュルンベルクにはザクセン大公アルブレヒトとその息子ゲオルクが滞在しており、彼らは高貴な婦人たちを〔舞踏会に〕招待していた。そしてある人(ein person)が捕らえられた袋物師の夫人のところに来て、以下のように言った、「あなたは思いとどまるべきではない、あなたは名誉ある婦人のところに行き、請願すべきだ、〔すなわち〕その婦人たちが諸侯にあなたの夫が釈放されるようとりなしてくれるようにと請願すべきだ」。請願は行われ、ザクセン大公の息子は、その袋物師のために恩赦の請願を行った。そして参事会は、全てで彼一人だけを全てのことから自由にした。そして参事会は、他の一人を絞首刑にした。(65)

この事件は、舞踏会という社交の場で都市名望家層の婦人たちが諸侯に対して恩赦をとりなしてくれるよう請願し、それを受けた諸侯が参事会に対して恩赦の請願を行うというかたちをとっている。しかしここで注目すべきは、年代記の作者がein personと記した人物の存在である。年代記の作者はこの人物に関して何も語っていない。恐らく情報を持たなかったのであろう。したがって推測せざるを得ないのだが、この人物は、夫人と直接会話し、彼女に恩赦の請願を行うことを強く勧めていることから、袋物師夫妻と緊密な関係にある人物、すなわち親族や友人、同業者と推定できるであろう。この人物は、夫妻と緊密な人間関係を取り結んでいた集団に属しており、夫人とともに恩赦のとりなしを請願し、そしてその請願は受け入れられたと考えられる。一方でフリッツ・ミュルナーは誰からも恩赦の請願をなされることなく、当初のとおり絞首刑にされた。その理由は、ミュルナーが余所者(山岳地方の出身者)であったため、ニュルンベルクにおいて恩赦の請願を促すような人間関係を持たなかったところにあると思われる。すなわち、犯人が恩赦によって釈放されるか、あるいは少なくとも減刑されるかは、犯人が保持する人間関係という「社会関係資本」にかかっており、参事会にとって恩赦の請願という行為は、「社会関係資本」の量(この場合は、人的ネットワークを通じた再統合の可能性度)を測る一種のバロメーターであったと考えられる。

以上のように、犯人が社会に再統合されるかあるいは逆に排除されるかは、犯人の社会的属性にかかっていた。このような、犯人の属性によって裁判の機能が統合かあるいは排除・抑圧かに大きく変わる当時の刑事裁判の特徴を、すでに述べたように、グディアンは「複線的」刑法と名づけている。本書の第三章で、拘禁刑における「複線的」刑法は、刑法の運用のレヴェルで大幅に解消されていたことが明らかとなったが、上にあげた事例を考慮すれば、重罪刑事裁判に属する領域においては、ニュルンベルクの刑事裁判は「複線的」刑法の特徴を持っていたと言えるであろう。「複線的」刑法においては、土地の者は、親族や友人などによる恩赦の請願を通じて当局と交渉することができたのである。

ニュルンベルク参事会は、このように犯人の社会への再統合という観点から恩赦の請願を重視する以外に、紛争当事者の和解と紛争解決を促進するために、恩赦・恩赦の請願を積極的に利用した。例えば参事会は、加害者の追放期間を被害者の恩赦の請願によって決定させる場合があった。『ヨハンネス・ミュルナー年代記』に記載されている事例を見てみよう。

この年(一四〇一年)、ニュルンベルク市民であり、都市貴族であるハンス・エルヴァンガーが、参事会員のハンス・グローラントとヘルマン・シュトロメーア、そして(両者の下僕である)クンツ・シュルシュタープとN・アルムバウアーとの争いにおいて多くの傷を負わされた、このことに関して都市当局は彼らを以下のごとく処罰した、すなわちグローラントとシュトロメーアを街区長職から罷免し、四人に対してエルヴァンガーが負った各々の傷に対して三ポンド六〇ヘラーの罰金を科し(グローラントは、そのうちの半分を、他の三人は残りの半分を支払うべし)、さらに四人に対してナイフを抜いたことに関して五ポンドの罰金を科し、被害者(エルヴァンガー)に対する傷一カ所につき三ポンド六〇ヘラーの慰謝料(賠償金)を、もしエルヴァンガーがそれを受け取ろうとするならば、支払うよう命じた。さらにグローラントは、一四日間の塔拘禁刑を命じられ、彼の妻と子を除いて誰も彼に会ってはならないとされた、そして塔を出た後、聖ミヒャエルの日にケルハイム市に行き、そこに一年間留まり、そこから出てはならないとされた、しかし、もしハンス・エルヴァンガーとその妻がグローラントのために恩赦の請願をなしたならば、半年は参事会によって恩赦されるが、残りの半年間グローラントは恩赦されることなくそこに留まるべしとされた。ヘルマン・シュトロメーアは、八日間の塔拘禁刑を命ぜられ、そして聖ミヒャエルの日にアルテンフェルデン村に行き、この村より四分の一マイル以上離れてはならず、そこに四分の三年留まるべしとされた、しかしエルヴァンガーの恩赦の請願に基づいて八分の三年は恩赦されるとされた。クンツ・シュルシュタープとアルムバウアーも同様に八日間の塔拘禁刑に処せられ、さらにシュルシュタープは上記の日にベルヒンゲンに、アルムバウアーはヘルリーデンに行き、そこに半年間留まるよう命じられたが、エルヴァンガーの恩赦の請願があれば、四分の一年間は恩赦され、残りの四分の一年間は恩赦されないとされた。[66]

この紛争の解決は、すでに前節で検討した公刑罰と Taidigung に基づく紛争当事者の和解という二つの方法のコンビネーションに拠っている。被害者であるエルヴァンガーは、和解が成立するための条件である慰謝料(賠償金)の受け取りを拒否する、すなわち和解を拒否することもできたわけで、その意味でエルヴァンガーと加害者の間に和解がなり、平和が回復するかどうかは、エルヴァンガーの判断次第であった。したがって、参事会は紛争解決を部分的に当事者の自己規律に委ねていたわけだが、さらに、この自己規律の範囲が公刑罰の一部にまで及ぶ点にこの事例の特徴がある。すなわち加害者の追放期間の一部は、被害者の恩赦の請願に基づいて恩赦されると規定された。参事会がこのような判決を出した意図を忖度すれば、まず量刑の一部を被害者の自律的な決定に委ねることによって、被害者に平和回復の責任を持たせようとしたことが考えられる。さらに加害者の追放期間の一部を被害者の恩赦の請願、すなわち好意によって免除させることは、被害者と加害者との間に和解を成立させる契機になると参事会は考えた。参事会は量刑の最高値を決めることによって被害者に枠組みを示し、この範囲内で加害者の追放期間を被害者自らの恩赦の請願によって決定させることによって、紛争当事者の間に和解が成立するよう促したのである。

これと類似の事例は Haderbuch にも見られる。以下に示す判決は、拘禁刑を言い渡された加害者の拘禁期間が、被害者の裁量に委ねられているケースである。例えば一四三四年に「ズントメルケル・フォン・ピルザッハは、彼のヴィルヘルム・グロスに対する乱暴な行為に関して、グロスが恩赦の請願を行うまで、塔に拘禁されるべし、ただしグロスの要求する刑〔の拘禁期間〕があまりに厳しいときには、それは参事会で審議されるべし[67]」という判決が出された。また翌年には、先に述べたニュルンベルクの騎馬傭兵アンドレス・クレンツァーゲルは、ニュルンベルクの騎馬傭兵ヴェルナー・フォン・パルスベルクに対する「乱暴な言葉と行為」により、「ヴェルナー殿がクレンツァーゲルのために恩赦の請願をなすまで、閉められた塔に行き、そこに留まるべし、ただしヴェルナー殿の要求する刑〔の拘禁期間〕があまりに厳しいときには、聴聞が参事会で行われるべし[68]」という判決を受けている。

以上の二つの判決において、参事会はさしあたり加害者に拘禁刑を言い渡すだけで、拘禁期間を定めていない。参事会は、加害者の拘禁期間を被害者の恩赦の請願、すなわち被害者の好意によって決定されるものとしたのである。参事会がこのような判決を出した意図はまず、量刑に被害者の意向を取り込むことによって被害者を満足させ、被害者の復讐心を解消させることにあったと考えられる。また量刑を被害者の自律的な決定に委ねることによって、被害者に平和回復の責任を持たせようとしたことはここでも考えられるであろう。さらに加害者の拘禁を被害者の恩赦の請願・好意によって終了させることは、被害者と加害者との間に和解を成立させる契機となるはずであり、参事会は和解の機会をお膳立てすることによって、紛争解決の確固とした見通しを得ようとした。しかし、参事会がグロスとヴェルナーに対して、ピルザッハとクレンツァーゲルにあまりに厳しく臨まぬよう、すなわちこの場合は拘禁期間を法外に長くしないよう警告している点は注意されるべきであろう。参事会は被害者の裁量を一定の範囲内に制限しようとした。なぜなら、量刑を被害者の裁量に完全に任せると、かえって和解の機会が遠のく場合もあることを参事会は予想できたからである。

以上の三つの事例において、参事会は、一定の範囲においてではあるが、紛争当事者による自律的な紛争解決を重視している。参事会は、加害者の追放期間の一部と拘禁終了を被害者の恩赦の請願に委ねることによって、自律的な紛争解決＝和解を促進しようとしたのである。

4　恩赦とコンセンサスの形成

以上において、都市住民と参事会の両側面から恩赦・恩赦の請願の社会的意味を考察してきたが、以下では両側面を統合する観点から紛争解決における恩赦・恩赦の請願の役割を検討したい。

すでに述べたように、ニュルンベルクの刑事裁判は、しばしば紛争当事者の自律的な紛争解決、すなわちインフォーマルな社会的コントロールと協働して紛争を解決しようとした。この自律的な紛争解決を促進するためにとった参事会の柔軟な対応が恩赦による刑の緩和だったのである。

こうした恩赦の前提となる恩赦の請願はしばしば犯人の親族・友人によって行われた。このことは、犯人が紛争解決のためのインフォーマルな社会的コントロールと結びついていることを示していた。例えば一四五一年に都市貴族のカスパル・イムホーフと彼の義兄弟のゼバルト・ハルプヴァクスとの間で口論と殴り合いの喧嘩が生じた。この紛争はやがて裁判に持ち込まれ、参事会は両者に対して相互に友好関係を誓うよう要求した。しかしイムホーフは友好宣誓を破ったため、独房での拘禁刑を言い渡された。最終的に彼は恩赦の請願に基づいて、復讐断念宣誓(ウアフェーデ)をした後、釈放されたのだが、その際、イムホーフに対して、再び彼が誓約を破った場合それに責任を持つ保証人をあげることが要求された。復讐断念宣誓書にはイムホーフの義兄弟のゼバルト・ベーハイムと従兄弟のパンクラッツ・イムホーフの名があげられ、彼らがこの紛争の最終的な解決に責任を持つことを約した。[69]

この事例は、紛争における親族関係の二律背反的な機能を示している。すなわち親族・友人関係は、紛争を引き起こすと当時に、紛争を解決する要素でもあった。親族関係の内に生じた紛争は、参事会の裁定を通じて、同じ親族の構成員によってその解決が人的に担保されたのである。参事会は、紛争当事者の親族の恩赦の請願を受け入れ、そのかわりに彼らを復讐断念宣誓の保証人にすることによって、親族関係の社会的コントロールを刑事裁判に取り込んだ。それを通じて参事会は、紛争の温床であるだけでなく、紛争解決の基盤でもある親族関係をまるごと都市平和に結びつけようとしたのである。したがって、しばしば規範が通用していなかったことの根拠としてあげられる「刑罰の放棄」は、参事会の戦略から見れば、逆に解釈されうるだろう。恩赦に基づく刑罰の放棄や減刑、そしてそれらの際に行われる参事会と当事者や当事者の親族や友人との交渉・コミュニケーションは、都市平和という規範の浸透のための重要な要素であった。[70]それゆえ、参事会にとって恩赦による減刑は刑事裁判活動の重要な部分であった。恩赦を通じて参事会は、都市住民を刑事裁判と統治に統合することができたのである。

ところで、こうした恩赦の統合作用は、親族・友人関係が介在する場合に限られなかった。参事会は恩赦を通じて犯人を直接的に都市平和に結びつけることができた。Haderbuch には一四三七年に以下のような裁判が記録されている。

鉄砲鍛冶親方のパウルスは、四週間閉じられた塔に拘禁されるべしとされた。〔ただし〕二週間は恩赦されず、二週間は恩赦されうる。そして彼に対して、〔参事会より〕以下のことが述べられた。「もし参事会がパウルスの過去と将来における貢献を評価しなければ、刑罰は当然、より重かったであろう」。彼の罪状は、鐘工の夫人を五者委員会において、大変ひどく殴り、こらしめたという乱暴な振舞いである。(71)

ここで参事会が、具体的にパウルスのどのような貢献を評価しているかは分からない。ただ、参事会が評価しているわけだから、都市に対する何らかの貢献と考えてよいだろう。むしろここで重要なのは、参事会が過去だけではなく、将来の貢献も評価していることである。そうすることによって参事会はパウルスの今後の振舞いも規定しようとした。そしてパウルスの振舞いを担保するのが二週間の恩赦の可能性であった。パウルスは恩赦を獲得するために、当然判決の受入れを表明し、参事会に対する従順を示し、将来にわたる都市に対する貢献を約束せねばならなかったであろう。

恩赦の請願を行う親族・友人あるいは同職組合などの社会集団の側から見れば、参事会の柔軟な対応は、集団の名誉や利害を判決に反映させるチャンスであった。都市の社会集団は、限定されてはいたが、恩赦の請願を通じて参事会の決定に影響を与えることができたのである。したがって参事会の柔軟な対応は、都市住民とのコミュニケーション関係を結び、両者をコンセンサスに導く効果があったであろう。また、インフォーマルな社会的コントロールと協働して紛争を解決しようとする参事会の刑事裁判は、逆に刑事裁判の協働を得てインフォーマルな社会的コントロールを補強しようとする住民の態度＝「司法の利用」につながったと考えられる。そこで次節では「司法の利用」について検討してみよう。

第三節　都市住民による「司法の利用」

1　司法の利用のパターン

以下では、おもに Haderbuch の記録に基づいて、都市住民による「司法の利用」を検討したい。ただし Haderbuch の記録は、事件がどのような経路で裁判に持ち込まれたかを、若干の例を除いては明示していない。したがって以下の検討は、住民がどのような場合に司法を紛争解決のための手段として利用し、あるいは逆に暴力を含む「私的な」紛争解決を選択したかという問題に関して、何らかの一般的な原則を導き出すことはせず、利用方法に関する幾つかのパターンを例示するにとどまる。

(1)　侮辱事件と司法の利用

さて、Haderbuch に見られる、言葉の暴力を扱った多数の訴訟は、中世後期ニュルンベルクの住民が名誉回復と紛争解決のためにしばしば司法を利用したことを示している。なるほど Haderbuch の記録の多くは、私訴と公訴の区別を明示していない。しかしニュルンベルクでは一五世紀末にいたるまで、法令による侮辱の規制は存在せず、言葉による犯罪に対する参事会の関心は、瀆神的な言葉や、参事会や裁判で発せられる暴言、すなわち裁定に対する不服や当局に対する反抗を含意した言葉に限られていたので、住民の間で発生した言葉による侮辱事件は、おもに私訴によって裁判所に持ち込まれたと考えられる。すでに見たように、Haderbuch にはこのような侮辱事件に関する訴訟が多数見られる。

ところで、すでに確認したように、言葉による侮辱は、紛争におけるエスカレーションの最初の段階であり暴力を誘発しえた。またニュルンベルク住民は、名誉の自己防衛を中核とする規範に基づいて頻繁に暴力事件を引き起こし、またその暴力事件への治安役人の介入にしばしば抵抗した。ジモン＝ムシャイドは、中世後期の都市バーゼルにおける手工業者の名誉と暴力に関する研究から、都市当局は暴力を犯罪として処罰したのに対して、手工業者は自力救済を唯一受け入れることができる紛争解決の方法とみなしたと言う。都市当局の処罰（罰金刑、都市追放刑）による威嚇にもかかわらず、手工業団体独特の規範は、都市当局の規範よりも手工業者に拘束的に作用した。したがって訴訟は紛争解決のための可能性を提供せず、そのため訴訟による紛争解決ははっきりと拒否されたと主張している。(72)

しかし、Haderbuch に見られる侮辱を私訴した多数の例は、名誉の自己防衛のために暴力を投入することは必然ではなく、選択肢の一つであったことを示している。名誉は裁判によっても満たされたのである。例えば一四三二年にパン屋職人のフリッツ・シュテンゲル（Fritz Stengel）とハンス・プーヒャー（Hans Pucher）は言葉による闘争に陥り、その過程でプーヒャーはシュテンゲルと「市門の前に行き、殴り合おうと企てた（antrage für das tor zu geen und sich zu slahen）」。恐らくプーヒャーはシュテンゲルに対して「市門の前に出てこい！」と挑発したのであろう。紛争相手を人通りの多い市門の前に誘い出すことは、大勢の見物人の前で堂々と決着をつけようということであり、きわめて挑発的な言葉であった。しかしシュテンゲルはこの挑発に乗らず、紛争を裁判に持ち込んだ。それに対して参事会はプーヒャーに八日間の地下牢獄刑を言い渡し、さらにシュテンゲルにも四日間の地下牢獄刑を言い渡すことによってこの紛争を裁定した。[73] また一四三三年には、ハンス・シュミーデルの夫人(Hanns Smidlin)とエルス・シュリュッセルフェルダー(Ells Slüsselfelder)が「互いに悪意のある言葉を投げあった(böse wort... gen einander)」が、この紛争は暴力にまでいたらず、参事会に持ち込まれた。そこで参事会は二人に対して四日間の自宅拘禁刑を言い渡している。[74] さらに一四三二年には、ある女性が、ヘルトヴィヒ夫人(Hertwigin)の「名誉をけなした(an ir ere redet)」ことに関して、ヘルトヴィヒ夫人はその女性を参事会に訴え、その女性は三日間のベンチ刑に処せられている。[75]

以上の三例は、ニュルンベルク住民が名誉の回復と紛争解決のために裁判を積極的に利用していたことを示している。とりわけ女性は紛争解決のために裁判を利用することが、男性よりも多かったと思われる。女性において、侮辱の言葉が相互に交わされた後、闘争がそこで一旦打止めになり、裁判所に持ち込まれるケースがしばしば存在した。女性においては、報復的な侮辱が暴力の投入を招くにいたることが男性より少なかったのである。男性の言葉の段階にある紛争に関する男女で異なった解決方法が、司法の利用に関するこの差に反映している。男性の暴力的紛争解決の形態は当局の法規範によって捕捉され、かつ補完された。それに対して、先にも述べたように、ニュルンベルクの法令には侮辱に関する規定が存在しないので、女性の侮辱的な言葉による紛争形態は、当事者が裁判に訴えたときのみ公的な関心となった。[76]

このような、女性により多く見られる紛争形態とそれに対する参事会の無関心＝法令の不備の他に、誹謗・中傷によって被った損害が訴訟を通じて金銭的に賠償されることも、司法の利用を促進した。一四三二年に秋市のためにフランクフルトに滞在していたニュルンベルク市民のウルリヒ・シュースラー（Ulrich Schussler）とハインツ・オッフェンマイスター（Heintz Ofenmeister）が、フランツ・ヴィートマン（Frantz Widmann）を「盗みを働いた（diebrey）」と誹謗・中傷したことに関して、ヴィートマンはその場（フランクフルト）で二人に対して釈明を求めたが、納得のゆく釈明を得られなかったため、「これら二人の釈明の後（nach derselbe zweier antwurt）」、二人をニュルンベルクの裁判所に訴えた。ちなみにヴィートマンの出身地は分からないが、彼がニュルンベルク市民でないことは確かである。[77] ニュルンベルク参事会はこの裁判を慎重に進めた。まず「〔ヴィートマンの〕告訴と〔二人の〕弁明が書面で参事会に送られ、そして読み上げられ（clag und antwurt schriftlich in dem Rat kam und gelesen ward）」、さらに参事会は、両当事者に対してこの事件に関して、とりわけ原告に対しては、この事件を通じて被った全ての損害に関して「参事会で穏やかに述べること（dem Rat in der gütlikeit dar-umb auszusprechen）」を要求した。このような審理を通じて参事会はヴィートマンの言い分を認めた。両当事者はまず参事会において「過去に起こったことに関して友好関係を誓い（frewntschaft umb vergangene sache gelobt haben）」、参事会はシュースラーとオッフェンマイスターに対して、ヴィートマンがこの裁判のためにニュルンベルクに滞在していた間に生じた商売上の損失を賠償するよう命じ、さらに両者に対して一四日間の塔拘禁刑（半分は恩赦されうる）を言い渡した。[78] ディンゲスによれば、住民は紛争解決の過程で、物的利害の調整／補償の獲得のために好んで裁判を利用した。[79] 上に引用した裁判は、こうした住民のニーズにニュルンベルク参事会が応えようとしていたことを示している。こうした参事会の態度は、住民の司法の利用を促進したと考えられる。

(2)　社会集団と司法の利用

都市住民の司法の利用は、上であげたような言葉による侮辱事件に限られなかった。身体的暴力が投入される段階にまで紛争がエスカレートしてから、紛争当事者の告訴によって参事会に持ち込まれるケースもあった。したがって、住民は自力救済的な暴力による紛争解決を、司法の利用に途中で切り替えていたのである。このような場合、家門間や手工業団体内・間の紛争がある程度エスカレートした段階で、裁判に持ち込まれるというケースが見られる。したがってニュルンベルク参事会は、都市社会内の社会関係や社会集団などの上に立ち、そこから発生する紛争の裁定者として機能していたと言える。

例をあげれば、一四四〇年には一方で都市門閥のイムホーフ家を中心とする一派（メルヒオール・イムホーフ、ペーター・エッシェンローア、老ペーター・マイヤー、若ペーター・マイヤー）と他方で同じく都市門閥のパウムガルトナー家（老コンラート・パウムガルトナー、彼の息子、パウムガルトナー家の従者ピルケミールト）が暴力紛争に陥った。この暴力紛争は、「アントウェルペンで生じた彼らの振舞いと喧嘩に関して（von irs handles und ergangen haders wegen zu Antwerben）」と記録にあるので、原因は分からないが、商用旅行先で起きた紛争がその場で決着せず、帰国後に持ち越されたようである。帰国後、パウムガルトナー家の従者であるピルケミールト（Pirkemield）の告訴（clag）により、この紛争はニュルンベルク参事会に持ち込まれた。まずピルケミールトの訴に対する、イムホーフ派の弁明（antwurt）が行われ、さらにピルケミールトの反論とそれに対するイムホーフ派の再反論が書面と口頭で行われた。その結果、まず参事会は両派に対して友好を誓わせ、さらに、この紛争に責任があると参事会が判断した、メルヒオール・イムホーフ、ペーター・エッシェンローア、老ペーター・マイヤーに一四日間の塔拘禁刑（半分は恩赦されうる）を言い渡している(80)。このように都市門閥間の紛争の解決が司法に委ねられるケースが Haderbuch にしばしば見られる。参事会員を輩出する都市上層民にとっては、裁く方も裁かれる方も身内という意識があったであろうし、また彼らの蓄積された名誉資本が、彼らを厳しい処罰から護ったであろう。こうしたことが、都市上層民の司法へのアクセスを容易にしたと考えられる。

もっとも、司法の利用は都市上層民以外にも開かれていた。以下に示す、手工業団体内の紛争の例がこのことを明らかにしている。一四三七年に、仕立屋職人のペーター・ケルナー（Peter Kellner）は、他の仕立屋職人たちを「参事会に訴えた（vor rat clagte）」。その理由は、「彼らがケルナーを避け、彼と酒盛りをせず、彼に仕えるという彼との共同作業を持とうとしない（sie es myden und niht zech noch gemeinschaft mit in haben wolten darub daz sie demselben Peter Kellner dienten）」ことにあった。さらにケルナーは、恐らくその職人たちを背後で操っていたと思われる、四人の仕立屋親方も訴えた。ここではケルナーは、同職組合内での人間関係の断絶という危機を、上位機関である参事会に訴えることによって乗り切ろうとしたのである。裁判では、ケルナーの主張（red）と被告側の抗弁（widerred）が行われ、その結果参事会は、まず全ての紛争当事者に友好を宣誓させ、職人たちに、もはやケルナーを避けないことを誓わせ、さらに親方の一人であるハイダークネヒト（Heyder-knecht）を四週間の塔拘禁刑（二週間は恩赦されうる）に処し、五名の職人を恩赦なく八日間の地下牢獄刑に処している。他の三名の親方は無罪を誓ったとある。[81] このように参事会は紛争を裁定し、ケルナーを救済しようとしている。この紛争においては、ケルナーは人数的にも、社会的地位においても明らかに弱い立場にあった。司法の利用は、こうした立場にある者の救済手段としても機能したのである。

次に、手工業団体間の紛争における司法の利用の例を見てみよう。一四三九年に、ニュルンベルクの金細工師とベルト工は紛争状態にあった。原因は、「金細工師には認められ、ベルト工には認められないと、参事会が定め、彼〔ら〕に告知した仕事〔具体的な内容に関しては分からない〕を、ベルト工が行ったことに関して（von der arbeit wegen so die Gürtler machte, die den Goldschmide und nicht den Gürtlern zu stunde, wie der Rat das gesetzt und in gesagt hett)」であった。この紛争の過程で、ベルト工のハンス・リンデンアスト(Hanns Lindenast)とマーリエンブルクのジグムント・プロイス(Sigmund Preiß von Marienburg)が金細工師のロイプラント・ホーホヴェール(Leüprand Hohweer)に悪逆(frevel)を働くという事件が起きた。それで「ホーホヴェールは市長の下へ行き、市長に訴えると、前述のプロイスはホーホヴェールを殴り、さらに市長に摑みかかる(der vorgenante Preiß Hohweer nach dem als er zu burgermeister kame war und im clagt geslagt und den burgermeister auch gerurt hett)」という事態に発展した。そこで金細工師たちは、ベルト工を相手に「共同で(gemeintlich)」参事会に訴えを起こした。この事件は局地的には、上記の三人の間での紛争であったが、その背景には金細工師とベルト工の対立があったので、ここで金細工師は全体行動をとることにより、紛争の解決をめざしたのであろう。それに対して参事会は、彼ら三人に対して相互に友好を誓わせ、リンデンアストに対して四週間の塔拘禁刑(二週間は恩赦されうる)を科し、プロイスに対しては復讐断念宣誓を誓わせたうえで、彼を都市から追放した。しかし参事会の処置は、ベルト工側に一方的なものではなかった。なぜなら上記の刑罰に加えて、参事会は、「二人〔リンデンアストとプロイス〕と上記のホーホヴェールに、厳しい叱責を述べた(in beide und dem obgenannte Hohweer eine ernstliche Strafrede gesagt)」からである[82]。

　ところで、夫婦という緊密な人的関係の内部で生じた紛争の解決に際しても、司法が利用されることがあった。例えば、一四四〇年にフリッツ・フューゲル(Fritz Fügel)とその妻は、各々の不倫関係により不和となった際に、相互に相手を参事会に訴えることによって紛争を解決しようとした。両者の告訴に続いて参事会は、まずフューゲルに対して「彼が彼の下女と……〔もはや〕情を通じず、彼女と罪深い所業を行わず、彼女と関わりを持たないこと(daz er mit seiner maid... niht zugehaten noch sündlicher werk mit ir begangen noch zu schicke gehalten hett)」と「彼の妻と以後邪心なく友愛をもって営むこと(mit seinen eeweib fürbaß niht args noch unfrewntlichs zu schicken zu haben)」を宣誓させ、次に彼の妻に「彼女が下男と……〔もはや〕関わりを持たないこと(daz sie mit dem knecht... niht zu schicken gehabt hett)」と「同様にまたフューゲルに対して彼女の誠実(desgleiche gen im widerumb ir trew)」を誓わしめ、そして最後に「誠実な夫婦がそうであるがごとく、以後平和的にともに営むよう(füebaß friedrich mit einander zu leben, als frome eelewte zustee)」フューゲルとその妻に戒告し、両者を和解させようとしている(83)。

しかし夫婦間の紛争は、常にこのように司法を通じて平和裡に解決されるとは限らなかった。年代記には暴力をともなった「私的な」紛争解決に関する記述が見られる。例えば一五〇五年には真鍮鍛冶のヨルク・ベーハイム(Jorg Behaim)の夫人マダレーナ(Madalena)が夫の不倫相手である彼女の下女の鼻を切り落とし、さらに胸、首、脇腹を突き刺して、投獄されるという事件が起きている(84)。すでに述べたが、夫の不倫相手の鼻を切り落とすという行為は、夫の不倫によって名誉を傷つけられた夫人が名誉を回復するために行う儀礼的な復讐行為であった(85)。

(3)　司法外紛争解決と司法の利用

上記の二つの夫婦間紛争は、司法による解決と司法外の暴力的自力救済という二つの対抗的な紛争解決のパターンを示しているが、民衆の司法の利用に関する近年の研究は、司法による紛争解決と司法外紛争解決は必ずしも相互に対立的な関係にあったわけではなく、全体として相互補完的に社会秩序を維持していたことを明らかにしている(86)。Haderbuch には、住民の自律的な合意形成や調停の失敗が、司法の介入を招くケースが見られる。例えば一四四〇年、若ロイポルト・ハラー(Lewpold Haller jun.)とハンス・アンファンク・ポイトラー

(Hanns Anfank Pewtler)は、「両者の間で起こったこと(was sich zwischen in ergangen hett)」に関して相互に復讐しないことを誓い、さらにハラーは、二週間の独房拘禁刑(恩赦なし)および六週間の塔拘禁刑(二週間は恩赦されうる)に服することを約した。ここで「両者の間で起こったこと」とは、ハラーの不倫をきっかけとしていた。すなわち「彼は、シュヴァルツビュルガーの夫人バルバラと多くの時間罪深く過ごし、しかも彼には若くて健康で敬虔な妻がいた(er mit der Barbara Swarzbürgerin vil zeit sündlich zugehalte und doch selbs eine jung gesund froms eeweib hett)」。そしてこの不倫は、バルバラが「前述のアンファンクから遠くないところに住んでいた(niht verren vom vorgenannten Anfank saß)」ため、アンファンクの知るところとなった。最初、アンファンクはこの不倫に関して沈黙していたが、やがてハラーを非難したため、ある日、ハラーは怒ってアンファンクを訪ね、彼に不遜な言葉を投げかけるという事件が起きた。しかしこの事件はただちにはアンファンクによる、ハラーの告発にはつながらなかった。なぜなら、その後両者の間で「多くの話し合い(vil teydinge)」が行われたからである。この話し合いの内容は記録されていないが、ハラーのアンファンクに対する侮辱事件に関してのみならず、ハラーの不倫に関しても話し合われたように思われる。しかし結局は、ハラーの不倫を止めさせることはできなかった。なぜなら、その後アンファンク自身ではないが、彼の妻が五者委員会でこの侮辱事件を明らかにし、さらにその際、ハラーが一〇年も前からバルバラと罪深い関係にあることを「咎めた(beschuldigt)」からである。[87] 以上の不倫事件の展開は、当時の日常生活において隣人による社会的コントロールがどれほどの重要性を持っていたか教えてくれる。エルンスト・シューバートが述べるように、中世の隣人関係には公開性が欠かせないものであり、それは具体的には共同体意識の優先というかたちをとって現れた。[88] このような意識によれば、この場合、不倫は決してハラーとバルバラだけの問題ではなく、隣人関係全体を貶めるものであったと考えられる。それゆえ、ハラーとアンファンクの話し合いが不調に終わったとき、アンファンクの妻はハラーの不倫を公に告発し、裁判を通じてハラーを罰しようとしたのであろう。

その他、一四三二年に、イェルクとハンス・ハーゲン(Jörg, Hans Hagen)兄弟は、原因は分からないが対立関係に陥った。そして「彼らは彼ら〔の争い〕を調停しようとした男に乱暴を加えたこと(daz sie einen gerawft hett, der sie gescheiden wolt habe)」によって各々二日間の通路刑(gang)に処せられている(89)。また、一四三四年にフリッツ・シュヴァルツ(Fritz Swartz)とその夫人は対立関係に陥った。その際彼は夫人に暴力を振るったのであろう、彼は、「彼の妻が叫び声をあげたとき(da seine weib schray)」、彼女を助けようとした「隣人(女性)に乱暴な口を利き、乱暴に振る舞ったことにより(von untzucht und handlung ein nachpewrin)」、四日間の塔拘禁刑に処されている(90)。この事件の展開においても隣人関係が重要な役割を果たしている。シュヴァルツ夫人の「叫び(schray)」は、中世社会においては単なる叫び以上の意味を有していた。それは「告発の叫び(Geschrei)」であり、一つは広く周囲に知らしめることにより、隣人関係の公開性に基づく隣人の介入を要請する叫びであり、他の一つは訴訟を提起するためにその足がかりとして万人が耳にする叫びであった(91)。この事件の場合、シュヴァルツ夫人の「(告発の)叫び」を聞いて、隣人(女性)が調停的介入を試みたと考えられる(92)。しかし調停は失敗に終わったため、解決が裁判に委ねられることとなった。この事件は、隣人相互の調停が失敗したため、裁判記録を通じて偶然後世の我々の知るところとなったが、本書ですでに何回か取り上げられたように、噂話を交換し、互いの生活に介入する住民の姿は、多くの紛争が住民相互で調停され解決されたことを示唆しているように思われる。また同時に、このような調停が時に失敗し、都市当局の介入が要請されたことも示している。

このような自律的な紛争解決の失敗→都市当局による紛争解決というパターンは参事会の支持するところでもあった。例えば一四七一年に一方でクレメント・フォン・ヴィーゼンタウ(Clement von Wisentaw)とシュトルン(Storn)、他方でゲルストナー(Gerstner)が紛争関係に陥った際、参事会はさしあたり彼らに自主的な和解を促し、「それがうまくいかない場合に、彼らを五者委員会で尋問し、両派の争点と理非を決定する(ob das nit sein wolt, sie vor den funften horen und zu entscheiden beeder teil spenn und irrung)」としている。(93)

以上で見てきたように、当時のニュルンベルク住民は日常生活において生じたトラブルをしばしば隣人あるいは裁判所に告発することにより、公開性のもとに引き出そうとした。このことは時に被告発者の名誉感情を刺激する結果になった。そのため、先のフリッツ・シュヴァルツ事件に見られるように、告発がさらなる暴力を誘発し、都市当局による紛争解決を招来することになったと考えられる。

2 都市住民の公的刑法への依存

以上のように司法外紛争解決と司法による紛争解決が補完関係にあったことを踏まえたうえで、この章の最後でこの両者の補完関係における変化を見てみたい。大局的に見れば、中世以来の歴史は、国家・統治権力の刑法的処罰の原則が、住民の自律的な紛争解決を退け、それにとってかわる過程と考えてよいであろう。それでは中世後期のニュルンベルクに限定すれば、両者の関係にいかなる変化が見られるだろうか。

Haderbuch が作成された一四三〇〜四〇年代において、すでにニュルンベルクの都市住民は、紛争解決において参事会に依存する傾向を示しているように思える。もちろん、すでに明らかにされたように、都市治安役人が住民に暴力を振るった件数よりも、その逆の方が多いことは無視されてはならないし、また何よりも、Haderbuch に記録された数百件にも及ぶ暴力事件は、都市住民独自の、ある程度暴力を許容した社会的コントロールが厳然と存在したことを雄弁に物語っている。

しかし、数百件に及ぶ暴力事件の記録は同時に多数の暴力紛争が、住民によって都市の裁判所に持ち込まれたことも意味している。もちろん、すでに述べたように、当時においても少なくとも身体的暴力は公的刑法によって処罰されるべきものとされ、また参事会は独自に治安維持機構を整備していたので、暴力紛争が治安役人の手によって裁判所に持ち込まれることもあったであろう。しかし第一章で触れたように、参事会が都市条令において住民に対して犯罪の通報と犯人の追跡・拘束・引渡しを義務づけていたことは、暴力紛争が裁判によって解決されるためには、住民の協力が不可欠であったことを示している。また Haderbuch には、紛争が当事者によって告訴されたことを明記している記録も見られるし、すでに述べたように、侮辱事件は当事者の手によって告訴されたと考えられる。したがって、相当数の紛争が当事者や都市住民の手によって都市の裁判所に持ち込まれたと見てよいだろう。[94]

以上のことから、筆者は、都市住民は紛争の全過程ではないにしても、少なくとも最終段階において公的刑法によるコントロールに依存していたか、あるいは少なくともそれをおおむね許容していたのではないかと考える。それを支持する材料として、Haderbuch の一四三一～四〇年の記録において、裁判で以前に結ばれた友好宣誓を破ったとして、再び法廷に立たねばならなかった被告人の数がわずか四名[95]に過ぎないことは、注目に値するであろう。

以上の依存と許容が生じた理由として、暴力によって紛争は公然化するとしても、必ずしも解決にはいたらなかったことが考えられる。第二章で確認したように、ニュルンベルクにおける暴力の多くは名誉をめぐる葛藤を背景としていた。名誉はその時々のケースによって暴力のエスカレートを抑制する場合もあれば、助長する場合もある二律背反的で不安定な社会規範であった。暴力が、名誉感情によって誘発されるがゆえに時に深刻な事態を招くとすれば、このことは紛争当事者や都市社会にとって負担になったであろう。この負担のため、紛争当事者は暴力紛争を裁判所に持ち込み、あるいはそれ以前に侮辱の段階で紛争解決を都市当局に委ねたのである。

このように、ニュルンベルク住民は、参事会の刑事裁判による社会的コントロール、紛争解決をおおむね受け入れていた。さらに紛争解決のための和解において、ニュルンベルク住民は一五世紀の過程を通じて都市当局への依存傾向を徐々に強めたように思われる。なぜなら紛争解決のための和解金、すなわち加害者が被害者に支払うべき賠償金・治療費の算定に、参事会が条令に基づいて介入するようになったからである。一四八二年にニュルンベルク参事会は、傷害事件の処罰に関する条令で[96]、手足の指・手・腕・足首・足を麻痺させたり、それらを切断したりした者、あるいは目を潰した者は「五者裁判所の裁判官の(被害に対する)認識と裁量に基づいて」、被害者に対してその者の「生計と利益(zerung und interesse)」に関して補償責任を負うべきことを規定している。また、一四七五年に制定された条令は「何人であれ傷害を与えられ、その被った傷が医師にかからなければならない程度のときに、そのような傷害を与えた者は被害者に治療を受けさせなければならない」と述べたうえで、治療費の算定方法について規定している[97]。それによれば、被害者の、医師にかかっていた期間が八日以内である場合、加害者は治療費として一日につき三シリング(一ポンド=五シリング)を支払うことを義務づけられている。しかし医師が、宣誓したうえで、被害者の傷はさらに治療を受ける必要があると判定した場合、加害者はさらに最長八日間、一日につき二シリングの治療費を支払わねばならない。さらに治療期間が延びる場合、少なくとも三人の「宣誓医師(都市が雇用する医師)(geswore artzt)」により、どの程度治療期間を延長する必要があるか判定され、同じく一日につき二シリングの治療費を支払わねばならないとされた。

以上の条令は、和解のために必要な生計に対する補償金と治療費の算定が参事会の条令、裁判、都市役人に基づいて行われるようになったことを示している。このような事柄は一四世紀の条令では規定されていない。一四世紀において参事会が、紛争当事者にとって微妙な問題である和解のための金額を決定することは、個々の訴訟においてはしばしばあっても、条令によって具体的に確定することは回避していたのである。また、一五世紀前半においてもHaderbuchにおける多数の事例がすでに示しているように、参事会は、こうした金額の決定を紛争当事者の自己規律に留保していた。しかし、賠償金や治療費の算定や支払いをめぐるトラブルは増加したとみえ、それが参事会の介入を促したと考えられる。例えば上述した一四七五年の条令の一四八二年に発布された補遺において参事会は、被害者が加害者に対して賠償金を支払うようわざわざ裁判に訴えなければ、加害者は賠償金を支払おうとせず、それが被害者に損害をもたらしていると憂慮を示している。そして加害者が被害者に対して然るべき賠償金を支払えないとき、あるいは支払おうとしないとき、参事会は、被害者の要求に基づいて加害者を債務者拘禁塔(schuldthurn)に拘禁し、被害者に然るべき賠償を行うまで、そこに閉じこめる、と規定しているのである。(98) このような条令の内容は、和解への介入・規制に対する参事会の要求を示すと同時に、このような介入・規制が都市住民の要請によって促進されたことを推測させるものである。したがって参事会の介入は、都市住民が参事会の監督下での紛争解決への依存傾向を強めたこととの裏返しと捉えられる。(99)

もちろん、以上のような条令が制定されたこと自体、ニュルンベルク参事会が都市平和の回復のために、依然として被害者と加害者の和解とTaidigungを重視していたことを示している。ベントラーゲによれば、参事会のこうした姿勢は一六世紀においても維持された。(100)

ところで、都市住民の依存傾向は、彼らによる伝統的な「私的」紛争解決能力、すなわち「紛争文化」の自己管理能力が低下したことに起因すると考えられる。シュースターはコンスタンツを例に一四世紀末から一五世紀に進展した都市化による住民構成の多様化・流動化、社会的格差の拡大、さらにペストによる急激な住民構成の変化は、伝統的な共同体の連帯感を低下させ、それが隣人・共同体の「私的」な紛争解決機能を低下させたと主張している。(101) ニュルンベルクに関してこのような低下をここで直接証明することはできないが、同様のことが言えるであろう。(102) そのため、住民の暴力はますます社会の負担と感じられるようになったであろう。すでに第一章で述べたように、犯人が捕らえられず、裁判が行われず、したがって処罰も行われないこと、あるいは多くの犯人が刑をすり抜けていたことが、参事会のみならず、都市住民にとってもこの時代の問題として意識されていたことは重要な示唆を与えるように思われる。

おわりに

本章の成果を整理すれば、以下のようになるであろう。本章において明らかとなった最も基本的なことは、暴力紛争の解決は刑罰と和解の両方によってもたらされたということである。ニュルンベルク参事会は裁判においてまず紛争当事者の友好宣誓を確保し、その後刑事罰を確定した。この友好宣誓は、しばしば Taidigung と呼ばれる加害者側と被害者側との間で結ばれる損害賠償協定によって補強された。Taidigung はすぐれて「公的」な契約であると同時に「私的」であり、紛争当事者の自律的な紛争解決の領域に属していた。すなわち Taidigung には、自力救済的暴力とその調停を構成要素とする自律的な「紛争文化」の社会的機能が現れていたのである。参事会は、刑事裁判においてこの機能を利用することによって、都市平和を確保しようとしたのである。

ところでニュルンベルクでは、和解の成立を前提に刑罰の恩赦がなされることがあった。したがって恩赦と、そのための恩赦の請願は、和解と公的刑法を結びつける重要な役割を果たしていたと言える。恩赦が行われるためには、おもに犯人の親族・友人、仕事仲間などの犯人の共属集団によって行われる恩赦の請願が重要であった。恩赦の請願を通じて都市住民は、限定されてはいたが、参事会の決定に影響を与えることができたのである。恩赦の請願に対する参事会の柔軟な態度には、都市住民とのコミュニケーション関係を結び、両者をコンセンサスに導く効果があったであろう。したがって、一五世紀に成立したニュルンベルク参事会の「お上」的支配の特徴は、参事会と住民とのコミュニケーションとコンセンサスを許容する柔軟な統治であったと言えよう。

それではなぜ、ニュルンベルク参事会は恩赦の請願に柔軟に対応したのであろうか。先にも述べたように、刑事裁判は、しばしば紛争当事者の自律的な紛争解決、すなわちインフォーマルな社会的コントロールと協働して紛争を解決しようとした。この自律的な紛争解決を促進するためにとった参事会の柔軟な対応が恩赦による刑の緩和だったからである。恩赦の請願は、犯人が紛争解決のためのインフォーマルな社会的コントロールと結びついていることを示していた。参事会は、紛争当事者の共属集団による恩赦の請願を受け入れ、そのかわりに彼らに平和を宣誓させることによって、親族・友人関係の社会的コントロールを刑事裁判に取り込んだ。したがって、しばしば規範が通用していなかったことの根拠としてあげられる「処罰の放棄」は、参事会の戦略から見れば、逆に解釈されうるだろう。恩赦に基づく刑罰の放棄や減刑、そしてそれらの際に行われる参事会と当事者や当事者の親族や友人との交渉・コミュニケーションは、都市平和という規範の浸透のための重要な要素であったのである。

このような、インフォーマルな社会的コントロールと協働して紛争を解決しようとする参事会の刑事裁判は、逆に刑事裁判の協働を得てインフォーマルな社会的コントロールを補強しようとする住民の態度＝「司法の利用」につながった。ニュルンベルク住民は、侮辱事件において、名誉の回復と紛争解決のために司法を積極的に利用した。その際、女性により多く見られる紛争形態とそれに対する参事会の無関心が、女性の司法利用を促進した。また住民は、誹謗・中傷によって被った損害の金銭的補償を、好んで訴訟を通じて獲得しようとした。さらに都市住民は、家門間や同職組合内・間、隣人間などの都市の社会関係から生じる紛争を解決するためにも、司法を利用した。

以上のように、刑事裁判と住民の社会的コントロールは、「Taidigung」、恩赦・恩赦の請願および「司法の利用」を通じて、全体として相互補完的に社会秩序を維持していたのである。こうした相互補完関係が成立した条件は以下のようである。一方でニュルンベルク参事会は独自の治安維持機構を整備したとはいえ、条令が示すように、犯人を捕らえ、告訴するためには、都市住民の協力に依存せざるを得なかった。他方で都市住民は、名誉によって規定された暴力的な社会的コントロールが紛争を解決するどころか、逆にエスカレートさせる場合があったため、紛争解決を裁判に委ねざるを得なかった。

こうした相互補完関係は、一五世紀・一六世紀初頭を通じて、紛争解決のために都市住民が参事会に依存する方へと徐々に傾いていった。すなわち、ニュルンベルク参事会が紛争解決のために果たす役割は、都市住民の紛争解決能力の低下と連動して高まり、こうした状況下で都市住民は、新たに参事会が監督するかたちでの平和を望む傾向を強めるのである。こうして、ニュルンベルク参事会は、都市住民に対する監督・裁定者としてプレゼンスをますます高め、都市住民の自律的な紛争解決を刑事裁判の中に徐々に取り込んでいったのである。

(1) AStB. 196, fol. 64r.
(2) Ebd., fol. 61r-v.
(3) 〈Küngisteyn promisit hiezwisch des nehsten sunntags, der sache mit vnd genannten seinen bruder, ein gantz end vnd awstrag zu mache entziehen, oder aber auf den selbe nehste sunntag auf ein versperrte turn zu geen vnd niht herab zu kome vntz es beschiht.〉 Ebd., fol. 30r.
(4) Ebd., fol. 14v.
(5) Groebner, Der verletzte Körper und die Stadt, S. 172-175.
(6) Ebd., S. 171f.

（7）　以下の事例は、Ebd., S. 172を参照。

（8）　〈Des jars am mitwochen nach Pauli da het Hanns Im Hof mit seim sun Ludwig hochzeit und des nachtz am Abenttantz da rupfet die wild rott auf dem rathaus und zugen der guten dirn, genant Bayrreuter agnes, irn slair auch ab, da zug sie ein protmesser auß und stach nach eim, der trat hinter sich und stieß einen andern gegen ir, den selben stach sie durch den hals auf dem rathaus, und man het sorg, er würde sterben. und da fluh sie auf sant Sebalts kirchof, da luffen ir die statknecht nach und redten sie vom kirchof mit guten worten und fürten sie ins loch, da lag sie pei 12 tagen. da verput man ir fünf jar die stat und hin dan.

Und der kneht plaib pei leben. da taidigt sie mit, und gab im für alle sach fünf guldein und sie must auch dem richter und den herrn wol mer denn 20 gulden geben.

Und da pat man für sie, das man sie hie ließ.〉 Die Chroniken der deutschen Städte vom 14. bis ins 16. Jahrhundert, Bd. 11, S. 562f.

（9）　〈Hanns Örtel und Herman Hagen jurauert frewndschaft und der Örtel bey demselbe eyd herauf zu gebe v lb. n. on gnade und dem vorgenant Hagen artzlon und für wunte daz sich dafür gebürt ob er es nemen wil, dem richter seine recht hindan gesetzt, und dartzu iiii woche auf eine turn zu seyn, nemlich xiiii tag in eine versperrte kemerlin und xiiii tag sust auf dem turn auch on gnade, vmb sein grob verhandlung, messer zucke und wunte〉 AStB. 196, fol. 40r.

（10）　〈Heinrich Pfranger ist die stat verboten 3 jar 5 meyl hindan darümb, daz er ein messe rzukt, und sol darumb, daz er junkherren Spengler durch ein schoppen stach und sol darnach niht herein, er geb danne 5 lb newer hl und daz artzlon, ob er daz nemen wil und dem rihter sein reht〉 Schultheiß, Die Acht-, Verbots-und Fehdebücher Nürnbergs von 1285–1400, Nr. 1017.

（11）　Ebd., Nr. 930.

（12）　殺人事件に関しては、やや時代は下るが、グレーブナーが整理したデータをここで示しておく。そのデータの基になっているのは、一五三〇年代にニュルンベルクが隣接するブランデンブルク‐アンスバッハ辺境伯と、ニュルンベルクの支配領域の一部における裁判権をめぐって争った際に、この領域において以前より帝国都市ニュルンベルクの裁判権が行使されてきたことを証明しようとしてニュルンベルク参事会が一五世紀末のアハト・刑罰帳から抜粋して作成した文書である。この文書には一四八三年から一四九九年までの全部で三一件の判決が記録されている。窃盗事件が一〇件記録されているが、残りは殺人事件に関する記録である。参事会は三件の謀殺(mort)事件において死刑の判決を下し、同じく三件の故殺(todslag)事件においても死刑の判決を下している。それに対して他の五件の故殺事件においては、判決は恩赦の請願によって賠償金の支払いまでに減刑され、残りの一〇件の故殺事件において加害者は都市に罰金を支払った後、犠牲者の遺族へ賠償金を支払うことによって、遺族と和解した。したがって一五件の故殺事件は、加害者が贖罪金として近親者に賠償金を支払うことによって、解決されている。Vgl. Groebner, Der verletzte Körper und die Stadt, S. 173f.

(13) AStB. 196, fol. 41r-v.

(14) Groebner, Der verletzte Körper und die Stadt, S. 175.

(15) Groebner, Ökonomie ohne Haus, S. 167f.

(16) Bernd Roeck, Eine Stadt in Krieg und Frieden. Studien zur Geschichte der Reichsstadt Augsburg zwischen Kalenderstreit und Parität, Göttingen 1989, S. 322f. 例えば、一五〇〇年にニュルンベルクで、殺人事件を起こした三人の兵士が投獄された際、その兵士の友人たちが、彼らの投獄中の経費をニュルンベルク市当局に対して支払っている。Vgl. Die Chroniken der deutschen Städte vom 14. bis ins 16. Jahrhundert, Bd. 11, S. 625.

(17) Ebd., Bd. 11, S. 578f.

(18) 恩赦・恩赦の請願のこの役割を強調したものとして、Schwerhoff, Köln im Kreuzverhör, S. 166-173 を参照。

(19) ニュルンベルクの騎馬傭兵団については、Henselmeyer, Alltagskriminalität und ratsherrliche Gewalt, S. 171 を参照。

(20) Bayerischer Staatsarchiv Nürnberg, Stadtrechnungen, Nr. 180, fol. 39r.

(21) AStB. 196, fol. 18v.

(22) Ebd., fol. 28v.

(23) Henselmeyer, Alltagskriminalität und ratsherrliche Gewalt, S. 171.

(24) Ebd., S. 171f.

(25) AStB. 196, fol. 38v.

(26) Henselmeyer, Alltagskriminalität und ratsherrliche Gewalt, S. 172.

(27) Ebd., S. 172.

(28) Schuster, Eine Stadt vor Gericht, S. 156–158.

(29) シュースターは、一四三六年の夏にシュテフリとグルーリーが、他の数人とともに夜の市街を歩き回り、騒ぎ、その挙げ句夜警と小競り合いを起こして、参事会により罰金刑に処せられたこと、またシュテフリとグルーリーは互いにそう離れていないところに住んでいたことを理由に、この二人が友人であったと推定している。Vgl. ebd., S. 156.

(30) コンスタンツ参事会は、この事件の原因はシュテフリにあるとして彼を一年間の都市追放刑に処し、またグルーリーに対してもシュテフリに対する中傷に関して半年間の都市追放刑を言い渡した。Vgl. ebd., S. 156f.

(31) 以下のことが、この若人団の団結力の強さを物語っている。一四三六年にシュテフリやグルーリーとともに夜警との小競り合いを起こした者の中にクラウス・フラールという者がいた。彼の家は肉屋であったが、塩の取引で富を築きコンスタンツの富裕家門の一つに数えられるまでになっていた。フラールは暴力事件をしばしば起こして、参事会に被告として立たねばならなかったが、同時に彼は有罪の判決を受けた者の保証人を何度も引き受け、すなわち保釈金を立て替えることによって、刑が執行される前にその者を釈放させていた。このようなことは彼が小参事会員として社会的地位を固めた一四五〇年代に多い。フラールが保証人として引き受けた者の中には、参事会の同僚もいれば都市の下級役人もいた。様々な階層に属する彼らを結びつけていたものは、彼らがかつて同じ若人団に属していたことであり、そのことが長じてからも彼らの緊密な団結、友情、保護関係を根拠づけていた。この若人団の固い団結は成員が長じても、あるいは社会的に上昇しても減退せず、長期間にわたって彼らの関係を相互に規定していたのである。Vgl. ebd., S. 157f.

(32) 佐久間「近世ドイツ職人をめぐる暴力と秩序」一七六頁。

(33) Baader, Nürnberger Polizeiordnungen aus dem 13. bis 15. Jahrhundert, S. 42–44.

(34) Ebd., S. 42.

(35) Ebd., S. 43.

(36) Ebd., S. 43.

(37) Franz Ruf, Acht und Ortsverweis im alten Land-u. Stadtgericht Nürnberg, in: MVGN 46, 1955, S. 1–139, hier: S. 95.

(38) Baader, Nürnberger Polizeiordnungen aus dem 13. bis 15. Jahrhundert, S. 43.

(39) 〈... hieb man auch ein lantkneht von Anspach auß, auch ein knapp. und der margraf was sein tot, der pat für in und die markgraffin. wolt in gehenkt haben.〉 Die Chroniken der deutschen Städte vom 14. bis ins 16. Jahrhundert, Bd. 11, S.

578.

(40) Ebd., Bd. 10, S. 384.

(41) 〈man wolt in kopfen, da erpat in der neu bischof zu Aystet, was erst an der heiligen drivaltikeit erst eingeriten. hieb in mit gerten auß der neu henker...〉 Ebd., Bd. 11, S. 593.

(42) Henselmeyer, Ratsherren und andere Delinquenten, S. 138-140.

(43) 中世後期の都市コンスタンツを例に恩赦の請願のこのような政治・外交上の役割に関して考察したものとして、Schuster, Der gelobte Frieden, S. 144-148を参照。

(44) 〈... praht man gefangen Fritzen von Eich und man köpft in am 13. tag, het geraubt. was ein edelman gar gutz geslechts, het wol pei 30 guter pet für in.〉 Die Chroniken der deutschen Städte vom 14. bis ins 16. Jahrhundert, Bd. 11, S. 557.

(45) Ebd., Bd. 11, S. 557.

(46) Ebd., Bd. 11, S. 483-486. なお、一五世紀においてドイツ国王が諸帝国都市当局に対して行った恩赦の請願の、国王および都市にとっての法的・政治的意味を包括的に検討した研究として、Claudia Garnier, Die Kultur der Bitte. Herrschaft und Kommunikation im mittelalterlichen Reich, Darmstadt 2008, hier: S. 324-338がある。

(47) Groebner, Das Gesicht wahren, S. 363.

(48) Die Chroniken der deutschen Städte vom 14. bis ins 16. Jahrhundert, Bd. 10, S. 243.

(49) Theodor Hampe, Die Nürnberger Malefizbücher als Quellen der reichsstädtischen Sittengeschichte vom 14. bis zum 18. Jahrhundert, Bamberg 1927, S. 83.

(50) フランツ・シュミット著、藤代幸一訳『ある首斬り役人の日記』白水社、一九八七年、一一六〜一一七頁。

(51) Hampe, Die Nürnberger Malefizbücher als Quellen der reichsstädtischen Sittengeschichte vom 14. bis zum 18. Jahrhundert, S. 82f.

(52) Dülmen, Theater des Schreckens, S. 45. なお、恩赦の請願における「友人」の役割に関して論じたものとして、Andrea Boockmann, Urfehde und ewige Gefangenschaft im mittelalterlichen Göttingen, Göttingen 1980, S. 85-91を参照。

(53) Hampe, Die Nürnberger Malefizbücher als Quellen der reichsstädtischen Sittengeschichte vom 14. bis zum 18.

Jahrhundert, S. 83.

(54) Boockmann, Urfehde und ewige Gefangenschaft im mittelalterlichen Göttingen, S. 87.

(55) 〈vieng man hie Nikel Steudlein sun, genant glaub Khlian, und ins loch gelegt, het seiner muter betschaft ab lassen machen und ließ ein frawenpild einen brief schreiben sam in der muter namen. die wurd pürg für irn sun gegen dem Peter Engel füt 19 gulden. da die zeit kom da fordert Engel die 19 gülden und auch an der muter. sie antwortet, sie weßt nichtz ümb sein sach. item da pat sein öheim Hanns Staud den von Wirtenberg, des puchsengisser er gewesen was, einen rat zu piten. es gesch, das man in auß ließ.〉, Die Chroniken der deutschen Städte vom 14. bis ins 16. Jahrhundert, Bd. 11, S. 565.

(56) 〈nyemants... einichen fürsten, graven, herren, prelaten oder anndere anlauffen, ersuchen oder anregen sol, für dieselben gefanngen oder gestrafften personen ze biten oder zuverschreiben in eynich weise.〉 Baader, Nürnberger Polizeiordnungen aus dem 13. bis 15. Jahrhundert, S. 43.

(57) こうした恩赦の請願の重要性にいちはやく注目したのは、シュヴェアホフである。Vgl. Schwerhoff, Köln im Kreuzverhör, S. 166-173.

(58) Ebd., S. 170.

(59) Simon-Muscheid, Gewalt und Ehre im spätmittelalterlichen Handwerk am Beispiel Basels, S. 2f.

(60) 例えば一五〇一年に以下のような恩赦があった。すなわち「……ワイン市場でワインを盗んだ二人の男がここで〔ニュルンベルクで〕斬首刑に処せられた。彼らは絞首刑に処せられるはずであった。〔しかし〕恩赦の請願がなされて、斬首刑になった。刑吏は二人を一・五クラフター〔長さの単位〕離して互いに向き合わせて台架の上に座らせた。刑吏は、ひざまずいていた一人目の男の首を斬り、そしてくるりと回転して、椅子に座っていたもう一人の男の首をその勢いで切り落とした(... köpft man hie zwei, heten hie gestoln wein auf dem Weinmarck. man solt sie gehangen haben, erpat man sie zum schwert. er stellet in die ruk genainander anderhalb clafter weit, er köpft den ersten, der kniet, und dreet sich umbhin und flug dem andern auf dem sessel den kopf im schwang auch ab)」。Die Chroniken der deutschen Städte vom 14. bis ins 16. Jahrhundert, Bd. 11, S. 637.

(61) 〈... komen schoner junkfrawen neun parheubtig mit schönen wasserperlein harpant für einen gantzen rat, paten für

zwen messrer, die im loch lagen, waren pei einem mort gewest, aber nit hant angeleg, und paten neur, das man sie des henkers freiet. das geschah.〉 Ebd., Bd. 11, S. 661.

(62) こうした交渉とコミュニケーションは、ニュルンベルク以外の都市でも見られた。ここでは、ゲッティンゲンとバーゼルの事例を参考としてあげておきたい。一四八四年にゲッティンゲンで、ある左官が市壁工事の代金を都市当局に対して不当に高く請求したとして、ゲッティンゲン参事会は彼に処罰としてさらに六ルーテ(長さの単位)の市壁工事を命じる有罪の判決を下した。しかし彼にはその判決を受け入れるつもりはなく、彼の友人と相談した。そして参事会に対して量刑に関して抗議し、処罰を半ルーテにするよう請願した。参事会は、その請願を受け入れなかったが、長い交渉の末、都市参事会とその左官の友人たちは、処罰を二ルーテまで減らすことで折り合った。Vgl. Boockmann, Urfehde und ewige Gefangenschaft im mittelalterlichen Göttingen, S. 89f.

バーゼルでは一五〇五年に、鍵工のツンフト会館で参事会と参事会員を誹謗・中傷したハインリヒ・アインファルティヒなる者が捕らえられ、裁判にかけられた。しかし参事会は、彼が有力市民であり、長い間、参事会員であったことに鑑みて、裁判が開始されると同時に、彼の友人に恩赦の可能性を示唆している。そして一旦二〇〇グルデンの罰金という判決が下されたが、参事会は同時に、もし彼の友人が現れて、恩赦の請願がなされるのなら、罰金額を一〇〇グルデンまで減らせるとし、参事会自ら恩赦をめぐる交渉のための枠組みを提示している。Vgl. Schuster, Der gelobte Frieden, S. 140f.

(63) Schwerhoff, Köln im Kreuzverhör, S. 167.

(64) Die Chroniken der deutschen Städte vom 14. bis ins 16. Jahrhundert, Bd. 11, S. 587.

(65) 〈Item 1494 da lag hie zu Nurmberg gefangen ein hantwerkman, der peutel und wetzkein machet, von dieberei wegen, und mit im einer, genant Fritz Mülner, vom birg, da er ein mul het, auch von dieberei wegen. und darnach am pfintztag nach obersten da leutet man in paiden auf. und zu der zeit da was zu Nurmberg Hertzog Albrecht und sein sun hertzog... und sie luden die schonen frawen. und da kom ein person zu des wetzkeinmachers frau und sagt ir, sie solt nit lassen, sie solt zu den erbern frawen kumen und sie piten, das sie die fürsten peten fur irn man, in zu erledigen. das geschah und der jung fürst erpot in, das man in im gantz ledig und frei ergab aller ding. und den andern hieng man.〉 Ebd., Bd. 11, S. 577.

(66) 〈Es ist dies Jahr Hannß Elwanger, ein Bürger und Geschlecht zu Nürnberg in einem Hader von Hannßen Groland

und Herman Stromair, beeden des Rats, dann Cunczen Schürstab und N. Armbaur, mit vielen Wunden beschädiget worden, derwegen man sie nachfolgender Gestalt gestraft, und den Groland und Stromer beede ihrer Viertelmeisterämbter entsetzt und ihnen auferlegt, von jeder Wunden 3 lb. 60 Heller Frevelstraf (daran der Groland den halben Teil und die andern drei auch halben Teil geben sollen), dann jedem, sambt ihren Knechten 5 lb. neuer Heller vom Wehrzucken und dem Beschädigten, so ers wöllen annehmen, von jeder Wunden 3 lb. 60 Heller. Über das sollte der Groland 14 Tag auf einem Turn büssen und niemand zu ihme gelassen werden als sein Web und Kind, und sollte hernach auf Micharlis gen Kelheimb in die Stadt reiten, ein ganz Jahr alda liegen und aus der Stadt nit kummen, es bäte dann Hannß Elwanger und sein Weib für ihn, so sollt ein halb Jahr auf des Rats Gnad stehen, das ander halbe Jahr aber soll er ohne Gnad alda bleiben. Herman Stromair sollte acht Tag auf einem Turn büssen und auf Michaelis gen Altenfelden in das Dorf reiten und auf ein viertel Meil umb dasselbe Dorf nit kummen, und dreiviertel Jahr alda liegen, doch sollte auf des Elwangers Fürbitt anderthalb viertel Jahr auf Gnad stehen. Cuncz Schürstab und der Armbawer sollte jeder gleichfalls acht Tag auf einem Turn büssen und sollte der Schürstab auf obbestimbte Zeit gen Berchingen und der Armbawer gen Herrieden reiten, doch sollte auf Fürbitt ein viertel Jahr auf Gnad stehen, das andre ohne Gnad sein.〉 Johannes Müllner, Die Annalen der Reichsstadt Nürnberg Teil II: Von 1351 bis 1469, hg. v. Gerhard Hirschmann, Nürnberg 1984, S. 182f.

(67)　〈Sundmerckel von Pillsach sol vmb sein verhandlung gen Wilhelm Groß auf ein versperrte trun hie geen auf dessebe gross gnade, wölt aber der droß zu hart daran, so sol es an dem rat steen.〉 AStB. 196, fol. 35r.

(68)　〈vntz herr Wernher für in bot wölt, aber herr Wernher zu ernstlich darynn seyn, so sol das höre an dem rat steen, von der grobe wort vnd handlung wegen die derselb Kroentzagel hern Wernhern auf dem rathause zugeredt hett.〉 Ebd., fol. 38v.

(69)　Henselmeyer, Ratsherren und andere Delinquenten, S. 145.

(70)　「刑罰の放棄」のこうした機能に関しては，Härter, Soziale Disziplinierung durch Strafe? S. 376-379 を参照。

(71)　〈Meister Paulus Püchsenmeister sol 4 woche auf eine versperrte turm seyn halb on gnade halb auf gnade vnd im sol gesagt werden, wenn der Rat niht sein vergangenen vnd künftigen dienst angesehen hett, so were die straff pillich grösser werd, von der grobe verhandlung wegen, als er die glockengieserin nach tisch gar hart geslagen vnd erzuchtigt hett.〉 AStB. 196, fol. 43v.

(72) Simon-Muscheid, Gewalt und Ehre im spätmittelalterlichen Handwerk am Beispiel Basels, S. 2f.

(73) AStB. 196, fol. 8r.

(74) Ebd., fol. 24r.

(75) Ebd., fol. 10v.

(76) Henselmeyer, Ratsherren und andere Delinquenten, S. 78-80.

(77) Ebd., S. 81.

(78) AStB. 196, fol. 13v-14r.

(79) Dinges, Justiznutzungen als soziale Kontrolle in der Frühen Neuzeit, S. 511-513.

(80) AStB. 196, fol. 63r.

(81) Ebd., fol. 42v-43r.

(82) Ebd., fol. 52r.

(83) Ebd., fol. 58v-59r.

(84) Die Chroniken der deutschen Städte vom 14. bis ins 16. Jahrhundert, Bd. 11, S. 687.

(85) Groebner, Das Gesicht wahren, S. 363f.

(86) Dinges, Justiznutzungen als soziale Kontrolle in der Frühen Neuzeit, S. 503-544.

(87) AStB. 196, fol. 59r-v.

(88) シューベルト著、藤代訳『名もなき中世人の日常』九一頁。

(89) AStB. fol. 8v.

(90) Ebd., fol. 34v.

(91) シューベルト著、藤代訳『名もなき中世人の日常』九〇頁。

(92) カール・A・ホフマンは、おもに一六世紀の都市アウクスブルクにおいて、都市住民が性的なみだれに対するモラル上の憤慨や暴力的な夫を持つ妻に対する同情心から、隣人に対して積極的に社会的コントロールを行っていたことを指摘しているが、この事件は一五世紀のニュルンベルクにおいても同様の社会的コントロールが行われていたことを示している。Vgl. Carl A. Hoffmann, Nachbarschaften als Akteure und Instrumente der sozialen Kontrolle in urbanen Gesellschaften des sechzehnten Jahrhunderts, in: Heinz Schilling (Hg.), Institution, Instrumente und Akteure sozialer Kontrolle und Disziplinierung im frühneuzeitlichen Europa, Frankfurt am Main 1999, S. 187-202, hier: S. 196.

(93) Martin Schieber (Hg.), Die Nürnberger Ratsverlässe. Heft 2 1452-1471, Neustadt an der Aisch 1995, S. 195.

(94) ただしHaderbuchは、紛争が誰によって持ち込まれたかという点に関して、記録の一貫性に欠けるので、この数量比を出すことは不可能である。

(95) 一例をあげれば、一四三八年に以下のような訴訟が見られる。すなわち、以前フリッツ・ウルリヒが、ケッツラーなる者を侮辱したことに関して、ケッツラーはウルリヒを参事会に告訴し、その結果「両者は……友好を宣誓した(haben sie beide frewntschaft gesworn)」。しかしその後「参事会は、ヴェネチアとニュルンベルクにおける彼らの振舞いを十分に知ったので(als sich der Rat vmb ire handel zu vededig vnd hie wol erfur)」、参事会で彼らの「主張と抗弁(red und widerred)」が行われ、さらに尋問が行われた結果、ウルリヒがケッツラーに対して傷害事件を起こしていたことが明らかとなった。そこで参事会は、ウルリヒに対してナイフを抜いたことに関して五ポンドの罰金を科し、ケッツラーの傷の治療費と、もしケッツラーが受け取るならば、傷の賠償金を支払うことを命じ、さらに裁判官に裁判手数料を支払うよう命じ、そして二カ月間の塔拘禁刑(一カ月は恩赦されうる)の判決を下した。AStB. 196, fol. 44r-v. なお、この四名には、相手を変えつつ、何度も暴力紛争を引き起こした者は含まれていない。

(96) Baader, Nürnberger Polizeiordnungen aus dem 13. bis 15. Jahrhundert, S. 44-46.

(97) Ebd., S. 47-49.

(98) Ebd., S. 49.

(99) さらに、債務者拘禁塔の他の機能も、紛争解決に関する都市住民の都市当局への依存傾向を示している。一四八三年の参事会決定によれば、債務者拘禁塔とは、債務の支払いを遅滞している債務者を拘留するための塔であるが、以下の事例からは、都市住民が紛争解決のために債務者拘禁塔を、この決定の内容にとらわれず幅広く利用していたことが窺える。例えば一四八九年にリンハルト・ヴァイスプロートという者が乱暴狼藉により彼の両親の要求に基づいて塔に送られ(Groebner, Ökonomie ohne Haus, S. 229)、また一五〇一年にはヤーコプ・アイノルトという者が乱暴狼藉と財産の浪費により、彼の後見人の告発に基づいて塔に拘禁されている（ebd., S. 230）。なお、債務者拘禁塔の機能に関しては、ebd., S. 228-232を参照。

(100) Bendlage, Henkers Hetzbruder, S. 157.

(101) Schuster, Eine Stadt vor Gericht, S. 148.

(102) ニュルンベルクの人口増加は顕著である。一四三三年には少なくとも二万六〇〇〇人、一四五〇年代初頭には三万人を超え、一四八五年には三万六〇〇〇人と算定されている。Vgl. Isenmann, Die deutsche Stadt im Spätmittelalter: 1250-1500, S. 29.

結　語

本書では、規範と現実との差異（規範の現実的通用の問題）を強調し、また紛争解決としての司法の機能に着目することによって、エストライヒの「社会的規律化」論に対して懐疑的論調を示した歴史犯罪研究の成果に拠りつつも、このような論調からは、一五世紀以降の都市で強まる、統治権力による社会的コントロールの役割を十分に捉えきれないのではないか、また歴史犯罪研究の諸研究は、住民の暴力的な社会的コントロールの能力を理想的に捉え過ぎているのではないか、という問題関心の下、中世後期ニュルンベルクにおける暴力紛争を対象に、ニュルンベルク参事会の刑事司法・ポリツァイと都市住民のインフォーマルな社会的コントロールとの関係を検討した。以下では、その成果をまとめたい。

ニュルンベルク参事会による社会的コントロールの強化は、一四世紀後半以降本格的に開始される公的刑法の拡大・発展となって現れた。この現象は以下の二点に要約される。第一に、紛争解決の手段として、一四世紀初頭にしばしば用いられた当事者主義的な自己退去が一四世紀末になるとあまり用いられなくなり、かわって上から裁定的に下される都市追放刑が頻繁に用いられるようになった（第一章第一節）。判決類似の契約である自己退去の減少と裁判判決である都市追放刑の増大は、一四世紀の過程における公的刑法の発展を示している。第二に、一四世紀後半以降参事会は、暴力行為を予防するという観点から、「ナイフを抜く」や「賭博」など、暴力行為につながるような振舞いを犯罪化しはじめた（第一章第一節）。このような犯罪予防的措置は、直接の被害者が発生しない振舞いをも犯罪化することになったので、そこから、職権による告訴現象を誘発するにいたった。一五世紀になると参事会は、「公共の福祉」を守るための予防的措置として、公的刑法のさらなる拡大を積極的に推進した。その際に参事会によって問題とされた振舞いは、飲酒や衣服における奢侈などのポリツァイ的犯罪であった。ポリツァイが刑事司法を活性化させ、それが「私的」制裁や紛争解決に対する公刑罰の優位の要求へとつながるのである（第一章第二節）。

このように、参事会が公的刑法の要求を強める一方で、都市住民は、「紛争文化」と呼ばれる、自力救済的暴力を不可欠な構成要素とする社会秩序を形成していた。中世後期のニュルンベルク社会では暴力が蔓延していたが（第二章第一節）、こうした暴力の多くは、社会的コントロールの一種である対抗暴力の諸特徴を備えていた。対抗暴力はしばしば名誉をめぐる葛藤を背景として生じた。名誉はその時々のケースによって暴力のエスカレーションを抑制する場合もあれば、助長する場合もある二律背反的で不安定な社会規範であり、それゆえ、時に紛争の深刻なエスカレーションを招いた。この点に住民の暴力的な社会的コントロールの限界があった（第二章第二節）。

公的刑法の拡大は遅くとも一五世紀前半までには、こうした「紛争文化」の社会にも及んでいた。暴力事件は侮辱であれ、軽微なものであれ、あるいは家族内のものであれ、おおむね公刑罰による処理の対象となっていたのである（第三章第一節）。その際、最も頻繁に科された刑罰は拘禁刑であった。拘禁期間は犯罪状況に応じて柔軟に設定された（第三章第一節）。したがって、中世の刑罰体系の特徴とされる、生命刑・身体刑を中心とした硬直性は、当時のニュルンベルクの刑罰体系には必ずしも当てはまらない。ニュルンベルク参事会は、拘禁刑を発展させることによって、「紛争文化」に対する効果的なコントロール手段を得たのである。

このような、日常的で慣習的に繰り返される住民の暴力に対するニュルンベルク参事会の規制は、暴力とそれを振るう都市住民を排除しようとするものではなかった（第三章第二節）。なぜなら、第一に参事会には、公刑罰を通じて非市民や下層民などの特定の集団や個人を周縁化しようとする意図はなかったからである。第二に参事会の公刑罰の意図は、暴力を振るう都市住民のモラルの改善、すなわちモラル化ではなかったからである。ほとんど常習的な暴力犯でさえ、繰り返される暴力行為によっても、それに対する刑罰によっても、その名誉や信用を失うことはなかった。第三に都市当局によって上から下された判決は、その実効において当事者の宣誓を前提としていたので、判決が下された後でその実施をめぐって、被告人が都市当局と交渉する余地が生じたからである。参事会は、拘禁刑の執行延期期間について犯人と何度も交渉し、犯人の要望に柔軟に応えようとした。

それでは、こうした特徴を持つ公的刑法は、どのようにして社会的コントロールの機能を果たしていたのであろうか。この問題を検討するために、公的刑法の拡大・発展は、紛争解決のプロセスから加害者と被害者の関与を決して排除したわけではなかったことに着目した（第四章第一節）。ニュルンベルク参事会は、刑罰と紛争当事者間の友好宣誓の両方を、紛争解決の手段として用いたのである。さらに友好宣誓はTaidigungと呼ばれる損害賠償協定によって補強された。Taidigungの締結には加害者と被害者のみならず、彼らの共属集団が加わる場合もあった。すなわち紛争解決は、処罰する参事会と処罰される犯人＝加害者という二者問題であるのみならず、被害者を加えた三者問題、さらには彼らが属する都市社会の問題だったのである。ここに参事会の刑事裁判と都市住民の社会的コントロールとの結びつきが浮かび上がってくる（第四章第一節）。

両者を結びつける媒体はTaidigungのほか、恩赦・恩赦の請願、「司法の利用」の三つであった。Taidigungを締結し、あるいは恩赦を請願する親族・友人の人的ネットワークは「紛争文化」の社会において暴力を生み出すネットワークでもあった。したがって「紛争文化」は暴力紛争の解決機能も有していたのである。ニュルンベルク参事会は友好宣誓とTaidigung、恩赦を通じて「紛争文化」の社会的コントロールを刑事裁判に結びつけ、全体として社会秩序を維持・回復しようとした(第四章第二節)。それゆえ恩赦の請願が行われない場合は、こうした社会的コントロールが犯人に欠如していることを意味した。このような場合、参事会は、都市住民による社会的コントロールに期待できないために、犯人に抑圧的な態度で臨むことがあった。このようにインフォーマルな社会的コントロールの存否により、犯人の運命が大きく変わる「複線的」刑法は、重罪刑事裁判の領域に見られた(第四章第二節)。

以上のように、インフォーマルな社会的コントロールと協働して紛争を解決しようとする参事会の刑事裁判は、逆に刑事裁判の協働を得てインフォーマルな社会的コントロールを補完しようとする住民の態度＝「司法の利用」につながった。ここでも参事会の刑事裁判と住民の社会的コントロールは結びついていた(第四章第三節)。

このように刑事裁判と住民の社会的コントロールが全体として相互補完的に社会秩序を維持・回復しようとしていた以上、しばしば規範が通用していなかったことの根拠としてあげられる「処罰の放棄」は、参事会の戦略から見れば、逆に解釈されうるだろう。友好宣誓とTaidigungの成立と引き換えに放棄される刑罰、恩赦に基づく刑罰の放棄や減刑、そしてそれらの際に行われる参事会と当事者や当事者の親族・友人との交渉・コミュニケーションは、都市平和という規範の浸透のための重要な要素であった(第四章第二節)。

以上より、公的刑法の拡大・発展とは決して「紛争文化」を排除する過程ではなく、むしろ「紛争文化」を公的刑法に取り込んで、内部化しようとする試みであった。この意味において一五世紀以降立ち現れるニュルンベルク参事会のオーブリヒカイトは都市住民の社会にとって必ずしも外部的な存在ではなかった。しばしば当局の抑圧的介入の象徴とされる下級治安役人の振舞いも、この主張を補完する。彼らは、都市住民に暴力を振るう側としてよりも、振るわれる側としてより頻繁に史料に登場した（第二章第二節）。

このような参事会の態度は、ニュルンベルク住民の中で裁判への信頼を醸成した。なるほど、Haderbuchを見渡せば、治安役人の職務活動を妨害したり、それに抵抗したりする住民を容易に見つけ出すことができる（第二章第二節）。また不法なアイヌングを結成し、その内部で独自の制裁を科す手工業者も少なからず存在した。同職組合の自力救済の慣習も根強く残っていた（第一章第二節）。しかし、住民のインフォーマルな社会的コントロールと参事会による刑罰権独占の要求との、こうした対抗・緊張関係のみを強調するのは一面的な見方である。まず法令では犯罪の構成要件とされていない言葉の暴力＝侮辱事件が、しばしば当事者の手によって裁判に持ち込まれ、そこでの解決が求められた。また手工業職人や外国人など、法的・社会的に不利な立場にある者が、紛争解決のために、司法を利用した。さらに裁判において誓われた友好関係が破られることは少なかった（第四章第三節）。もちろんそこには、友好宣誓を破ると、より長期の拘禁が待っているという、刑罰の威嚇効果が働いていたことは間違いない。しかし、この少なさは、紛争は最終的には裁判によって解決されるとする、都市住民の法文化を想定せずには説明されえない。

以上のように、刑事裁判と住民の社会的コントロールは、全体として相互補完的に社会秩序を維持していたのであるが、こうした相互補完関係が成立した条件は以下のようである。一方でニュルンベルク参事会は独自の治安維持機構を整備したとはいえ、条令が示すように、犯人を捕らえ、告訴するためには、都市住民の協力に依存せざるを得なかった（第一章第二節）。他方で都市住民は、名誉感情によって規定された暴力的な社会的コントロールが紛争を解決するどころか、逆にエスカレートさせる場合があったため（第二章第二節、第四章第三節）、紛争解決を裁判に委ねざるを得なかった。

このような相互補完関係を基本としつつ、ニュルンベルク参事会は、一五世紀の過程において住民が紛争解決において参事会への依存傾向を強めるのを利用して、和解／Taidigungの内容を条令で規定し、恩赦の請願を制限しつつも、一定程度容認した条令を定めることによって恩赦・恩赦の請願を制度化し、五者委員会の設置による刑事裁判制度の効率化や債務者拘禁塔の設置などに代表される、インフラの整備を通じて「司法の利用」を促進し、都市住民の紛争に介入する治安役人制度を拡充し、そうすることによって住民のインフォーマルな社会的コントロールをよりいっそう公的刑法に取り込み、それを準公式化していったと考えられる（第四章第三節）。ニュルンベルク社会における暴力紛争の全体数を把握することが不可能である以上、住民による社会的コントロールの準公式化の程度を測ることも不可能であるが、一四三二年と一四三三年のHaderbuchと『都市台帳』に、合わせて六一七名もの身体的暴力と言葉の暴力による犯罪者が記録されていることを考慮すれば、一五世紀前半においてすでに公的刑法による取り込みは、相当進んでいたのではないだろうか。そしてこの傾向は、すでに述べた諸条令、諸機関の整備を通じて一五世紀後半にはさらに強化されたと考えられる。したがって筆者は、近年の歴史犯罪研究の見解よりも、参事会のコントロールが及ぶ範囲を広く見ている。すなわち、規範の直線的な通用に限らず、裁判における和解とTaidigung、恩赦と恩赦の請願、それらを促進するための刑罰、「司法の利用」を構成要素とし、コミュニケーションや赦し、合意形成を包含した公的刑法の影響圏＝「緩やかな社会的規律化」の領域は都市社会に広く浸透していた。この状況下において、「紛争文化」の社会はもはや決して自己完結的な社会ではなく、そこには公的刑法が入り込み、都市住民にとって、少なくとも下級裁判は、誤解を恐れず言えば、日常的な存在であったのである。以上が本書の結論である。

あとがき

本書は、二〇〇二年に北海道大学大学院文学研究科より博士（文学）の学位を得た論文「中世後期ニュルンベルクにおける犯罪・刑罰・支配」に加筆修正をほどこしたものである。この学位論文は既発表論文（「中世末期ニュルンベルクにおける都市当局と暴力」『北大西洋史論集（北海道大学文学部西洋史研究室）』第一号（一九九八年）、「一五、一六世紀ニュルンベルクにおける恩赦と恩赦の請願——都市参事会と市民の相互関係に関する一考察」『歴史』第九三輯（一九九九年）、「中世後期帝国都市ニュルンベルクにおける刑事裁判」『北大史学』第四〇号（二〇〇〇年））をもとにしているが、出版にあたり、その後発表した論文「中世後期・近世ドイツの犯罪史研究と『公的刑法の成立』——近年の動向から」『史学雑誌』第一一四編第九号（二〇〇五年）を加え、既発表部分に関しても字句の修正にとどまらず、内容および構成の両面で大幅に手を加えた。また、今回新たに書き下ろした部分も多い。したがって本書と学位論文は多くの点で異なっている。

学位論文を大幅に加筆修正した理由は、論文を提出してから出版にこぎつけるまで、八年もの時間を要してしまった点にある。この間、ドイツ留学中とその前後は別の研究テーマに取り組み、学位論文を顧みる余裕がなかった。ようやく二〇〇七年の春頃、学位論文の出版を思い立ち、準備に取りかかったところ、ドイツにおける新たな研究成果など、消化すべきことが多くあった。

そもそも筆者が前近代ドイツにおける犯罪の社会史研究という学位論文のテーマに取り組むきっかけとなった

のは、大学院に進学して学術研究のイロハを学びはじめた頃、犯罪の社会史研究のパイオニアであるゲルト・シュヴェアホフの諸業績に触れたことである。当時筆者は、中世後期・近世初期ドイツ都市のポリツァイに関心があり、それを近代にいたるヨーロッパ史の根本的過程の端緒に位置づけたゲルハルト・エストライヒの「社会的規整―社会的規律化」テーゼに魅力を感じていた。しかし、中世後期から絶対主義時代を経て、はては二〇世紀の福祉国家まで視野に収めるこのテーゼの射程の長大さと、論理の明快さに、かえって「歴史の現実は果たしてこのテーゼほど明快なのか」という疑問を感じていたことも事実である。ただし、漠然と疑問を抱くだけで、具体的な研究作業へは移せないでいた。そのようなときに、法規範と現実の差異に着目し、それを通じて統治権力による「上から」の規範とは別の、民衆独自の「下から」の規範を見出し、両者の対抗と相互・コミュニケーション関係を探究することによってエストライヒのテーゼに疑義を呈したシュヴェアホフの研究に出会ったことは大きかった。それ以来、彼の研究は筆者の研究の導き手となった。

もっとも、本書の出版準備をはじめた頃には、彼の代表的著作である Köln im Kreuzverhör. Kriminalität, Herrschaft und Gesellschaft in einer frühneuzeitlichen Stadt, Bonn und Berlin 1991 も犯罪の社会史研究の「古典」の一つに数えられる時代になっており、先にも述べたように、新たな研究成果を吸収する必要があった。また、学位論文で試みた手書き史料の解読にも不満が残っていたため、この際に読み直した。このような作業の上に、従来の遅筆が加わって、二〇一〇年の春を迎えてしまったが、今はともかくも本書を完成させることができ、ほっとしている。

顧みれば、歴史研究の道を志して以来、多くの方々にお世話いただいた。この場を借りて厚くお礼申し上げたい。筑波大学人文学類では和田廣先生のご指導をたまわった。先生は、まだ歴史研究の初歩も分からぬ筆者に一次史料に直接触れ、それに基づいて研究を進めることの重要さや厳しさ、喜びを教えてくださった。先生のご指導の下、懸命に史料を読んだだけの卒業論文を提出したが、それを評価していただけたことが、現在にいたるまで研究を続けられた糧になっている。北海道大学大学院文学研究科西洋史学専攻に進学してからは、山本文彦先生より特にご指導いただいた。先生からは、研究史の整理の仕方、問題の立て方、論の進め方など、研究の初歩からご教示いただいた。筆者が何とか学術的と呼べる歴史研究を行えるようになったのは、先生のご指導のおかげである。また、北原敦先生、栗生澤猛夫先生、赤司道和先生、砂田徹先生、長谷川貴彦先生にも様々な場面で多くのご教示をたまわった。さらに、法学の基礎知識を全く欠いた筆者にとって、北海道大学大学院法学研究科の田口正樹先生のご指導は何よりも得難いものであった。ドイツ刑法史・ポリツァイ史を扱った本書は、先生のご助言がなければ、恐らく完成しなかったであろう。愛知県立大学外国語学部の松尾誠之先生からは、本書の中世ドイツ語の解釈に関して幾つかの貴重なご指摘をいただくことができた。留学中は、ビーレフェルト大学のナイトハルト・ブルスト教授のお世話をいただいた。ブルスト教授からは、本書に対する直接のご指導はたまわらなかったが、手書き史料を読む手ほどきを受けたことは、ニュルンベルクの裁判文書を読解する際に大変役立った。これら先生方からいただいた学恩を思えば、本書の内容のいたらなさに愕然とする思いである。諸先生のご厚情にこたえるためにも、ただ今後を期すのみである。

本書の出版に当たっては、北海道大学大学院文学研究科より平成二一年度目的積立金補助金の支援を受け、文学研究科研究叢書として刊行される機会を得た。このような支援がなければ、本書の出版はかなわなかったであろう。目的積立金補助金による支援の対象を専門研究員にまでひろげてくださった北海道大学大学院文学研究科に感謝申し上げる。また、タイトなスケジュールの中で本書を年度内に出版することができたのは、北海道大学出版会の今中智佳子氏のおかげである。

最後に、勝手気ままな研究生活を送る私を、故郷金沢から見守り、支えてくれた亡父、母、妹に感謝をこめて本書を捧げる。

二〇一〇年二月二四日　引っ越し準備の慌ただしさの中で

池田利昭

池田利昭（いけだ としあき）
1971年，石川県生まれ
筑波大学第一学群人文学類卒業
北海道大学大学院文学研究科博士課程修了（文学博士）
2004-07年，日本学術振興会特別研究員
現在，北海道大学大学院文学研究科専門研究員

北海道大学大学院文学研究科 研究叢書 19
中世後期ドイツの犯罪と刑罰
―― ニュルンベルクの暴力紛争を中心に
2010年3月31日 第1刷発行

著　者　池田利昭
発行者　吉田克己

発行所　北海道大学出版会
札幌市北区北9条西8丁目 北海道大学構内（〒060-0809）
Tel. 011(747)2308・Fax. 011(736)8605・http://www.hup.gr.jp/

アイワード/石田製本

ISBN978-4-8329-6724-3

索　引

さ　行

た　行

な　行

は　行

ま　行

や　行

ら　行

わ　行

参考文献

未刊行史料

Bayerischer Staatsarchiv Nürnberg, Amts- und Standbuch Nr. 196 (das sogenannte "Haderbuch").

Bayerischer Staatsarchiv Nürnberg, Stadtrechnungen, Nr. 180.

刊行史料

Baader, Joseph (Hg.), Nürnberger Polizeiordnungen aus dem 13. bis 15. Jahrhundert, Stuttgart 1861, Nachdruck Amsterdam 1966.

Die Chroniken der deutschen Städte vom 14. bis ins 16. Jahrhundert, Bd. 10, 11, hg. v. Carl Hegel, Leipzig 1874, Nachdruck Göttingen 1961.

Müllner, Johannes, Die Annalen der Reichsstadt Nürnberg Teil II: Von 1351 bis 1469, hg. v. Gerhard Hirschmann, Nürnberg 1984.

Schieber, Martin (Hg.), Die Nürnberger Ratsverlässe. Heft 2 1452-1471, Neustadt an der Aisch 1995.

Schultheiß, Werner (Bearb.), Die Acht-, Verbots-und Fehdebücher Nürnbergs von 1285-1400. Mit einer Einführung in die Rechts- und Sozialgeschichte und das Kanzlei- und Urkundenwesen Nürnbergs im 13. und 14. Jahrhundert, Nürnberg 1960.

Schultheiß, Werner (Bearb.), Satzungsbücher und Satzungen der Reichsstadt Nürnberg aus dem 14. Jahrhundert, Nürnberg 1965.

二次文献(欧文)

Bauernfeind, Walter, Bauerngericht, in: Michael Diefenbacher und Rudolf Endres (Hg.), Stadtlexikon Nürnberg, 2. verbesserte Aufl. Nürnberg 2000, S. 104.

Behrisch, Lars, Städtische Obrigkeit und soziale Kontrolle, Görlitz 1450-1600, Epfendorf 2005.

Bendlage, Andrea, und Schuster, Peter, Hüter der Ordnung. Bürger, Rat, Polizei im spätmittelalterlichen und frühneuzeitlichen Nürnberg, in: Mitteilungen des Vereins für Geschichte der Stadt Nürnberg (=MVGN) 82, 1995, S. 37-55.

Bendlage, Andrea, Henkers Hetzbruder. Das Strafverfolgungspersonal der Reichsstadt Nürnberg im 15. und 16. Jahrhundert, Konstanz 2003.

Blauert, Andreas, und Schwerhoff, Gerd (Hg.), Mit den Waffen der Justiz. Zur

Kriminalitätsgeschichte des späten Mittelalter und der Frühen Neuzeit, Frankfurt am Main 1993.

Blauert, Andreas, und Schwerhoff, Gerd (Hg.), Kriminalitätsgeschichte. Beiträge zur Sozial- und Kulturgeschichte der Vormoderne, Konstanz 2000.

Boockmann, Andrea, Urfehde und ewige Gefangenschaft im mittelalterlichen Göttingen, Göttingen 1980.

Buchholz, Werner, Anfänge der Sozialdisziplinierung im Mittelalter. Der Reichsstadt Nürnberg als Beispiel, in: Zeitschrift für Historische Forschung (=ZHF) 18, 1991, S. 129-147.

Bulst, Neithard, Zum Problem städtischer und territorialer Kleider-, Aufwands- und Luxusgesetzgebung in Deutschland, in: André Gouron und Albert Rigaudiere (Hg.), Renaissance du pouvoir législatif et genèse de l'état, Montpellier 1988, S. 29-57.

Bulst, Neithard, Kriterien der Rechtsprechung zur Gewalt. Zum Problem strafrechtlicher Normen im Übergang vom Mittelalter zur Neuzeit, in: Zif (= Zentrum für interdisziplinäre Forschung der Universität Bielefeld): Mitteilungen, 1. Quartal 1999, S. 9-18.

Burghartz, Susanna, Disziplinierung oder Konfliktsregelung? Zur Funktion städtischer Gerichte im Spätmittelalter. Das Züricher Ratsgericht, in: ZHF 16, 1989, S. 385-407.

Dinges, Martin, Frühneuzeitliche Justiz. Justizphantasien und Justiznutzung am Beispiel von Klagen bei der Pariser Polizei im 18. Jahrhundert, in: Heinz Mohnhaupt und Dieter Simon (Hg.), Vorträge zur Justizforschung. Geschichte und Theorie, Bd. 1, Frankfurt am Main 1992, S. 269-292.

Dinges, Martin, Ehrenhändel als kommunikative Gattungen. Kultureller Wandel und Voklskulturbegriff, in: Archiv für Kulturgeschichte 75, 1993, S. 359-393.

Dinges, Martin, Normsetzung als Praxis? Oder: Warum werden die Normen zur Sachkultur und zum Verhalten so häufig wiederholt und was bedeutet dies für den Prozeß der „Sozialdisziplinierung"?, in: Norm und Praxis im Alltag des Mittelalters und der Frühen Neuzeit. Internationales Round-Table-Gespräch Krems an der Donau 7. Oktober 1996, Wien 1997, S. 39-53.

Dinges, Martin, Justiznutzungen als soziale Kontrolle in der Frühen Neuzeit, in: Blauert und Schwerhoff (Hg.), Kriminalitätsgeschichte, S. 503-544.

Dülmen, Richard van, Theater des Schreckens. Gerichtspraxis und Strafrituale in der frühen Nuezeit, München 1985.

Eibach, Joachim, Kriminalitätsgeschichte zwischen Sozialgeschichte und Historischer Kulturforschung, in: Historische Zeitschrift 263, 1996, S. 681-715.

Eibach, Joachim, Städtische Gewaltkriminalität im Ancien Régime. Frankfurt am Main im europäischen Kontext, in: ZHF 25, 1998, S. 359-382.

Eibach, Joachim, Institutionalisierte Gewalt im urbanen Raum. ‚Stadtfrieden' in Deutschland und der Schweiz zwischen bürgerlicher und obrigkeitlicher Regelung (15.-18. Jahrhundert), in: Claudia Ulbrich, Claudia Jarzebowski, Michaela Hohkamp (Hg.), Gewalt in der Frühen Neuzeit. Beiträge zur 5. Tagung der Arbeitsgemeinschaft Frühe Neuzeit im VHD, Berlin 2005, S. 189-205.

Endres, Rudolf, Zur Einwohnerzahl und Bevölkerungsstruktur Nürnbergs im 15./16. Jahrhundert, in: MVGN 57, 1970, S. 242-271.

Endres, Rudolf, Grundzüge der Verfassung der Reichsstadt Nürnberg, in: Zeitschrift der Savigny-Stiftung für Rechtsgeschichte (=ZRG), Germanische Abteilung (=GA) 111, 1994, S. 405-421.

Frenz, Barbara, Frieden, Gemeinwohl und Gerechtigkeit durch Stadtherr, Rat und Bürger. Strafrechtshistorische Aspekte in deutschen Stadtrechtstexten des 12. und 13. Jahrhunderts, in: Hans Schlosser und Dietmar Willoweit (Hg.), Neue Wege strafrechtsgeschichtlicher Forschung (Konflikt, Verbrechen und Sanktion in der Gesellschaft Alteuropas. Symposien und Synthesen (=Symposien und Synthesen), Bd. 2), Köln, Weimar und Wien 1999, S. 111-146.

Frenz, Barbara, Frieden, Rechtsbruch und Sanktion in deutschen Städten vor 1300. Mit einer tabellarischen Quellenübersicht nach Delikten und Deliktgruppen, Köln 2003.

Garnier, Claudia, Die Kultur der Bitte. Herrschaft und Kommunikation im mittelalterlichen Reich, Darmstadt 2008.

Groebner, Valentin, Ökonomie ohne Haus. Zum Wirtschaften armer Leute in Nürnberg am Ende des 15. Jahrhunderts, Göttingen 1993, S. 228-232.

Groebner, Valentin, Ratsinteressen, Familieninteressen. Patrizischen Konflikte in Nürnberg um 1500, in: Klaus Schreiner und Ulrich Meier (Hg.), Stadtregiment und Bürgerfreiheit. Handlungsspielräume in deutschen und italienischen Städten des Späten Mittelalters und Frühen Neuzeit, Göttingen 1994, S. 278-309.

Groebner, Valentin, Der verletzte Körper und die Stadt. Gewalttätigkeit und Gewalt in Nürnberg am Ende des 15. Jahrhunderts, in: Thomas Lindenberger und Alf Lüdtke (Hg.), Physische Gewalt. Studien zur Geschichte der Neuzeit, Frankfurt am Main 1995, S. 162-189.

Groebner, Valentin, Das Gesicht wahren. Abgeschnittene Nasen, abgeschnittene Ehre in der spätmittelalterlichen Stadt, in: Klaus Schreiner und Gerd Schwer-

hoff (Hg.), Verletzte Ehre. Ehrkonflikte in Gesellschaften des Mittelalters und der Frühen Neuzeit, Köln, Weimar und Wien 1995, S. 361-380.

Groten, Manfred, Im glückseligen Regiment. Beobachtungen zum Verhältnis Obrigkeit-Bürger am Beispiel Kölns im 15. Jahrhundert, in: Historisches Jahrbuch 116, 1996, S. 303-320.

Gudian, Gunter, Geldstrafrecht und peinliches Strafrecht im späten Mittelalter, in: Hans-Jürgen Becker u. a. (Hg.), Rechtsgeschichte als Kulturgeschichte. Festschrift Adalbert Erler, Aalen 1976, S. 273-288.

Halbleib, Henrik, Kriminalitätsgeschichte in Frankreich, in: Blauert und Schwerhoff (Hg.), Kriminalitätsgeschichte, S. 89-119.

Hampe, Theodor, Die Nürnberger Malefizbücher als Quellen der reichsstädtischen Sittengeschichte vom 14. bis zum 18. Jahrhundert, Bamberg 1927.

Härter, Karl, Soziale Disziplinierung durch Strafe? Intentionen frühneuzeitlicher Policeyordnungen und staatliche Sanktionspraxis, in: ZHF 26, 1999, S. 365-379.

Härter, Karl, Policey und Strafjustiz in Kurmainz. Gesetzgebung, Normdurchsetzung und Sozialkontrolle im frühneuzeitlichen Territorialstaat, 2 Bde., Frankfurt am Main 2005.

Henselmeyer, Ulrich, Alltagskriminalität und ratsherrliche Gewalt. Niedergerichtliche Strafverfolgungspraxis des Nürnberger Rates in der ersten Hälfte des 15. Jahrhunderts, in: Schlosser und Willoweit (Hg.), Neue Wege strafrechtsgeschichtlicher Forschung, S. 155-174.

Henselmeyer, Ulrich, Ratsherren und andere Delinquenten. Die Rechtsprechungspraxis bei geringfügigen Delikten im spätmittelalterlichen Nürnberg, Konstanz 2002.

Hirschmann, Gerhard, Nürnberger Patriziat, in: Hellmuth Rößler (Hg.), Deutsches Patriziat 1430-1740, Limburg und Lahn 1968, S. 257-276.

Hoffmann, Carl A., Nachbarschaften als Akteure und Instrumente der sozialen Kontrolle in urbanen Gesellschaften des sechzehnten Jahrhunderts, in: Heinz Schilling (Hg.), Institution, Instrumente und Akteure sozialer Kontrolle und Disziplinierung im frühneuzeitlichen Europa, Frankfurt am Main 1999, S. 187-202.

Hofmann, Hans -Hubert, Nobiles Norimbergenses, in: Konstanzer Arbeitskreis für mittelalterliche Geschichte (Hg.), Untersuchungen zur gesellschaftlichen Struktur der mittelalterlichen Städte in Europa, Sigmaringen 1966 (2. Aufl. 1974), S. 53-92.

Holenstein, André, »Gute Policey« und lokale Gesellschaft im Staat des Ancien

Régime. Das Fallbeispiel der Markgrafschaft Baden (-Durlach), 2 Bde., Tübingen 2003.

Isenmann, Eberhard, Die deutsche Stadt im Spätmittelalter: 1250-1500, Stuttgart 1988.

Jerouschek, Günter, Die Herausbildung des peinlichen Inquistionsprozesses im Spätmittelalter und in der Frühen Neuzeit, in: Zeitschrift für die gesamte Strafrechtswissenschaft 104, 1992, S. 328-360.

Knapp, Hermann, Das alte Nürnberger Kriminalverfahren bis zur Einführung der Karolina, in: Zeitschrift für die gesamte Strafrechtswissenschaft 12, 1882, S. 200-276 und S. 473-552.

Knapp, Hermann, Das alte Nürnberger Kriminalrecht, Berlin 1896.

Knemeyer, Ludwig, Artikel Polizei, in: Otto Brunner, Werner Conze, Reinhart Koselleck (Hg.), Geschichte Crundbegriff, Bd. 4, Stuttgart 1978, S. 875-897.

Kolmer, Lothar, Gewalttätige Öffentlichkeit und öffentliche Gewalt. Zur städtischen Kriminalität im späten Mittelalter, in: ZRG (GA) 114, 1997, S. 261-295.

Krischer, André, Neue Forschungen zur Kriminalitätsgeschichte, in: ZHF 33, 2006, S. 387-415.

Kroeschell, Karl, Deutsche Rechtsgeschichte 2 (1250-1650), Bd. 2, Opladen 1980 (6. Aufl. 1986).

Lochner, Georg Wolfgan Karl, Die Fürbitte beim Rathe zu Nürnberg, in: Anzeiger für Kunde der deutschen Vorzeit N. F. 11, 1864, Sp. 441-445.

Loetz, Francisca, L'infrajudiciaire. Facetten und Bedeutung eines Konzepts, in: Blauert und Schwerhoff (Hg.), Kriminalitätsgeschichte, S. 545-562.

Lück, Heiner, Sühne und Strafrechtsbarkeit im Kursachsen des 15. und 16. Jahrhunderts, in: Schlosser und Willoweit (Hg.), Neue Wege strafrechtsgeschichtlicher Forschung, S. 83-99.

Lück, Heiner, Zur Entstehung des peinlichen Strafrechts in Kursachsen. Genesis und Alternativen, in: Harriet Rudolph und Helga Schnabel-Schüle (Hg.), Justiz=Justice=Justicia? Trier 2003, S. 271-286.

Maier, Hans, Die ältere deutsche Staats- und Verwaltungslehre, 2. neubearbeitete und erg. Aufl., München 1980.

Martin, Helmut, Verbrechen und Strafe in der spätmittelalterlichen Chronistik Nürnbergs, Köln, Weimar und Wien 1996.

Nowosadtko, Jutta, Die Ehre, die Unehre und das Staatsinteresse, in: Geschichte in Wissenschaft und Unterricht 44, 1993, S. 362-381.

Pfeiffer, Gerhard (Hg.), Nürnberg. Geschichte einer europäischen Stadt, München 1971.

Roeck, Bernd, Eine Stadt in Krieg und Frieden. Studien zur Geschichte der Reichsstadt Augsburg zwischen Kalenderstreit und Parität, Göttingen 1989.

Ruf, Franz, Acht und Ortsverweis im alten Land-u. Stadtgericht Nürnberg, in: MVGN 46, 1955, S. 1-139.

Sander, Paul, Die reichsstädtische Haushaltung Nürnbergs. Dargestellt auf Grund ihres Zustandes von 1431 bis 1440, Leipzig 1902.

Schilling, Heinz, Sündenzucht und frühneuzeitliche Sozialdisziplinierung, in: Georg Schmidt (Hg.), Stände und Gesellschaft im Alten Reich, Stuttgart 1989, S. 265-302.

Schlosser, Hans, Von der Klage zur Anklage. Spuren eines Wandels am Beispiel der Augsburger reichsstädtischen Strafpraxis, in: Dietmar Willoweit (Hg.), Die Entstehung des öffentlichen Strafrechts. Bestandsaufnahme eines europäischen Forschungsproblems (Symposien und Synthesen, Bd. 1), Köin 1999, S. 239-262.

Schlosser, Hans, und Willoweit, Dietmar (Hg.), Neue Wege strafrechtsgeschichtlicher Forschung (Symposien und Synthesen, Bd. 2), Köln, Weimar und Wien 1999.

Schlosser, Hans, Sprandel, Rolf, und Willoweit, Dietmar (Hg.), Herrschaftliches Strafen seit dem Hochmittelalter. Formen und Entwicklungsstufen (Symposien und Synthesen, Bd. 5), Köln, Weimar und Wien 2002.

Schlumbohm, Jürgen, Gesetze, die nicht durchgesetzt werden—ein Strukturmerkmal des frühneuzeitlichen Staates? in: Geschichte und Gesellschaft 23, 1997, S. 647-663.

Schneider, Joachim, Heinrich Deichsler und die Nürnberger Chronistik des 15. Jahrhunderts, Wiesbaden 1991.

Schneider-Ferber, Karin, Das Achtbuch als Spiegel für städische Konfliktsituationen? Kriminalität in Augsburg (ca. 1348-1378), in: Zeitschrift des Historischen Vereins für Schwaben 86, 1993.

Schulze, Winfried, Gerhard Oestreichs Begriff 'Sozialdisziplinierung in der frühen Neuzeit', in: ZHF 14, 1987, S. 265-302.

Schuster, Peter, Der gelobte Frieden. Täter, Opfer und Herrschaft im spätmittelalterlichen Konstanz, Konstanz 1995.

Schuster, Peter, Eine Stadt vor Gericht. Recht und Alltag im spätmittelalterlichen Konstanz, Konstanz, Paderborn, München, Wien und Zürich 2000.

Schuster, Peter, Richter ihrer selbst? Delinquenz gesellschaftlicher Oberschichten in der spätmittelalterlichen Stadt, in: Blauert und Schwerhoff (Hg.), Kriminalitätsgeschichte, S. 359-378.

Schuster, Peter, Konkurrierende Konfliktlösungsmöglichkeiten. Dynamik und Grenzen des öffentlichen Strafanspruchs im Spätmittelalter, in: Klaus Lüderssen (Hg.), Die Durchsetzung des öffentlichen Strafanspruchs. Systematisierung der Fragestellung (Symposien und Synthesen, Bd. 6), Köln, Weimar und Wien 2002, S. 133-151.

Schwerhoff, Gerd, Köln im Kreuzverhör. Kriminalität, Herrschaft und Gesellschaft in einer frühneuzeitlichen Stadt, Bonn und Berlin 1991.

Schwerhoff, Gerd, Devianz in der Alteuropäischen Gesellschaft. Umrisse einer historischen Kriminalitätsforschung, in: ZHF 19, 1992, S. 385-414.

Schwerhoff, Gerd, Verordne Schande? Spätmittelalterliche und frühneuzeitliche Ehrenstrafe zwischen Rechtsakt und sozialer Sanktion, in: Blauert und Schwerhoff (Hg.), Mit den Waffen der Justiz, S. 158-188.

Schwerhoff, Gerd, Falsches Spiel. Zur kriminalhistorischen Auswertung der spätmittelalterlichen Nürnberger Achtbücher, in: MVGN 82, 1995, S. 23-35.

Schwerhoff, Gerd, Kriminalitätsgeschichte im deutschen Sprachraum. Zum Profil eines verspäten Forschungszweiges, in: Blauert und Schwerhoff (Hg.), Kriminalitätsgeschichte, S. 21-67.

Schwerhoff, Gerd, Social Control of Violence, Violence as Social Control. The Case of Early Modern Germany, in: Herman Roodenburg, Pieter Spierenburg (Hg.), Social Control in Europe, Bd. 1, Columbus 2004, S. 220-246.

Simon-Muscheid, Katharina, Gewalt und Ehre im spätmittelalterlichen Handwerk am Beispiel Basels, in: ZHF 18, 1991, S. 1-31.

Stolleis, Michael, Aufgaben der neueren Rechtsgeschichte oder: Hic sunt leones, in: Rechtshistorisches Journal 4, 1985, S. 251-264.

Tauber, Walter, Das Würfelspiel im Mittelalter und in der frühen Neuzeit. Eine kultur-und sprachgeschichtliche Darstellung, Frankfurt am Main 1987.

Wadle, Elmar, Landfrieden, Strafe, Recht. Zwölf Studien zum Mittelalter, Berlin 2001.

Wadle, Elmar, Zur Delegitimierung der Fehde durch die mittelalterliche Friedensbewegung, in: Schlosser, Sprandel und Willoweit (Hg.), Herrschaftliches Strafen seit dem Hochmittelalter, S. 9-30.

Walz, Rainer, Agonale Kommunikation im Dorf der Frühen Neuzeit, in: Westfälische Forschungen 42, 1992, S. 215-251.

Wernicke, Steffen, Von Schlagen, Schmähen und Unendlichkeit. Die Regensburger Urfehdebriefe im 15. Jahrhundert, in: Blauert und Schwerhoff (Hg.), Kriminalitätsgeschichte, S. 379-404.

Wettmann-Jungblut, Peter, Von Robin Hood zu Jack the Ripper. Kriminälität und

Strafrecht in England vom 14. bis 19. Jahrhundert, in: Blauert und Schwerhoff (Hg.), Kriminalitätsgeschichte, S. 69-88.

Willoweit, Dietmar, Die Expansion des Strafrechts in Kirchenordnungen des 16. Jahrhunderts, in: Schlosser, Sprandel und Willoweit (Hg.), Herrschaftliches Strafen seit dem Hochmittelalter, S. 331-354.

二次文献(邦文)

相澤隆「奢侈条令と中世都市社会の変容――南ドイツ帝国都市の場合」『史学雑誌』第 97 編第 6 号，1988 年，1～38 頁。

相澤隆「ドイツ中世都市における町並みの形成と建築条令」樺山紘一編『西洋中世像の革新』刀水書房，1995 年，235～254 頁。

池田利昭「中世末期ニュルンベルクにおける都市当局と暴力」『西洋史論集(北海道大学文学部西洋史研究室)』第 1 号，1998 年，15～33 頁。

池田利昭「15，16 世紀ニュルンベルクにおける恩赦と恩赦の請願――都市参事会と市民の相互関係に関する一考察」『歴史』第 93 輯，1999 年，99～115 頁。

池田利昭「中世後期帝国都市ニュルンベルクにおける刑事裁判」『北大史学』第 40 号，2000 年，49～67 頁。

池田利昭「中世後期・近世ドイツの犯罪史研究と『公的刑法の成立』――近年の動向から」『史学雑誌』第 114 編第 9 号，2005 年，60～84 頁。

池田利昭「18 世紀後半ドイツ・リッペ伯領のポリツァイとコミュニケーション――婚前交渉規制を例に」『歴史学研究』第 836 号，2008 年，18～34 頁。

ディートマール・ヴィロヴァイト講演，和田卓朗訳「公的刑法の成立――ある研究プロジェクトの中間的収支決算」『法学雑誌(大阪市立大学)』第 47 巻第 2 号，2000 年，197～212 頁。

上山安敏・牟田和男編『魔女狩りと魔女学』人文書院，1997 年。

ゲルハルト・エストライヒ著，平城照介・阪口修平訳「ヨーロッパ絶対主義の構造に関する諸問題」フリッツ・ハルトゥング，ルドルフ・フィーアハウス他著，成瀬治編訳『伝統社会と近代国家』岩波書店，1982 年，233～258 頁。

ゲルハルト・エストライヒ著，阪口修平・千葉徳夫・山内進編訳『近代国家の覚醒』創文社，1993 年。

踊共二『改宗と亡命の社会史――近世スイスにおける国家・共同体・個人』創文社，2003 年。

小林繁子「トリーア選帝侯領における魔女迫害」『史学雑誌』第 117 編第 3 号，2008 年，40～62 頁。

ニコル・ゴンティエ著，藤田朋久・藤田なち子訳『中世都市と暴力』白水社，1999 年。

佐久間弘展「中世後期ニュルンベルクにおける参事会都市支配の確立」『西洋史論叢

(早稲田大学)』第8号，1986年，45〜62頁。

佐久間弘展『ドイツ手工業・同職組合の研究——14〜17世紀ニュルンベルクを中心に』創文社，1999年。

佐久間弘展「近世ドイツ職人をめぐる暴力と秩序」『歴史学研究』増刊号(第742号)，2000年，171〜177頁。

佐久間弘展「ドイツ中近世におけるポリツァイ研究の新動向」『比較都市史研究』第25巻第1号，2006年，57〜70頁。

佐々木孝浩「15世紀末帝国都市ニュルンベルクにおけるハントヴェルク」『西洋史研究』新輯第28号，1999年，24〜51頁。

ミヒャエル・シュトライス著，和田卓朗訳「初期近代(＝近世)のポリツァイ条令における『規範の現実的通用』とは何を意味するか」『法学雑誌(大阪市立大学)』第49巻第2号，2002年，134〜167頁。

エルンスト・シューベルト著，藤代幸一訳『名もなき中世人の日常——娯楽と刑罰のはざまで』(中世ヨーロッパ万華鏡Ⅲ)八坂書房，2005年。

フランツ・シュミット著，藤代幸一訳『ある首斬り役人の日記』白水社，1987年。

田中俊之「中世後期ニュルンベルクの都市貴族と『名誉』」『史林』第80巻第6号，1997年，36〜69頁。

田中俊之「中世末期ドイツ都市共同体と周縁集団——娼婦の存在形態を中心に」前川和也編著『ステイタスと職業——社会はどのように編成されていたか』(MINERVA西洋史ライブラリー20)ミネルヴァ書房，1997年，338〜361頁。

田中俊之「名誉の喪失と回復——中世後期ドイツ都市の手工業者の場合」前川和也編著『コミュニケーションの社会史』(MINERVA西洋史ライブラリー49)ミネルヴァ書房，2001年，409〜432頁。

千葉徳夫「近世ドイツ国制史研究における社会的規律化」『法律論叢』第67巻第2・3号，1995年，479〜507頁。

千葉徳夫「中世後期・近世ドイツにおける都市・農村共同体における社会的規律化」『法律論叢』第67巻第4・5・6号，1995年，455〜474頁。

服部良久「中・近世ドイツ農村社会の武装・暴力・秩序」前川和也編著『コミュニケーションの社会史』(MINERVA西洋史ライブラリー49)ミネルヴァ書房，2001年，381〜407頁。

服部良久「中・近世ティロル農村社会における紛争・紛争解決と共同体」『京都大学文学部研究紀要』第41号，2002年，1〜150頁。

服部良久『アルプスの農民紛争——中・近世の地域公共性と国家』京都大学学術出版会，2009年。

浜田道夫「アンシャン・レジーム期犯罪研究の諸問題——『暴力から窃盗へ』の仮説，その後」『商大論集(神戸商大)』第47巻第1号，1995年，1〜49頁。

林毅『ドイツ中世都市と都市法』創文社，1980年。

宝月誠『逸脱とコントロールの社会学――社会病理学を超えて』有斐閣，2004年。

松本尚子「18世紀ドイツの同職組合における営業特権と裁判――ツェレ高等上訴裁判所のポリツァイ事項訴訟を手掛かりに」『法制史研究』第53号，2003年，113～153頁。

牟田和男『魔女裁判――魔術と民衆のドイツ史』吉川弘文館，2000年。

屋敷二郎『紀律と啓蒙――フリードリヒ大王の啓蒙絶対主義』ミネルヴァ書房，1999年。

山内進「暴力とその規制――西洋文明」山内進・加藤博・新田一郎編『暴力――比較文明史的考察』東京大学出版会，2005年，9～49頁。

山本健「南ドイツのウーアフェーデ(Urfede)にみる中世都市社会の変容」『歴史学研究』第587号，1987年，26～35頁。

ハンス・フリードリヒ・ローゼンフェルト，ヘルムート・ローゼンフェルト著，鎌野多美子訳『中世後期のドイツ文化――1250年から1500年まで』三修社，1999年。

若曽根健治『中世ドイツの刑事裁判――生成と展開』多賀出版，1998年。

若曽根健治「暴力とその法的処理――都市とその周域における」『歴史学研究』増刊号(第742号)，2000年，158～165頁。

若曽根健治「平和形成としての紛争――フェーデ通告状の考察から」『熊本法学』第113号，2008年，1～97頁。